纺织高等教育"十一五"部委级规划教材

纺织服装经济与管理系列高等教材

U0722434

现代纺织企业管理

（第2版）

东华大学旭日工商管理学院　组织编写

孙明贵　主编

中国纺织出版社

内 容 提 要

本书以广义纺织企业(纺织品设计与开发、纺织品生产与制造、纺织品贸易与流通等企业)为背景,以现代管理理念和思想为导向,系统介绍了纺织企业管理的基本原理和方法。全书由总论、生产管理、营销管理、财务管理和企业形象共五篇构成,涵盖了现代纺织企业管理的基本职能和领域。

本书的编写兼顾纺织企业的特点和现代管理的发展趋势,内容通俗易懂,形式简洁明快,适合纺织服装类、工商管理类等高等教育的学生作为教材使用,也可供纺织企业的管理人员、从业人员学习使用。

图书在版编目(CIP)数据

现代纺织企业管理/孙明贵主编. —2 版. —北京:中国纺织出版社,2008.9(2025.7 重印)

纺织高等教育"十一五"部委级规划教材

ISBN 978 - 7 - 5064 - 5208 - 3

Ⅰ. 现… Ⅱ. 东… Ⅲ. 纺织工业 - 工业企业管理 - 高等学校 - 教材 Ⅳ. TS101 F407. 816

中国版本图书馆 CIP 数据核字(2008)第 092905 号

策划编辑:崔俊芳 责任编辑:韩雪飞 责任校对:陈 红
责任设计:李 然 责任印制:何 建

中国纺织出版社出版发行
地址:北京市朝阳区百子湾东里 A407 号楼 邮政编码:100124
销售电话:010—67004422 传真:010—87155801
http://www.c-textilep.com
中国纺织出版社天猫旗舰店
官方微博 http://weibo.com/2119887771
北京虎彩文化传播有限公司印刷 各地新华书店经销
2025 年 7 月第 17 次印刷
开本:787×1092 1/16 印张:16
字数:330 千字 定价:32.00 元

纺织服装经济与管理系列高等教材
编写委员会

（按姓氏笔画排序）

全面推进素质教育,着力培养基础扎实、知识面宽、能力强、素质高的人才,已成为当今本科教育的主题。教材建设作为教学的重要组成部分,如何适应新形势下我国教学改革要求,与时俱进,编写出高质量的教材,在人才培养中发挥作用,成为院校和出版人共同努力的目标。2005年1月,教育部颁发了教高[2005]1号文件"教育部关于印发《关于进一步加强高等学校本科教学工作的若干意见》"(以下简称《意见》),明确指出我国本科教学工作要着眼于国家现代化建设和人的全面发展需要,着力提高大学生的学习能力、实践能力和创新能力。《意见》提出要推进课程改革,不断优化学科专业结构,加强新设置专业建设和管理,把拓宽专业口径与灵活设置专业方向有机结合。要继续推进课程体系、教学内容、教学方法和手段的改革,构建新的课程结构,加大选修课程开设比例,积极推进弹性学习制度建设。要切实改变课堂讲授所占学时过多的状况,为学生提供更多的自主学习的时间和空间。大力加强实践教学,切实提高大学生的实践能力。区别不同学科对实践教学的要求,合理制定实践教学方案,完善实践教学体系。《意见》强调要加强教材建设,大力锤炼精品教材,并把精品教材作为教材选用的主要目标。对发展迅速和应用性强的课程,要不断更新教材内容,积极开发新教材,并使高质量的新版教材成为教材选用的主体。

随着《意见》出台,教育部组织制订了普通高等教育"十一五"国家级教材规划,并于2006年8月10日正式下发了教材规划,确定了9716种"十一五"国家级教材规划选题,我社共有103种教材被纳入国家教材规划。在此基础上,中国纺织服装教育学会与我社共同组织各院校制订出"十一五"部委级教材规划。为在"十一五"期间切实做好国家级及部委级本科教材的出版工作,我社主动进行了教材创新型模式的深入策划,力求使教材出版与教学改革和课程建设发展相适应,充分体现教材的适用性、科学性、系统性和新颖性,使教材内容具有以下三个特点:

(1)围绕一个核心——育人目标。根据教育规律和课程设置特点,从提高学生分析问题、解决问题的能力入手,教材附有课程设置指导,并于章首介绍本章知识点、重点、难点及专业技能,增加相关学科的最新研究理论、研究热点或历史背景,章后附形式多样的思考题等,提高教材的可读性,增加学生学习兴趣和自学能力,提升学生科技素养和人文素养。

(2)突出一个环节——实践环节。教材出版突出应用性学科的特点,注重理论与生产实践的结合,针对性地设置教材内容,增加实践、实验内容。

(3)实现一个立体——多媒体教材资源包。充分利用现代教育技术手段,将授课知识点制作成教学课件,以直观的形式、丰富的表达充分展现教学内容。

教材出版是教育发展中的重要组成部分,为出版高质量的教材,出版社严格甄选作者,组织专家评审,并对出版全过程进行过程跟踪,及时了解教材编写进度、编写质量,力求做到作者权威,编辑专业,审读严格,精品出版。我们愿与院校一起,共同探讨、完善教材出版,不断推出精品教材,以适应我国高等教育的发展要求。

中国纺织出版社

教材出版中心

　　东华大学(原中国纺织大学)管理学院在面向纺织类院校和纺织企业的管理学教材建设上进行了多年的探索,早在1988年就组织编写了《纺织工业企业管理》。该教材在普及纺织工业企业管理知识、推动纺织企业管理教育和人才培养等方面发挥了历史性作用。该教材受到纺织工业企业和纺织类院校师生的广泛欢迎和肯定,在国内同类教材中使用最多,影响最大,获得了1992年度纺织工业部优秀教材奖。

　　随着纺织经济发展,特别是纺织产业链的重心逐步向纺织品设计和贸易两头延伸,一些纺织工业企业的管理领域也发生了很多变化,《纺织工业企业管理》这一教材的适用性受到一定的限制。为了继续推动我国纺织企业管理的深化和适应专业人才培养的需要,我们在1995年对该教材进行了修改,更名为《现代纺织企业管理》并再次出版。更名后的教材保留了原教材的优点,同时在知识面等方面进行了较大的拓展。1995年《现代纺织企业管理》出版以来,一直受到纺织企业、贸易公司等专业人士的青睐,同时也是全国纺织类院校的首选教材之一,该教材在纺织工程、服装设计、国际贸易、工商管理等专业中使用很广,出版社多次重印出版。

　　但是,该教材出版至今毕竟有13年了。近十多年来,纺织企业技术进步和管理创新十分显著,现代管理理论和方法对纺织产业的影响日益深刻,纺织企业的管理实践也需要融合新的管理知识。为了反映当代管理理论的最新进展,适应现代纺织企业发展对管理类人才的新要求,东华大学管理学院在原有编写人员的基础上,组织强有力的专家学者对原有教材进行了较大的修订,并以新的版本付梓出版。

　　经过修订的第二版教材保留了原教材的篇章结构,调整了部分章节的编排顺序,合并或删除了部分章节,增加了战略管理一章,物资管理改为物流管理,企业形象一章的重点放在品牌形象上,企业道德则改为企业社会责任等。除此之外,保留下来的章节在内容、结构等方面也有不同程度的修改,考虑到本教材主要面向纺织企业,因此在修订中尽可能结合纺织企业的特点。为了便于学生学习,每章均增设了思考题和课外阅读参考书目。

第二版教材由孙明贵教授组织修订和统稿,参与各章编写和修订的人员是:都星汉(第一章)、赵晓康(第二章)、鲍新仁(第三章)、胡伟强(第四章)、姚卫新(第五章)、马玉芳(第六章)、贾永基(第七章)、周建亨(第八章)、刘泳(第九章)、潘瑾(第十章、第十一章)、杨志勇(第十二章)、陈亚荣(第十三章)、张丹(第十四章)、杜芹平(第十五章)、施徐景(第十六章)、刘东胜(第十七章)、沈蕾(第十八章、第二十章)、李宏(第十九章)等。此外,丁明利等同志承担了很多组织工作和编辑工作。

第二版教材的修订和出版是东华大学管理学院近二十年来老、中、青几代学者共同心血的结晶,在此特别感谢参与《纺织工业企业管理》和《现代纺织企业管理》两个版本教材策划、编撰、修订、审定等工作的各位专家学者,对他们的贡献表示深切的敬意。第二版教材在修订过程中参考了大量的同类教材和资料,在此,向列举的参考书目的作者及其他作者表示诚挚的谢意。一本有影响力的教材离不开广大的使用者,在此,编写组对纺织类兄弟院校同行的支持表示衷心的感谢。

由于时间、知识等诸因素的限制,第二版难免有些遗憾甚至错误的地方,敬请同行专家批评指正。最后,感谢中国纺织出版社对本教材的支持和帮助。

孙明贵

2008 年 4 月

　　《现代纺织企业管理》是在原《纺织工业企业管理》教材的基础上重新编写的。原书自1988年12月出版以来，已经重印六次，累计印刷6.2万册，获得1992年度纺织工业部优秀教材奖。六年来，纺织企业认真贯彻执行党中央、国务院的各项战略部署，在贯彻《工业企业法》、《工业企业转换经营机制条例》，以及党的十四届三中全会《关于建立社会主义市场经济体制若干问题的决定》等方面，取得了很大的成就，深化企业内部改革，推行现代化管理，创造了许多新经验，推动了企业管理的发展。

　　新的形势要求我们必须对原教材进行修改。这次再版，更新了原教材的绝大部分内容，删去了部分章节，增加了新的章节，拓宽了知识面，结构更趋合理，文字更加简练，既便于教师根据不同专业、不同学时选择教学内容，又有利于学生自学。

　　本教材主要供高等纺织院校工程技术各专业，以及会计、工业外贸、管理信息等专业教学之用，也可供纺织企业工程技术人员、管理人员参考。

　　本教材第一、十一、十二、十七、十九章由孙景奎编写，第二、三章由张念编写，第四、五、六、八章由刘泽波编写，第七章由赵晓鸥编写，第九、十章由潘瑾编写，第十三章由陈亚荣编写，第十四章由高鹏举编写，第十五章由杜芹平编写，第十六章由杨浩编写，第十八、二十章由沈蕾编写。高章博、刘泽波、高鹏举对部分篇章进行了审定。全书由孙景奎统一组织策划，并最后定稿。在此对第一版的编写者孙景奎、刘泽波、马柏年、杨志武、范海薇、高章博、张绮春表示深切的敬意。在本书编写过程中参考了有关教材和文献，特向有关作者表示谢意。由于编者水平有限，难免有不妥之处，敬请读者批评指正。

编　者

1994 年 10 月

本课程的设置意义　纺织产业在我国国民经济中占有重要地位,在改善民生和参与国际竞争等方面具有不可替代的作用。但是,由于种种原因,我国纺织企业面临着许多问题。解决这些问题不仅有赖于纺织技术进步,更重要的是需要一大批高素质的管理人才。《现代纺织企业管理(第2版)》对于培养具有国际化视野、创新能力强、复合型交叉性管理人才具有重要意义。

本课程的教学建议　《现代纺织企业管理》课程开设对象为纺织工程、服装设计、服装表演、工商管理等专业的本、专科生或高职类学生,可作为专业基础课、专业选修课开设,建议课时为每周3学时。

　　教学内容可根据专业对象和教学计划灵活安排。对纺织工程类的学生可侧重讲授总论、生产管理、财务管理等部分;对服装工程类的学生可侧重讲授总论、市场营销等部分;对服装设计、服装表演类学生,可侧重讲授市场营销、财务管理、企业形象等部分;对工商管理类学生可作为选修课程讲授。另外,该课程可作为纺织服装院校的公共选修课开设。

本课程的教学目的　应通过本课程使学生掌握现代企业管理的基本原理,熟悉企业管理的基本结构和体系,形成较系统的现代管理的思想和理念。学生应重点掌握:管理的基本职能、管理原则、经营决策的理论与方法;企业生产计划与组织、质量管理、物流管理的知识;企业财务管理的基本知识,如资金筹措、成本管理和利润管理;市场营销的基本知识,如市场调研、市场细分与定位、营销组合策略;企业品牌管理、企业文化、企业社会责任等内容。

Contents
目 录

第一篇 总 论

第一章 企业管理概论

```
●━━━ 本章知识点 ━━━●

1. 管理的含义。
2. 管理的性质。
3. 管理者的基本技能。
4. 管理的基本原理。
5. 管理的基本方法。
6. 管理学的研究方法。
7. 管理实践与理论的发展阶段。
8. 企业制度。
```

第一节 管理的概念与职能

一、管理的概念

"管理是什么?"是每个初学管理的人首先需要理解和明白的问题,这个问题涉及管理的定义。管理的定义是组成管理学理论的基本内容,明晰管理的定义也是理解管理问题和研究管理学最起码的要求。

在日常生活中,管理通常被理解为主持或负责某项工作,平常人们也是在这个意义上去应用管理这个词的。但自从管理进入人类的观念形态以来,几乎每一个从人类的共同劳动中思考管理问题的人,都会对管理现象做出一番描述和概括,许多中外学者就从不同的研究角度出发,对管理作出了不同的解释。然而,由于不同学者研究管理问题的出发点不同,因此直到目前为止,对于管理还没有一个统一的定义,特别是 20 世纪以来,持各种不同理论观点的管理学派,对管理概念的解释更是众说纷纭。下面是一些学者对管理所作的定义:

美国古典管理学家、科学管理创始人费雷德里克·泰勒(Frederick W. Taylor):确切知道要别人去干什么,并注意他们用最好最经济的方法去干。

法国经营管理学家亨利·法约尔(Henri Fayol):管理是所有的人类组织(不论是家庭、企业或政府)都有的一种活动,这种活动由五项要素(计划、组织、指挥、协调和控制)组成,管理就是实行计划、组织、指挥、协调和控制。

美国管理过程学派代表人物哈罗德·孔茨(Harold Koontz)：管理就是设计和保持一种良好环境,使人在群体里高效率地完成既定目标。

美国学者詹姆斯·唐纳利(James H. Donnelley,Jr.)：管理就是由一个或更多的人来协调他人活动,以便收到个人单独活动所不能收到的效果而进行的各种活动。

美国管理大师彼得·F.德鲁克(Peter F. Druker)：归根到底,管理是一种实践,其本质不在于"知"而在于"行",其验证不在于逻辑,而在于成果,其唯一权威就是成就。

中国学者芮明杰：管理是对组织的资源进行有效整合,以达成组织既定目标与责任的动态创造性活动。

综上所述,任何一种管理活动都必须由以下基本要素构成,即：组织环境、管理主体、管理客体、管理手段、管理目的、管理本质。其中,组织环境明确管理的时空背景；管理主体回答由谁管的问题；管理客体回答管什么的问题；管理手段回答如何管的问题；管理目的回答为何而管的问题；管理本质回答如何评判管理的效果。基于此,本书倾向于管理的定义是：管理就是管理者在特定的环境下运用计划、组织、领导和控制等职能来有效地配置资源,以实现组织目标的过程。

这一定义涵盖了管理活动的基本要素,可以将其详细地解释为：

(1)组织环境是指管理工作是在一定的环境条件下展开的,环境既提供了机会,也构成了威胁,尤其是外部条件对管理形成的制约,管理必须适应环境的变化,这里包含了入乡随俗、审时度势、因势利导的权变理念。

(2)管理的主体是人,而管理客体不仅仅是人,还包括财、物、知识、信息、时间等有形和无形资源。

(3)管理的手段包括计划、组织、领导和控制四大基本手段。

(4)管理的目的是要实现组织的目标或职责,管理是一个有意识、有目的的行为过程。

(5)管理的本质在于效率。管理的有效性在于充分利用各种资源,以最少的消耗正确地实现组织目标。

二、管理的职能

所谓管理职能,是管理过程中各项行为的内容的概括,是人们对管理工作应有的一般过程和基本内容所作的理论概括。通俗地讲,管理的职能就是管理者应做的主要工作。

作为合理组织活动的一般职能,管理究竟应该包括哪些职能？管理学者至今仍众说不一,法约尔提出管理的职能包括计划、组织、指挥、协调、控制五个职能；美国学者卢瑟·古利克和林德尔·厄威克提出了著名的管理七职能,即计划、组织、人事、指挥、协调、报告、预算；美国学者赫伯特·A.西蒙等人在解释管理职能时,突出了决策职能；美国学者米和希克斯在总结前人对管理职能分析的基础上,提出了创新职能。基本上,根据管理过程的内在逻辑,有四项基本的管理职能被达成共识,它们是：计划、组织、领导和控制。

(一)计划

计划涵盖了组织的目标和实现目标的途径,它是一切管理活动的前提,可以说离开了计划,其他管理职能就无法行使。有效的计划不仅为组织指明了发展的目标和方向,统一了组织的思想,同时也为组织制订行动步骤提供了衡量的基点,它是名副其实的管理第一职能。

具体而言,计划包含两层意思:一是策划,即针对未来要发生的事情预先考虑做什么、何时做、在何地做、如何做、由谁做。从性质上说,计划是一种事先设计好的做事的程序。二是指计划是决策的产物。管理者对未来的事情进行考虑,最后作出决策,形成了具体的意见、措施、条文、制度等。

(二) 组织

作为管理的职能,组织的含义是指将组织内各种资源按照配比及程序要求,进行有序的安置、将组织资源有序化,并且为了实现组织所设定的目标,必须建立权力的正式机构和组织体系,以便对各个工作部门加以安排、规定和协调。

组织职能的作用在于保持完成计划所必需的活动的连贯性和协调一致,保证活动系统内部过程发展的平衡并给予调整。组织职能包括对组织结构和组织行为的分析和研究,它的任务是设计和维持一种职务结构,使人们明确自己在集体中的位置,了解自己在相互协调中所应起的作用,自觉地为实现集体目标而有效地工作。具体地说,组织职能有下述三项任务:

(1)组织设计。包括设计组织结构、部门与岗位设置及其相互联系。

(2)人员配备。根据各种岗位活动的需要,解决好人员选聘、考核和培训问题,确保将合适的人选安置在各级组织机构相应的工作岗位上。

(3)组织运行。根据业务活动与环境的变化,维持组织的正常运转,处理好组织中的各种关系,并研究和实施组织结构的调整和变革。

(三) 领导

领导是指在组织确立之后,各级管理者利用组织赋予的权力和自身的影响力,指导和影响组织成员为实现组织目标而做出努力和贡献的过程与艺术。有效的领导工作是组织任务完成的关键因素,在日常的管理活动中发挥着指挥、协调、监督、促进相互沟通以及对员工的激励等必不可少的作用。领导是指挥、引导活动者的实际工作,它直接涉及管理者和管理对象之间人与人的关系。领导是十分必要的,即使计划、组织等方面的工作都做得很好,在实际工作中也还必须辅之以对活动者的指导、进行良好的沟通以及有效的激励,引导活动者有效地领会和出色地实现集体的既定目标。简言之,领导是指挥、协调、激励下属(追随者)以促进组织目标的实现。

领导职能是管理职能中最能体现管理者个性且极富创造性的活动,尽管领导过程中存在着一些普遍适用的法则和规律,但不同管理者所体现的领导风格以及所采用的不同的激励方法对组织绩效影响甚大,一部世界企业史就是众多企业家与管理者展现个人领导风范的历史。

(四) 控制

控制是指根据既定目标不断跟踪和修正组织所采取的行动,使之朝着既定目标方向运作并实现预想的成果或业绩。控制是保证组织计划与实际运作动态相适应的管理职能,它是保证一个组织的目标实现而采取的各种必要的活动所不可缺少的措施。

管理的控制职能是对管理客体的工作进行评估和调节，以确保集体的目标及为此而拟订的计划得以实现。在管理活动中，一旦决策方案、活动计划通过组织付诸实施，就需要立即对活动加以控制。它通过监督，衡量计划执行的进度，揭示计划执行中的偏差，找出偏差的部位、性质和原因，并采取积极措施加以调节；或者把不符合要求的活动拉回到正常的轨道上来，使之按照原来的决策和计划发展；或者重新决策，修正计划。因此，控制职能在很大程度上使管理工作成为一个闭环系统。

管理的基本职能也构成了管理的过程，也称为管理循环（图1-1）。从理论上讲，管理的四项基本职能之间存在某种逻辑上的前后顺序关系，但在实践中并不是被严格分割开来，它们更经常地是有机融合在一起的。管理过程是各职能活动相互交叉、周而复始地不断反馈和循环的过程。

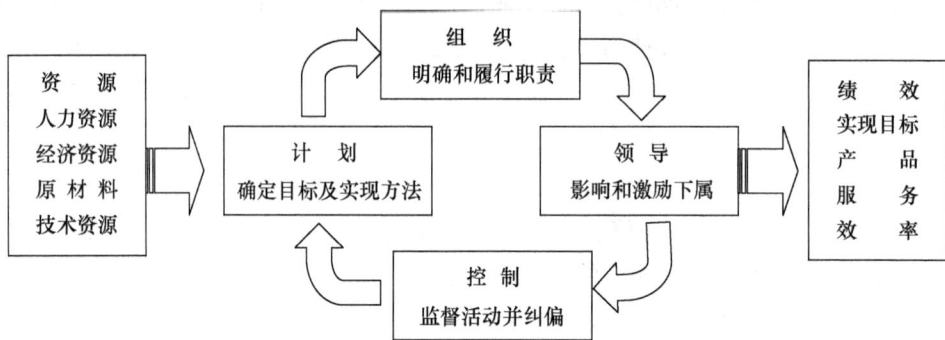

图1-1　管理循环

第二节　管理的性质

一、管理的自然属性与社会属性

1. 管理的自然属性　管理的自然属性，是指管理是由许多人进行协作劳动而产生的，是有效组织共同劳动所必需的、具有同生产力和社会化大生产相联系的属性，它通过"指挥劳动"表现出来，与具体的生产方式和特定的社会制度无关。管理要处理人与自然的关系，要合理地组织社会生产力，因此管理的自然属性也称作管理的生产力属性。

2. 管理的社会属性　管理的社会属性，是指管理体现着生产资料所有者指挥劳动、监督劳动的意志，具有同生产关系和社会制度相联系的属性。它通过"监督劳动"表现出来，与生产关系和社会制度相联系，为统治阶级服务，受一定的生产关系、政治制度和意识形态的影响和制约。

也就是说，任何管理活动都是在特定的社会生产关系条件下进行的，都必然要体现一定社会生产关系的特定要求，为特定的社会生产关系服务，从而实现其调节和维护社会生产关系的职能。所以,管理的社会属性也叫做管理的生产关系属性。管理的社会属性既是生产关系的体现,又反映和维护一定的生产关系,其性质取决于不同的社会经济关系和社会制度的性质。在不同的社会制度条件下,由谁来监督以及监督的目的和方式都会不同,因而也必然使管理活动具有不同的性质。

二、管理工作不同于作业工作

一个组织正常的运转需要有两类工作,即管理工作与作业工作,它们共存于同一组织中,确保组织目标的圆满完成。作业工作是指在组织中专门从事某项具体生产业务活动和专门技术工作的人员所进行的工作。而管理工作则是为作业工作提供服务的活动,从本质上说,就是通过他人并使他人同自己一起去完成组织的目标和任务。在通常情况下,管理者大量的时间和精力主要用于包括计划安排、组织与领导以及检查控制等基本管理职能方面。

需要说明的是,作业工作和管理工作虽然是相对独立的不同性质的工作,但这并不意味着管理工作者不能去从事作业工作。但是,作为管理者要注意工作的主次。如果把大部分时间和精力都用于作业工作,那就等于忘记了管理者的身份,因而也不可能成为称职的管理者。

三、管理工作是科学与艺术的统一

管理是一门科学,管理工作有其内在的规律性,同其他科学一样,管理的科学性表现在它是大量管理实践经验的升华;管理活动的基本规律以及从事管理活动的科学手段与方法,对从事任何管理工作均有重要的指导作用。管理工作者都要认真地学习它,掌握它的本质。

管理也是一门艺术,管理的艺术性即管理的实践性。鉴于管理工作的复杂性,不论何种管理理论都不能为所有的管理者提供解决一切问题的标准答案。管理工作者只有根据管理的基本理论和基本方法,密切结合实际,根据实际情况的变化,运用自身的才智和丰富的经验去实践,才能取得良好的管理成果。从这一角度分析,管理是一种艺术,是由管理工作者发挥和创造的一种特有的诸如决策、指挥、协调、沟通、激励和控制等方面的艺术。管理的科学性和艺术性并不是相互排斥的,在很大程度上是统一的和相互补充的。

第三节　管理者的技能与角色

一、管理者的技能

美国管理学者罗伯特·卡茨(Robert L. Katz)认为,管理者的基本技能包括概念技能、人际技能和技术技能。

(1)概念技能(conceptual skills)是指能够洞察组织与环境相互影响的复杂性,并在此基础上进行分析、判断、抽象、概括并迅速做出正确决断的能力。概念技能对于高层管理者来说尤其重要。

(2)人际技能(human skills)是指处理人事关系的技能或与组织内外的人打交道的能

力。具有良好人际技能的管理者能够鼓舞员工的热情和信心,这些技能对于各个层次的管理者都是必备的。

(3)技术技能(technical skills)是指使用某一专业领域内相关的工作程序、技术和知识完成组织任务的能力,诸如工程、计算机科学、财务、会计或者制造等。对于基层管理者来说这些技能是重要的,因为他们直接处理下属所从事的工作。

各层次的管理者都需具备这三种技能。不同层次的管理者对这三个技能的要求程度会有区别。一般而言,低层次的管理者需要技术技能更多一些,高层次的管理者需要概念技能更多一些。不同的管理层次与相对应的技能程度如图1-2所示。

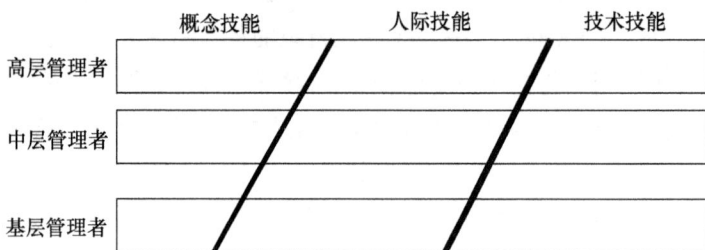

图1-2 概念技能、人际技能和技术技能与管理层

二、管理者的角色

加拿大管理学家亨利·明茨伯格(Henry Mintzberg)在对管理者进行长期的观察和对其活动进行记录的基础上,将管理者(经理)分为三种类型十种角色:

(1)人际关系方面的角色,包括挂名首脑的角色、联络者的角色和领导者的角色。

(2)信息方面的角色,包括监听者的角色、传播者的角色和发言人的角色。

(3)决策方面的角色,包括企业家的角色、故障排除者的角色、资源分配者的角色和谈判者的角色。

这十种角色是一个相互联系、密不可分的整体。人际关系方面的角色产生于经理在组织中的正式权威和地位;这又产生出信息方面的三个角色,使他成为某种特别的组织内部信息的重要神经中枢;而获得信息的独特地位又使经理在组织作出重大决策(战略性决策)时处于中心地位,使其得以担任决策方面的四个角色。

这十项角色表明,经理从组织的角度来看是一位全面负责的人,但事实上却要担任一系列的专业化工作,既是通才又是专家。

第四节 管理的基本原理

认真学习和熟练掌握管理原理,有助于提高管理水平。由于管理科学正处于发展过程中,人们对管理原理的认识尚不完全一致,下面仅介绍八项基本原理。

一、系统原理

企业管理系统是一个多级多目标的大系统,它本身又是国民经济巨系统中的一个组成部分。企业管理系统的主要特点如下。

(1)企业管理系统具有统一的生产经营目标,即生产适应市场需要的产品,提高经济效益。

(2)企业管理系统的总体具有可分性,即将企业管理工作按照不同的业务要求可分解为若干个不同的分系统或子系统,使各个分系统、子系统互相衔接、协调,能产生协同效应。

(3)企业管理系统的建立要具有层次性,各层次的系统组成部分必须职责分明,各司其职,具有各层次功能的相对独立性和有效性,上层次功能必须统帅其隶属的下层次功能,下层次功能必须为上层次功能的有效发挥竭尽全力。

(4)企业管理系统必须具有相对的独立性。任何企业管理系统都处在社会经济发展的大系统之中,因此,必须适应这个环境。但又要独立于这个环境,才能使企业管理系统处于良好的运行状态,达到企业管理系统之最终目的——获利。

二、分工原理

分工原理产生于系统原理之前,但其基本思想却是在承认企业及企业管理是一个可分的有机系统前提下,对企业管理的各项职能与业务按照一定的标志进行适当分类,并由相应的单位或人员来承担各类工作,这就是管理的分工原理。

分工的主要好处是:

(1)分工可以提高劳动生产率。劳动分工使工人重复完成单项操作,从而提高劳动的熟练程度,带来劳动生产率的提高。

(2)分工可以减少工作损失时间。劳动分工使工人长时间从事单一的工作项目,中间不用或减少因变换工作而损失时间。

(3)分工有利于技术革新。劳动分工可以简化劳动,使劳动者的注意力集中在一种特定的对象上,有利于劳动者创造新工具和改进设备。

(4)分工有利于加强管理,提高管理工作效率。从泰勒将管理业务从生产现场中分离出来之后,随着现代科学技术和生产的不断发展,管理业务也得到了进一步的划分,并成立了相应的职能部门,配备了有关专业人员,从而提高了管理工作效率。

分工要讲究实效,要根据实际情况进行认真的分析,要实事求是。一般企业内部分工既要职责分明,又要团结协作,在分工协作的同时,要注意建立必要的制约关系。分工不宜过细,但界面必须清楚,才能避免推诿、扯皮现象的出现。在专业分工的前提下,按岗位要求配备相应技术等级人员,是使企业产品质量和工作质量得到保证的重要措施。在搞好劳动分工的同时,还要注意加强对职工的技术培训,以适应因新技术、新方法不断发展而带来的新要求。

三、弹性原理

弹性原理,是指为了达到一定的目标,在组织外部环境或内部条件发生变化时,组织因具备管理上相应的可调性而有能力适应这种变化。

弹性原理在管理中应用范围很广,计划工作中留有余地的思想、仓储管理中保险储备量的设定、新产品开发中技术储备的构思、劳动管理中弹性工作时间的应用等,都在管理工作中得到了广泛的应用,且取得了较好的效果。

四、效益原理

效益原理,是指工业企业通过加强企业管理工作,以尽量少的劳动消耗和资金占用,生产出尽可能多的符合社会需要的产品,不断提高企业经济效益和社会效益。

提高经济效益是社会主义经济发展规律的客观要求,是每个工业企业的基本职责。企业在生产经营管理过程中,一方面努力设法降低消耗、节约成本;另一方面又努力生产适销对路的产品,保证质量,增加附加值。从节约和增产两个方面来提高经济效益,以求得企业的生存与发展。

企业在提高经济效益的同时,也要注意提高社会效益。一般情况下,经济效益与社会效益是一致的,但有时会发生矛盾。若出现这种情况,企业应从大局出发,首先要满足社会效益,在保证社会效益的前提下,最大限度地追求经济效益。

五、激励原理

激励,是指通过科学的管理方法激发人的内在潜力,使每个人都能在其组织中尽其所能,展其所长,为完成组织规定的目标而自觉勤奋地工作。

人是生产力诸要素中最活跃的因素,创造团结和谐的环境,满足职工不同层次的需求,正确运用奖惩办法,实行合理的按劳分配制度,开展不同形式的劳动竞赛等,都是激励原理的具体应用,都能较好地调动人的劳动热情,激发人的工作积极性,从而达到提高工作效率之目的。

激励理论主要有需求层次理论、期望理论和激励模式等。

六、动态原理

动态原理,是指企业管理系统随着企业内外环境的变化而不断更新自己的经营观念、经营方针和经营目标,为达到此目的,必须相应改变有关的管理方法和手段,使其与企业的经营目标相适应。企业在发展,事业在前进,管理要跟上,关键在更新。运动是绝对的,不动是相对的,企业既要随着经营环境的变化,适时地变更自己的经营方法,又要保持管理业务上的适当稳定,没有相对稳定的企业管理秩序,也就失去了高质量企业管理的基础。

在企业管理中与此相关的理论还有矛盾论、辩证法等,好与坏、多与少、质与量、新与老、利与弊等都是一对矛盾的两个方面,要在实际操作过程中,运用辩证的方法,正确、恰当地处理矛盾,使其向有利于实现企业经营目标的方向转化。

七、创新原理

创新原理,是指企业为实现总体战略目标,在生产经营过程中,根据内外环境变化的实际,按照科学的态度,不断否定自己,创造具有自身特色的新思想、新思路、新经验、新技术,并加以组织实施。

企业创新,一般包括产品创新、技术创新、市场创新、组织创新和管理方法创新等。产品创新主要是指提高质量,扩大规模,创立名牌;技术创新主要是指加强科学技术研究,不断开发新产品,提高设备、技术水平和职工队伍的素质;市场创新主要是指加强市场调查研究,提高产品的市场占有率,努力开拓新市场;组织创新主要是指企业组织结构的创新,要按市场经济规律把企业组织结构尽快改组为符合现代企业制度要求的组织形式;管理方法创新主要是指企业生产经营过程中的具体管理技术和管理方法的创新。

八、可持续发展原理

可持续发展原理,是指企业在整个生命周期内,随时注意调整自己以适应变化了的外界环境,从而使企业始终处于兴旺发达的发展阶段。现代企业家追求的目标,不是企业一时的兴盛,而是长盛不衰。这就需要按可持续发展的原理,从历史和未来的高度,全盘考虑企业资源的合理安排,既要保证近期利益的获取,又要保证后续事业得到蓬勃的发展。

第五节　管理的基本方法

管理是一个复杂的系统,为使其正常运转且处于良好状态,必须采用一些基本的管理方法进行管理,方能收到较好的效果。

一、行政方法

管理的行政方法,是指依靠企业各级行政组织的法定权力,通过命令、指示、规定、制度、标准以及具有约束性的计划等行政手段来管理企业的方法。行政方法具有强制性,企业所有成员对上级所采用的行政手段,都必须服从和执行。行政方法是管理企业必不可少的方法,是执行企业管理职能的一种基本手段。在外部企业要与社会经济系统相联系,在内部企业的各个生产经营环节要相互配合,协调发展,所有这些都要求企业管理者采用强制的行政管理方法,来统一规范企业内部所有成员的意志和行动,才能有效地组织企业全体成员为实现企业的目标而共同奋斗。

但是,行政方法并不是万能的,管理者在运用时要特别注意深入实际,了解现场,联系群众,讲究方法,身体力行,防止主观、武断、妨碍下属正常执行任务的现象发生,力争使下属心情舒畅地与自己密切配合完成预定的任务。

二、经济方法

企业管理的经济方法,是指按照客观经济规律要求,正确运用工资、奖金、罚款、津贴、税收、价格、利益等经济手段来管理企业的方法。在企业生产经营的过程中,各个单位之间、个人之间在劳动的数量与质量上,在劳动的条件与强度上,在劳动技术的复杂程度上,在劳动的效果与贡献上,都存在着一定的差距,客观上要求企业管理者依照"按劳分配"的原则,运用各种经济方法正确处理国家、企业、劳动者个人之间的经济关系,以便把劳动者个人的利益同企业对国家的贡献联系起来,同企业的经济效益挂起钩来,最大限度地调动企业全体劳动者的主动性、积极性、创造性,促进企业的发展。

正确运用经济方法管理企业,还必须注意创造必要的条件,如对完成任务的数量和质量要有完善的计量检测手段,要有健全的原始记录制度,要有合理的定额与标准。还要有可行的检查与考核制度等。

在市场经济条件下,企业还要善于运用国家调控宏观经济的手段来保护和发展自己,例如利率、汇率、税率的变化以及证券、期货市场的变化,都会影响社会资源的配置与企业投资的取向,企业应能迅速获取信息,抓住机会,果断决策,以达到保值增值,避免风险之目的。

三、法制方法

企业管理的法制方法,是指企业在生产经营过程中,以企业法人的身份,受到国家有关法规、法律的约束和保护,依法尽义务,依法享受权利,为企业生存与发展获取法律保障。在这方面,国家为适应市场经济的要求,已经颁布或正在制订一系列的经济法规,例如企业法、合同法、反不正当竞争法、公司法等。

此外,各个企业根据自身的生产经营特点制订必不可少的规章制度,用来疏导、规范员工的生产经营行为也是企业管理的法制方法。切实、可行的规章制度,是维持正常生产经营秩序的重要保证,是企业兴旺发达的基本前提,每个企业都要从严格管理的角度来加强各方面规章制度的建设,并付诸实施,以保证企业经营目标的实现。

四、教育方法

教育的方法是指按照一定的目的,通过多种形式的教育和培训,对员工在德、智、体诸方面,全面施加影响,提高员工素质的一种方法。教育的方法内容极为广泛,包括人生观、价值观、民主、法制、思想政治、科学技术与企业文化等许多方面。

教育的方法在管理活动中是一项最根本的方法。人们常说"百年大计,教育为本",这说明教育具有基础性和长期性的特点。任何有远见的管理者,必须高度重视对员工的教育与管理,对员工的培训要有明确的目标、计划、资金投入和必要的考核手段。由于现代管理是以人为中心的管理,只有人的素质的不断提高,企业才有活力和后劲,使生产经营活动立于不败之地。

教育的方法具有间接性的特点,它所体现的成果往往是长期的,不可急功近利。

教育方法的不足是不具备约束机制,因此在管理工作中。必须与其他管理方法有机地结合起来,例如与经济或与行政手段结合,督导员工进行学习和提高,从而充分发挥教育方法的作用。

五、数学方法

企业管理中的数学方法,是指将企业管理中可变因素之间的相互关系,用数学符号、公式来进行描述的一种科学方法。随着科学技术的发展,数学方法在现代企业管理中已经得到广泛的应用,尤其在企业的经营预测与决策中更显出其特殊的重要作用。

数学方法在现代企业管理中的重要作用主要表现在:可以使企业管理工作进一步定量化、精确化、合理化、科学化。但是,数学方法本身也有很多局限性,不是任何管理问题都可用数学方法来解答,因为,实际管理问题都是很复杂的,很难用数学模型进行精确描述。因此,任何数学方法的应用,都必须充分考虑它的应用条件和范围,否则会误导管理行为。特别值得提醒的是,管理模型的数学解,只能作为企业管理辅助决策的一个参考,而不是企业管理唯一解。实际决策应以此为参考,结合其他因素,统一考虑,才可克服数学方法的局限性,将企业管理提高到一个新水平。

第六节　管理学的特点与研究方法

一、管理学的特点

所谓管理学就是指系统地研究管理活动的基本规律和一般方法的科学。管理学与其他学科相比,有许多不同的特点。

1. 一般性　管理学主要是研究管理活动中的共性原理和基础理论。既然是一般原理,它适用于一切企业组织和事业单位,不管是工厂、学校、科研机构、政府、军队、社会团体、服务机构,它们为了实现本单位的既定目标,都需要完成包括计划、组织、领导和控制等一系列的管理职能,协调各种关系,都需要用管理学中共同普遍的原理和方法去指导。

2. 综合性　管理工作具有复杂性,它涉及许多学科方面的业务和知识,概括起来有哲学、心理学、人类学、社会学、政治学、经济学、历史学、伦理学、数学、统计学、运筹学、系统学、会计学、工艺学、教育学、法学、计算机科学等近二十门学科,因此可以说管理学是一门交叉学科或边缘学科。它要在内容上和方法上综合利用上述多学科的成果,才能发挥自己的作用,这就充分地体现了该学科的综合性。

3. 模糊性　管理工作本身既有科学性的一面,又有艺术性的一面,实际工作中所遇到的复杂因素,使管理学在研究方法上不同于数学和自然科学,很难完全定量化,也难于在现实生活中找出绝对理想的最优管理方案,管理科学在整体上重视定性分析和定量分析相结合的方法,追求满意决策。因此从某种程度上说,它是一门不精确的科学。这种提法并不是要贬低管理学研究的意义,而是要人们认识管理活动的特点,在学习管理理论的同时,更加重视管理的艺术性一面,因地、因时、因人制宜地创造适合自身组织的管理经验。

4. 实践性　管理学是为管理者提供关于管理的有用理论、原则、方法的实用学科,只有把管理理论同管理实践相结合,才能真正发挥这门学科的作用。如果把管理学仅仅停留在某些理论方面的研究,就失去了学科本身的作用。学习管理学应该全面结合国内外典型的案例分析,并且通过在实际工作中所取得的经济效益和社会效益来验证是否真正掌握了管理学的本质和精髓。

二、管理学的研究方法

管理学的研究方法同其他社会科学一样,一般可分为归纳法、试验法和演绎法。

1. 归纳法 归纳法就是对一系列典型的事物进行观察分析,找出各种因素之间的因果关系,从中找出事物发展变化的一般规律,这种从典型到一般的研究方法也被称为实证研究。鉴于影响管理活动的相关因素很多,许多因素对管理系统单独的影响程度很难量化,所以归纳法的运用相当广泛。运用归纳法时一定要注意选好典型,应有足够的数量的调查对象,即要尽可能多地选取样本。调查研究要综合包括访谈法、问卷法等多种形式,保证调查结果有必要的精度,在此基础上弄清各种事物之间的相关关系。分析整理时应尽量避免主观主义和形而上学的方法,以便找出符合客观事实的、对相同事物有指导意义的结论。

2. 试验法 试验法是人为地为某一试验创造一定的条件,并观察试验结果,再将其与未给予这些试验条件的对照组进行对比,将试验的实际结果进行比较分析,从中寻求外加条件与试验结果之间的因果关系,找出其中某些普遍适用的规律。例如,美国在 1927～1932 年进行了霍桑试验,并在之后根据其试验结果发表了人际关系理论就是一个典型的试验法事例。这种方法在微观管理工作中,如生产管理、设备管理、产品质量管理以及营销方法、劳动组织等许多领域,都能得到广泛的应用。

3. 演绎法 该法是指对某些较复杂的管理问题,从某种概念出发,运用某种逻辑推理和统计分析的方法,找出各种变量之间的相互关系,建立某种相关的数学和经济模型,用简化了的事实,例如管理学中常见的投入产出模型、决策模型、预测模型、库存模型、现金流量模型等反映管理活动。演绎法的发展和运用,进一步加强了数学与管理学的结合,大大促进了管理学定量分析方法的推广,特别是现代计算机技术迅速发展,使得运用演绎法处理管理问题的速度、精度以及使用范围都得到进一步的改善、加强和扩大。

第七节 管理的主要思想及其演变

一、管理思想的发展阶段

第一阶段思想为早期的管理思想,产生于 19 世纪末以前。其代表人物有亚当·斯密(Adam Smith)、罗伯特·欧文(Robert Owen)、英国人查尔斯·巴贝奇(Charles Babbage)等。

第二阶段思想为古典的管理思想,于 19 世纪末 20 世纪初在美国、法国、德国等西方国家形成的有一定科学依据的管理理论,其代表人物有泰勒(Frederick W. Taylor)、法约尔(Henri Fayol)、韦伯(Max Weber)等。

第三阶段思想为行为科学理论,在早期叫做人际关系学说,出现于 20 世纪 20 年代,以后发展成为行为科学理论,在 20 世纪 60 年代中叶,又发展成为组织行为学。其代表人物包括梅奥(Elton Mayo)、巴纳德(Chester I. Barnard)等。

第四阶段思想为现代管理思想,主要出现于第二次世界大战以后。这一时期管理领域非常活跃,出现了一系列管理学派,每一学派都有自己的代表人物。这些理论和学派,在历史渊源和理论内容上互相影响和联系,形成了盘根错节、互相争荣的局面,被形象地称作"管理理论的丛林"。

近 30 年来,管理理论和实践在不断地丰富和发展,诸如企业文化、学习型组织、企业流程再造和知识管理等新的管理思想、理念和方法层出不穷。

二、古典管理理论

(一)泰勒的科学管理理论

科学管理理论主要探讨了在工厂中如何提高劳动生产率的问题。

1. 泰勒的三大试验　泰勒的三大试验为搬运生铁块试验、铁锹试验、金属切削试验。

2. 科学管理理论的内容　其内容包括工作定额原理、标准化原理、刺激性的计件工资制度、计划职能和执行职能分开、职能工长制、劳资合作和管理控制上的例外原则。

3. 科学管理的四项原则

(1)对工人操作的每一个动作进行科学研究,用以代替老的传统的经验方法。

(2)科学地挑选工人并进行培养和教育,使之学会工作,改变过去由工人任意挑选自己的工作的状况,并让工人根据自身的可能进行自我培训。

(3)与工人亲密协作,以保证一切工作都按已形成的科学原则去办。

(4)劳资之间在工作和职责上进行分工,资方做自己比工人更胜任的那部分工作,改变过去几乎所有的工作和大部分的职责都推到工人身上的管理方法。

4. 例外原则　例外原则是泰勒为组织管理提出的一个极为重要的原则,就是指企业的高级管理人员把一般日常事务授权下属管理人员负责处理,而自己保留对例外的事项——一般也是重要事项——的决策权和控制权,如重大的企业战略问题和重要的人员更替问题等。例外原则至今仍然是管理中极为重要的原则之一。

(二)法约尔的一般管理理论

法约尔的管理理论是以大企业的整体为研究对象的,他主张管理具有普遍性,可以通过教育使人们学会管理和提高管理水平。

1. 企业的 6 大经营活动　法约尔总结企业的经营活动包括:技术活动(生产、制造、加工)、商业活动(购买、销售、交换)、财务活动(筹集和最适当地利用资本)、安全活动(保护财产和人员)、会计活动(财产清点、资产负债表、成本、统计等)和管理活动(计划、组织、指挥、协调和控制)。不论企业大小,复杂还是简单,这 6 组活动(或者说基本职能)总是存在的。法约尔开宗明义地将企业的共性摆出来,然后指出,前 5 种活动都不负责制订企业的总经营计划,不负责建立社会组织及协调各方面的力量和行动,而这些至为重要的职能应属于管理。所以他定义管理就是实行计划、组织、指挥、协调和控制。

2. 法约尔著名的14项管理原则　这些原则是:劳动分工、权责对等、纪律严明、统一指挥、统一领导、个人利益服从整体、报酬、集权、等级链、秩序、公平、人员稳定、首创精神、团队精神。

(三)韦伯的行政组织理论

韦伯主张,组织是以权力为基础的。组织中有三种类型的权力,即传统的权力、超凡的权力和理性的权力。理想的行政组织体系的特征包括:分工、职权等级、正式的选拔、职业化的管理人员、纪律和规则、理性准则。这一体系成了许多大组织的设计原型。

韦伯认为理想的行政组织是通过职务和职位来管理的,而不是通过传统的世袭地位来管理。要使行政组织发挥作用,管理应以知识为依据进行控制,管理者应有胜任工作的能力,应该依据客观事实而不是凭主观意志来领导。

(四)古典管理理论的缺点

(1)首先,古典管理理论没有深入进行对人性的研究,其对人性的探索仅仅停留在经济人的范畴之内。

(2)古典管理理论仅仅把管理的对象看作是一个没有一定的抽象性的客观存在而就事论事。尽管它对管理对象这种客观存在进行了一些概括,并提出了一些规律和原则,但是没有把管理对象上升到系统来认识。

(3)古典管理理论的着重点是放在如何管理客观存在的内部。

(4)古典管理理论既然把研究的重点放在企业内部,因而对企业发展环境的考虑就非常少。

三、行为科学理论

(一)梅奥的人际关系学说

由梅奥主持的霍桑研究引起了对于组织中的人的因素的新的重视。霍桑研究主要由工场照明试验、电器装配作业试验、大规模访谈、观察配电器卷线作业四项试验组成。

人际关系学说以霍桑研究为基础发展而来,其结论主要有四点:员工是社会人,金钱因素不是工作的唯一动机;组织中存在着非正式的小团体,小团体通过不成文的规范左右着成员的行为和感情倾向;有效的管理不仅与管理者在技术方面的能力有关,而且还取决于管理者处理人际关系的能力;试验中生产率提高的部分原因是因为"霍桑效应"。

(二)行为科学的主要理论

1. 需求层次理论　这一理论认为人们的需求是有层次的,在某一层次得到满足之后,才会激励人们向更高层次进行追求。这方面的理论有很多研究成果,具有较广泛影响的是马斯洛需求层次理论。马斯洛将人们的需要按照先后顺序划分为5个等级,从低到高依次为:生理的需要,安全的需要,感情的需要,尊重的需要,自我实现的需要。只有低层次的需要得到满足之后,才会激起人们向更高层次的需要进行追求。

2. X、Y、Z 理论　对人性的不同假设会导致不同的管理方法,学者们根据对人的不同行为看法而将管理方法划分为 X、Y、Z 三种理论。

(1)X 理论和 Y 理论。X 理论认为人的本性是懒惰的,对工作具有厌恶的天性,一般人没有雄心大志。为克服人们的这种不良倾向,必须进行强制监督、指挥,才能取得较高效率。而 Y 理论则正好与此相反,它认为人并不懒惰,人们对待工作的态度取决于这项工作对他是一种满足还是一种惩罚,若是前者,则工作积极,若是后者,则工作消极。在正常情况下,人总愿意承担责任,发挥自己的才能和创造性。

由此可见,X 理论与 Y 理论的差别就在于对人的看法不同,据此采用的管理方法也不同。X 理论主张对人采用严格控制、强迫管理的方式,Y 理论则主张要给人创造一个能够充分发挥个人才智的宽松环境,以更好地实现组织的和个人的目标。

(2)超 Y 理论。其主要观点是:不同性质的工作应采用不同的管理方式,对例行的、重复性的、任务量容易测量的工作,如企业的生产经营管理工作,应采取 X 理论进行管理;对创造性的、非重复性的、任务量不易测定的工作,如研究所的科研管理工作,则应采用 Y 理论进行管理。一般来说,人员文化素质较低,易于接受 X 理论管理方式;人员文化素质较高,则欢迎 Y 理论管理方式。

(3)Z 理论。这个理论是总结日本管理经验而提出的,它认为企业管理者与职工的利益是一致的,两者的积极性可融为一体。其主要内容是:企业对职工的雇用应是长期的,而不是短期的;鼓励职工参与企业决策,实行个人负责制;上下级之间关系要融洽;对企业职工要进行全面培训,对职工要进行准确评价与逐级提拔。

四、西方管理理论的丛林(管理学派)

20 世纪 50 年代,科学和技术的发展极大地丰富了管理理论和实践,管理学者孔茨把各种管理理论和学派盘根错节争相竞荣的局面称之为"管理理论的丛林"。孔茨在《再论管理理论的丛林》中将管理理论分为 11 个学派:经验主义学派、人际关系学派、群体行为学派、社会协作系统学派、社会技术系统学派、决策理论学派、系统管理学派、管理科学学派、权变理论学派、经理角色学派和管理过程学派。

(一)管理科学的理论特征

(1)以决策为主要的着眼点,认为管理就是决策,给定各种决策分行模型。

(2)以经济效果标准作为评价管理行为的依据,为此建立诸如量、本、利等模型以讨论行为的结果及变化。

(3)依靠正规数学模型。

(4)依靠计算机运算,以便得出定量的结论。

(二)管理科学的模型

(1)决策理论模型。模型目标是要使制订决策的过程减少艺术成分而增加科学成分。

(2)盈亏平衡模型。这一模型主要用来确定一个公司的任何特定产品的生产量与成本、销价之间的关系。

(3)库存模型。这一模型用来回答库存多少、何时进货出货以及仓储费用的问题。模型的可行解便是经济订购批量(EOQ)。

(4)资源配置模型。常用的资源配置模型就是线性规划模型,用来确定一组约束条件下的产出、利润最大,或成本最小。

(5)网络模型。其中主要的两种模型是计划评审技术(PERT)和关键路线法(CPM)。

(6)排队模型。这一模型主要用来解决减少排队时间及调整其与成本之间的平衡关系。

(7)模拟模型。模拟模型具有与某种事物相同的外表和形式,但不是这种真的事物。由于真实事物所具有的复杂性,以及对其相关管理的不可重复性,为了取得预期的成果,就有必要建立模拟的模型,在此模型上探讨最佳行动方案和政策以便最后能用于实践的操作之中。模拟模型是描述性的,含有各种随机性的变量。

五、管理理论的新发展

(一)企业文化(Corporate Culture)

企业文化是指在企业中长期形成的共同思想、作风、价值观念和行为准则,是一种具有企业个性的信念和行为方式。它是在民族文化和现代意识影响下形成的具有企业特点的群体意识,以及由这个群体意识所产生的行为规范,企业文化是社会文化系统中的一个有机的重要组成部分。

在市场经济条件下,企业文化将决定一个企业的兴衰和在市场竞争中的胜败。企业文化作为观念形态是现代管理理论与文化理论的综合,一般具有整体性、稳定性、开放性、可塑性和独特性等特征。独特性是企业文化的最本质特征。每个企业都有自己独特的文化,反映企业自己的特点,以此作为与其他企业相区别的标志。企业文化的独特性主要表现在时代性、地域性、民族性和行业性的区别上,每个企业只能根据本企业的具体情况,因时制宜、因地制宜、因人制宜地创造适合自己需要的,具有自己特色的文化。近年发展起来的以塑造富有个性的企业形象为目标的 CI 理论,可说是企业文化的进一步发展。

(二)学习型组织(Learning Organization)

美国学者彼得·圣吉(Peter M. Senge)在《第五项修炼》(The Fifth Discipline)一书中提出了学习型组织这个管理概念,指出企业应建立学习型组织,其含义为面临变化剧烈的外在环境,组织应力求精简、扁平化、弹性因应、终生学习、不断自我组织再造,以维持竞争力。彼得·圣吉提出了学习型组织的五项修炼——自我超越、改善心智模式、建立共同愿景、团队学习和系统思考。其中,系统思考可以给我们提供超越混沌、走出杂乱和迎接新时代的指引而显得最为重要。

(三)企业流程再造(Business Process Reengineering)

企业流程再造是 20 世纪 90 年代初期在美国兴起的又一管理变革浪潮。根据它的创始者哈默和钱皮的定义,企业流程再造乃是"对组织的作业流程进行根本的再思考和彻底的再设计,以求在成本、质量、服务和速度等各项当今至关重要的绩效标准上取得显著的改善。"企业流程再造是一个根本设想,就是以首尾相接的、完整的整合性过程来取代以往的被各部门割裂的、不易看见也难于管理的支离破碎的过程。

(四)知识管理(Knowledge Management)

知识管理诞生于知识经济逐渐兴起、信息技术飞速发展和商业竞争日益加剧的环境中。知识管理与信息技术密不可分,它们共同构建企业商务智能,并成为企业核心竞争力的源泉。知识管理可以被定义为资料收集、组织内知识的分享与共用、管理资讯系统(MIS)、流程管理及学习经验等的整合。知识管理主要应用于突然发生的状况及渐渐加快的趋势中。知识管理的目标就是在适当的时间把适当的知识传递给适当的人。知识管理包括知识管理基础措施、业务流程重组、知识管理方法、知识的获取和检索、知识的传递、知识的共享和测评六大步骤。

第八节　现代企业制度和经营管理

一、企业和企业制度

企业是从事商品生产和经营活动的经济组织,是面向市场、以盈利为目的、自主经营、自负盈亏、独立承担民事责任和民事义务的具有法人资格的经济实体。

企业制度是指企业劳动者与生产资料结合的社会形式,是调节企业内工人、资本所有者、管理者之间关系的各种社会规则的总和。企业制度是一个多层次的制度体系,包括产权制度、分配制度和管理制度等。

首先,产权制度是企业制度的基础,它表明企业资本财产的来源、归属及企业的财产组织形式,反映了企业的所有制性质。

其次,分配制度是支配企业收入分配的规则,它是产权制度的表现。

第三,管理制度是产权制度的实现形式,它表明企业内部各经济主体经营过程中的权力安排。

企业制度分为古典企业制度和现代企业制度。古典企业制度包括业主制和合伙制,现代企业制度指公司制。

1. 业主制(Proprietorship)　业主制企业是最简单的企业形式,只有一个产权所有者,企业就是业主的个人财产,由业主直接经营。业主享有企业全部经营所得,同时对其债务负无限责任;个人家财也要抵债。这类企业通常只存在于投资小和规模小的领域,如零售商店、个体理发、个体农业、单个开业的律师、医师、个体餐饮业等。它在法律上为自然人企业。

业主制的缺陷:

(1)企业的信用和资金来源有限。

(2)企业承担无限的清偿责任。

(3)企业的寿命有限。

2. 合伙制(Partnership)　合伙制企业是由多个作为自然人的资本所有者共同投资,共同所有,共同经营,共担风险和分享收益的企业。

合伙制企业的特点:

（1）合伙人要承担无限的连带法律责任。

（2）企业中个人的所有权（股份）是无法自由转让和出售的。

3. 公司制（Corporation） 公司一般是指以盈利为目的从事商业经营活动的组织。公司制企业是一个法人团体，它以法人的名义行使自己的民事权利，承担民事责任；公司股东以其出资额对企业的债务负有限责任；公司由股东大会、董事会、监事会和经理层构成完整的治理结构以确保公司相关者的利益。现代企业制度组织形式主要是公司制，公司制又分有限责任公司和股份有限公司。

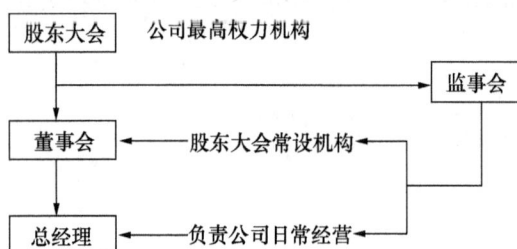

公司企业按照有关法律建立内部组织机构，如股东会或股东大会、董事会和监事会等（图1-3）。

图 1-3　公司的组织结构

二、公司治理与管理

狭义的公司治理，是指公司所有者，主要是股东，对经营者的一种监督与制衡机制。即通过一种制度安排，来合理地配置所有者与经营者之间的权利与责任关系。

公司治理的目标是保证股东利益的最大化，防止经营者对所有者利益的背离。其主要特点是通过股东大会、董事会、监事会及管理层所构成的公司治理结构所进行的内部治理。

广义的公司治理则不局限于股东对经营者的制衡，而是涉及广泛的利害相关者，包括股东、债权人、供应商、雇员、政府和社区等与公司有利害关系的集团。

公司治理是通过一套包括正式或非正式的、内部的或外部的制度或机制来协调公司与所有利害相关者之间的利益关系，以保证公司决策的科学化，从而最终维护公司各方面的利益。

三、领导与管理

领导是率领下属实现组织目标的过程，是管理的一个职能，但管理的其他职能，则不属于领导。管理是指管理行为，而领导工作既包括管理行为，也包括业务行为。比如，作为企业的领导者会见重要人物，参与谈判，出席一些公共活动。

领导活动的重点在于做出决策，确立奋斗目标、规划，以及制订相应的政策、为本地区本部门本单位的工作指引前进的方向等，领导从整体发展的目标出发，着重于争取赢得良好的外部环境。

领导主要是指对人的领导，主要是处理人与人的关系，特别是上下级关系，这是管理活动中的核心问题。

管理不仅要处理人与人之间的关系，还要处理财与物、物与人、人与财的关系。管理涉及的范围比领导要广泛得多。

四、经营与管理

经营是商品经济所特有的范畴,是商品生产者的职能。企业经营是指在企业活动过程中,为实现企业目标而进行的一系列筹划营谋活动。

从产生过程来看,管理是劳动社会化的产物,而经营则是商品经济的产物;

从应用范围来看,管理适用于一切组织,而经营则只适用于企业;

从要达到的目的来看,管理旨在提高组织效率,而经营则以提高经济效益为目标。

法约尔认为,企业经营包括技术活动、商业活动、财务活动、安全活动、会计活动、管理活动六个方面,企业经营的职能就是努力保证这六种活动顺利运转,以便使企业的资源转换成最大的经营成果。

经营是企业为实现这一基本目的的全部经济活动。

从企业的角度看,管理不包括经营,而经营包括管理。企业经营比企业管理范围更广、内容更复杂,层次也更高。

思 考 题

1. 如何理解"做正确的事情"与"正确地做事情"? 请举例说明。
2. 在管理实践中如何领会管理既是科学又是艺术?
3. 管理理论和实践的发展历程呈现什么样的规律?
4. 如何理解效率与效益之间的关系? 管理效率高的企业一定经营业绩好吗? 反之,经营业绩好的企业其管理水平一定高吗?

课外阅读参考书目

[1]周三多,等.管理学—原理与方法[M].上海:复旦大学出版社,1999.

[2]芮明杰.现代企业管理创新[M].太原:山西经济出版社,1998.

[3]理查德・L.达夫特.管理学[M].韩经纶,译.北京:机械工业出版社,2003.

[4]本・巴鲁克・塞利格曼.美国企业史[M].复旦大学,译.上海:上海人民出版社,1975.

[5]汤姆・布朗.对话世界顶级管理思想家[M].魏清汇,方海萍,译.北京:机械工业出版社,2004.

[6]大前研一.专业主义[M].裴立杰,译.北京:中信出版社,2006.

[7]彼得・圣吉.第五项修炼[M].郭进隆,译.三联出版社,1998.

[8]都星汉.论管理中的理性与非理性[J].改革与战略.1996,(2)

[9]孙涤.管理琐治[M].上海:学林出版社,1997.

[10]黄仁宇.放宽历史的视界[M].北京:中国社会科学出版社,1998.

[11]吴晓波.激荡三十年——中国企业1978~2008[M].北京:中信出版社,2007.

第二章　企业环境

● 本章知识点 ●

1. 企业环境包括企业外部环境和内部环境两个方面。
2. 总体环境对企业主要有六个方面的影响。
3. 行业的竞争程度和行业利润潜力可以由五个方面的竞争力量共同决定,这五个因素之间的互动关系决定了一个行业的赢利能力。
4. 企业的资源、能力以及核心竞争力组成了企业的内部环境,企业必须利用资源和能力形成核心竞争力,并不断形成新的竞争优势。

第一节　企业环境概述

一、企业环境研究的内容、意义和方法

世界上任何事物都不能离开它所处的环境而生存发展,企业也是这样。在当前我国纺织纤维加工总量多年高居世界第一,带有"中国制造"标签的纺织品遍及世界各个角落的大背景下,纺织服装企业更是容易受到全球经济总体走势的影响。环境既能够为企业提供生存和发展的条件,也必然会限制企业的生存和发展。

企业环境包括企业外部环境和内部环境两个方面。企业外部环境是指存在于企业外部对企业具有潜在影响的所有因素组成的系统,其中包括竞争者、各种资源条件、科学技术、经济、政治、法律、社会等诸多因素,但是不包括那些对企业经营没有影响的因素;企业内部环境是指在企业内部的客观物质条件、生产技术、组织结构和公司文化等因素构成的系统。对企业内部环境和外部环境所进行的调查、预测、分析和研究工作,统称为企业环境研究。

企业环境研究的内容包括企业内部环境研究和企业外部环境研究两个方面,其具体内容将在后面叙述。

企业环境研究的意义在于,通过研究内外部环境,企业能够正确和及时地做出生产经营的各项决策。"正确",是指决策符合客观实际,不仅要符合现实,而且尽可能符合客观实际的发展变化;"及时",是指企业能抓住因为环境变化特别是因外部环境变化而出现的各种机会,以及避免或躲过环境变化所产生的各种风险。

企业生产经营决策的正确和及时,主要取决于对企业环境进行的深入、科学、细致的研究。这种研究不仅可以帮助了解影响企业各种经营活动的客观实际的特点,而且可以使人

认识到环境因素发展演变的动态变化规律,建立在这一基础上的决策可以减少和避免盲目性和主观随意性,从而保证企业生产经营决策的正确和及时。

企业环境研究的方法有许多种,要针对企业内部、外部环境的具体研究内容而采用相应的方法。总体而言,企业环境研究方法可以分为定性研究方法和定量研究方法两类。定性研究方法主要有:调查法、询问和观察法、实验法、专家意见法等;定量研究方法主要有:时间序列分析法(包括简单平均法、移动平均法、指数平均法等)、因果关系分析法(包括回归分析法)等。

二、企业与环境的关系

企业与其内部环境、外部环境之间存在着相互作用、相互影响的关系(图2-1)。企业内、外部各种因素对企业生产经营的发展规模和速度有着非常重要的影响,甚至会影响到企业的生存和发展,所以企业必须适应这些因素的变化,否则就不可能顺利地生存和发展;另一方面,企业对环境也存在着一种反作用,企业对其内部环境各因素可以通过各种方法和手段进行控制,同时企业通过提供产品和服务以及试图对环境做出恰当的反应,来影响企业的外部环境各种因素,主要表现在利用环境、保护环境、发展环境和完善环境等方面。

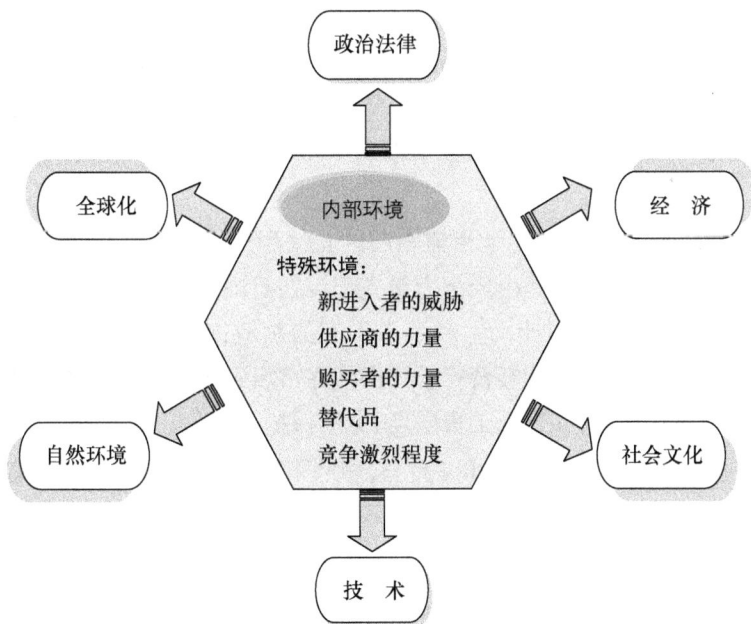

图2-1　企业与环境的关系

按照环境因素对企业影响力的作用大小,企业的外部环境又可以分为一般环境和特殊环境两类。企业的内部环境也可以细分为物质环境和文化环境两类。

第二节 企业外部环境

一、总体环境

企业的一般环境,又称为总体环境,是一定时空条件下的各类组织所共同面对的影响因素。这些因素具体可以细分为六个方面:政治法律环境(Political)、经济环境(Economic)、社会文化环境(Social)、技术环境(Technical)、自然环境(Environmental)和全球化环境(Global)。

(一) 政治法律环境

政治法律环境是指企业所处的外部政治状况,一般分为国内政治法律环境和国际政治法律环境两部分。国内政治法律环境包括一国的社会政治体制、政治制度、执政党的性质、政府方针、政策、法律、法令以及政治形势的变化等。不同的国家有着不同的社会政治体制和制度,不同的社会政治体制和制度对企业经营活动的限制和要求是不同的。通常,我国政府的方针和政策主要通过法律、法规、规定、条例、决定、命令等形式体现出来,在我国进行生产经营的任何一个企业都必须认真研究、领会其实质,接受国家的宏观管理。

例如,2007 年 6 月,在《财政部、国家税务总局关于调低部分商品出口退税率的通知》发出后,国内许多纺织服装出口企业纷纷调整出货时间,赶在退税下调截止日期前的短短 10 天时间抢关出口,致使上海、宁波、天津、青岛等地港口出现拥堵,上海浦西、浦东通往外高桥港区的公路竟然出现了连绵数公里的卡车阵,宁波港区集装箱卡车等待装船的时间最长超过了 24 小时。原本提前 10 天订舱即可保证货物出运,这时竟然提前一个月都没有保证。可是,7 月 1 日期限刚过,上海外高桥港区集装箱卡车抢关出口的长龙便不见了,报关大厅人头攒动的盛况也随之消失了。

国家政治体制与经济体制始终是相辅相成的互动形式,一个国家经济体制的选择是由政治力量决定的,但是其背后仍是由经济力量支配。在我国,虽然市场竞争法则已迅速地被引入众多的行业,但在关系到国计民生和意识形态的领域,政府规制仍然发挥着重要的影响,政府的政策仍然影响着企业的经营行动。即使在市场经济比较成熟的发达国家,政府对市场的干预几乎也有增无减,如最低工资限度、劳动保护、社会福利、进出口限制等。近几年来,我国纺织行业毛利率基本保持在 10% 左右,净利率则在 3% ~ 4% ,任何政策面的调整和国际贸易环境的变化,都有可能导致企业大幅亏损,甚至倒闭的产生。

随着我国企业不断地走向国际市场,国际政治法律环境对我国企业的影响也日益显著。国际政治风云变幻必将影响国际政治、经济、金融环境的变化,这无疑对想要进入国际市场的企业产生重要影响。

(二) 经济环境

经济环境指的是一个企业所属的、或可能会参与其中竞争的经济体的经济特征和发展方向。一个国家的经济状况影响到具体企业和行业的表现。因此,企业需要研究经济环境,以挖掘其变化的趋势及其蕴含的战略意义。经济环境主要指以下几个方面。

1. 社会经济状况 社会经济状况是指一个国家、地区的人口数量及其增长趋势,国民收入、国民生产总值及其变动趋势和通过这些指标反映出来的社会经济发展的水平、速度和趋势。

2. 市场状况 市场状况包括企业所生产的老产品和开发的新产品所需的各种原材料、资源的情况,企业产品在市场上的需求情况,消费者的收入情况、消费偏好、储蓄情况,企业在市场上的竞争对手的情况等。

3. 经济体制 经济体制是企业外部经济环境中的一个重要因素。不同经济体制下企业的管理方式不同。如在计划经济体制下,企业的产、供、销全部由上级部门计划控制,企业的资金也全部由上级部门控制,企业自己没有筹措资金和使用资金的决策权,在这种情况下,企业就无需设置资金调度的机构。而在市场经济体制下,情况就完全不同了,这时企业有了生产经营的自主权,为了能在市场竞争中处于优势,取得良好的经济效益,企业资金管理就成为企业管理的一个重要内容,负责资金管理的机构就成为企业的一个重要部门。

4. 经济结构 经济结构主要是指国民经济各部门和社会再生产各方面的构成,包括产业结构、分配结构、交换结构和消费结构。

经济环境是企业外部环境因素中最重要的因素之一,它同企业的关系非常密切。宏观经济环境的变化会直接对企业的生产经营管理产生影响。在经济环境好的情况下,大多数企业的经营效果就好;在经济环境差的情况下,许多企业的经营效果也差,有些企业还要亏本甚至倒闭、破产。

(三) 社会文化环境

社会文化环境主要指生活在一定集团或社会中的人们的文化背景、风俗习惯、社会规范、文化观念、价值观念、伦理道德、教育水平等因素。企业的生产离不开人,企业的营销活动离不开人,企业的产品和服务也必然要提供给消费者或其他企业,而每个人、每个企业的成长发展都不能离开其所处的文化环境,也就是说其所处的文化环境必然会对个人或企业的行为举措、思维方式产生影响。因此,企业如果脱离开文化环境去进行生产经营和管理,那么就不可避免地会与其所处的文化环境发生冲突,那么失败的只能是企业自己。社会文化环境因素常为人们所忽视,也是涉及因素较为复杂的一个方面。这一点在进行跨国经营时显得尤为突出。从"有朋自远方来,喜乘三菱车"、"车到山前必有路,有路必有丰田车"这两句广告句词中就可以看出日本企业对中国文化理解之深刻。日本企业对异国文化的高度敏感性,使他们能深入了解各国顾客的需求特点和购买心理,从而使日本企业能更好地满足其他国家顾客的需求而在国际市场上取得成功。

(四) 技术环境

技术环境包括技术水平、技术政策、新产品开发能力以及技术发展的动态等方面。技术环境的发展变化对企业生产经营有着重大影响。企业必须特别关注所在行业的技术发展动态和竞争者的技术、新产品开发等方面的动态信息。技术的突飞猛进大大地缩短了产品的寿命周期,企业采用了新技术就可能取得更高的劳动生产率、更多的产品品种。企业要能准确预测和及时掌握技术环境发展变化对企业的影响,以便采取适当的对策,随机应变,才能在激烈的市场竞争中求得生存和发展。

例如,德国 WarmX 公司曾开发内置发热系统的内衣系列产品,以极微小的银纤维织入针织织物,再配合供应电力的小型充电电池构成。当外界温度非常低时,针织织物可直接让皮肤产生热的感觉。产品于人体后腰部附近织入加热纤维,因该部位暖和了,人才会有热的感觉。还有,我国的北京雪莲羊绒公司推出系列新品,包括环保牛奶绒精制羔驼绒复合绒衫、光致(日光)变色印花牛奶纤维 T 恤衫、光致(紫光)变色羊绒产品、永久性防紫外线、防静电和防辐射保健羊绒衫。以上事例说明,新技术能为企业创造出更多的新产品,以使其在市场中立于不败之地。

(五)自然环境

自然环境主要包括企业的地理位置、所在地区的气候条件及资源状况等自然因素。

在气候湿热或干燥寒冷的地区,空调、电暖器、加湿器、电风扇和服装行业的生产与销售便会受很大影响,而在气候宜人、温暖舒适的地区,则可能会旺销与旅游出行有关的商品。

资源状况,特别是稀缺资源的蕴藏不仅构成了国家或地区发展的基础,而且也为该地区经济组织的发展提供了发展机会。资源的分布影响着产业的布局与演化,也决定着不同地区依靠资源的加工与生产为生的企业的命运。

(六)全球化环境

全球化环境是指全球化经济条件下各种影响企业经营的因素或是机遇,包括全球新兴市场、正在发生的重要国际政治事件以及全球市场的文化和制度方面的重要特征。商业市场的全球化给企业带来机遇和挑战。全球化产业链的形成,使得大量的业务正在逐步由发达国家"外包"转移到发展中国家,于是,印度成为许多跨国公司的"办公服务后台",中国也成为世界性的"制造工场"。众多的企业由于嵌入全球产业链而扩展了公司业务范围,挖掘了公司的潜能。

由于在国际市场上参与竞争,不同国家的各种社会文化和制度特征都可能会对企业的全球经营产生深刻影响。例如,同属于儒家文化影响下的东亚国家,韩国人强调和谐,是一种基于对层次关系的尊重和对权威的服从的和谐,他们的价值观更多地根基于等级次序、形式、自我约束以及责任而不是权力。中国人则强调关系。日本人强调集体的和谐以及团体的协作。在全球的多数市场,社会资源对企业取得成功十分重要。

全球化环境也为企业获得成功提供了更多的资源和机会,同样带来了更多的风险和威胁,这对企业经营者来说是更大的考验,辨认更大环境中的预期变化和趋势将会成为他们新的研究课题。

二、微观环境

企业的微观环境也称为特殊环境或任务环境。由于企业是在一定行业中从事经营活动的,与总体环境相比,企业所在行业的环境对其竞争优势和超额利润的影响更为直接。美国学者迈克尔·波特 Micheal Porter 认为,行业的竞争程度和行业利润潜力可以由五个方面的竞争力量共同决定:新进入者的威胁、供应方、买方、替代品以及当前竞争对手之间竞争的激烈程度(图2-2),他们直接影响到一个企业和它的竞争行为。总的来说,这五个因素之间的互动关系决定了一个行业的盈利能力。企业面临的挑战在于,它需要在行业中找到一个位置,使自己能够正面地影响这些因素,或者能够成功地战胜这些因素。企业对行业环境的正面影响能力越强,它获得超额利润的可能性也就越大。

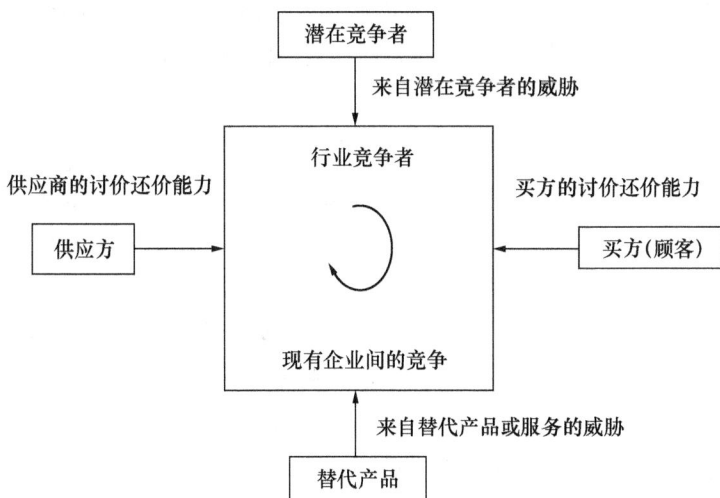

图2-2 影响行业竞争的五种力量模型

(一)现有竞争者研究

现有竞争者是指同行业现有的、生产相同或类似产品的企业。通常对现有竞争对手的研究主要关注于竞争对手的数量、分布、规模、资金实力、技术、经营特色等,其目的是为了找出主要竞争对手。

对于竞争对手综合实力的考察,通常可以通过了解对手的销售增长率(相对行业而言)、市场占有率(市场份额)和产品获利能力(如销售利润率)来获得。该行业竞争激烈程度某种程度上受该行业退出壁垒——企业退出某一行业的代价——的影响。一般来说,影响该行业退出壁垒高低的因素主要有:资产的专用性,退出成本的高低,心理因素,政府和社会的限制等。

(二)潜在竞争对手研究

潜在竞争对手是指有可能进入本行业的企业(新办企业或原先从事其他生产的企业)。新进入者可能会使行业的总产出增加,在产品和服务需求不能够相应增加的时候,必然会导致整个市场的收入和回报下降。新进入者还可能迫使现有企业加强学习,努力提高效率,从而促进整个行业的活力。

潜在竞争对手进入行业的可能性取决于进入障碍及其对行业内原有企业反应的预期估计两个因素。行业内原有企业可以利用专利和对特种资源供应和销售渠道的控制等所产生的"在位优势"、成本优势、资本要求、转换成本、产品差别化特性等来构筑"进入障碍"。同时,行业内原有企业的猛烈反击的可能性也会阻遏一些潜在对手的进入。

(三)替代品生产者研究

替代品生产者,是指从事具有相同或相似的产品功能从而能够满足同一种需要的产品生产的厂商。一般来说,顾客的转换成本很低甚至为零,或替代品的价格更低或质量更好,性能相似甚至超过竞争产品时,替代品的威胁会很强。

(四)顾客研究

顾客,又称用户,即产品或劳务的购买者,包括最终使用者和中间经销商。顾客通常会讨价还价,要求更高的质量、更多的服务以及更低的价格。当他们购买数量增加,购买金额巨大,转化成本较低,所购产品标准化程度较高时,往往会有较强的讨价还价能力。

(五)供应商研究

供应商是指企业维持正常生产经营活动所需的各种要素的来源单位。他们通常会提高原料价格或者降低其质量来影响下游企业的利润水平。当供应商所提供的产品没有很好的替代品供应,转换成本较高,或者供应商数量很少,掌握着下游企业产品生产的核心供应渠道,并且前向整合进入企业所在行业可能性很大时,其讨价还价的能力较强。

上述竞争的"五力"模型扩充了竞争分析的领域,使企业不仅着眼于那些与他们有直接竞争的企业,还通过研究顾客和供应商,鉴别潜在的竞争者和替代品生产企业,来全面认识企业的竞争环境。它说明,供应商可能会变成竞争对手(前向整合),买方也一样(后向整合)。此外,进入一个新市场的企业和那些生产的产品足够替代目前产品的企业,很可能也会变成企业的竞争对手。

第三节　企业内部环境

一、内部环境研究的意义

在经济全球化过程中,传统的企业内部条件如劳动力成本、财务资源和原材料的获取以及营销能力虽然仍是竞争优势的来源,但其重要程度已大不如从前了。内部环境研究已逐渐转向全球化的思路,企业需要将不同种类的资源和能力组合起来占领市场。而且现在要想找到一个竞争程度较低的市场空隙几乎是不可能了,因此,过去那种依靠将资源配置到更有吸引力的行业中的想法变得不再实际,动态环境下的企业竞争更多地要依托企业自身独特的资源和能力。资源是能力的来源,某些能力使企业发展出核心竞争力或竞争优势。每个企业都拥有一些其他企业所没有的资源和能力——至少不会是同样的组合。图2-3表明了资源能力和核心竞争力的关系以及企业如何利用它们创造出优势。

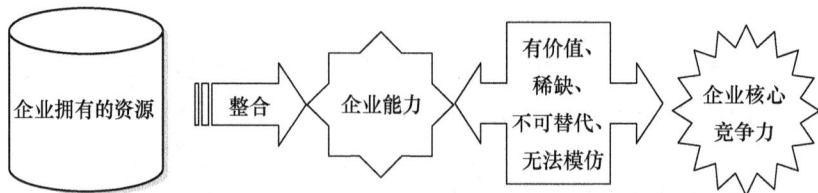

图2-3　企业资源、能力与核心竞争力的关系

二、资源、能力以及核心竞争力

(一)资源

很难用现有的统计资料完整地表达一个企业究竟拥有多少资源,一种较简单和经典的分法是将企业的资源分成有形资源、无形资源以及人力资源。有形资源是指可见的、能量化的资产,包括企业的财务资源和实体资源,它们通常可以反映在企业各项财务报表中。生产设备、工厂以及正式的报告系统都是有形资源。无形资源是指那些根植于企业的历史、长期以来积累下来的资产,它们以一种独特的方式存在,不易被竞争对手了解和模仿。无形资源包括企业的声誉和技术资源两大类,具体可分为专有技术、经理及员工间的信任和联系、组织制度、企业产品和服务的声誉、人们交往的方式,以及他们的思想、创新的能力、管理能力等。人力资源早期被认为是一种有形资源,现在则更多地被认为是无形资源,它意味着企业知识结构、技能和决策能力。企业人力资源的识别、评估是一件非常复杂和困难的工作。员工的技能虽然可以通过每个人的学历、经验和工作表现加以评估,但这只是表明了每个人的可能潜力,并不代表其个人技能的全部,也不等于它们的简单加总就是其共同工作所能发挥的协同效应。

(二)能力

能力是指企业分配资源的效率,这些资源被有目的地整合在一起,以达到一种预想的最终状态。能力通过有形资源与无形资源的不断融合而产生。每一种企业资源并不能单独产生实际的生产力,真正的生产力来自于将各项资源进行组合。因此,企业要获得竞争优势的关键在于将能力建立在发展、积累信息和知识以及在企业内部员工之间交流信息与知识的基础上。因为知识积累植根于组织的行为当中,尽管这些组织行为并不一定被所有员工所理解,企业的能力依然会在不断的重复实践中变得越来越有价值。

许多能力建立在企业员工的技能和知识基础上,而且经常是建立在他们某方面的专长上。企业的人力资本所拥有的知识是最重要的能力,最后会成为所有竞争优势的来源。但是,企业必须能够利用其所拥有的知识,并将其在不同的业务中进行传递。

(三)核心竞争力

核心竞争力是指能为企业带来可持续竞争优势的资源和能力。作为企业竞争优势的来源,核心竞争力使企业在竞争中能够脱颖而出而且能反映企业的特性。在企业积累和学习如何分配资源和能力的组织过程中,核心竞争力会不断地出现。企业通过核心竞争力,在一定的时间内给产品和服务增加价值。

然而,并非所有的资源和能力都是核心竞争力。核心竞争力由四种标准组成,这些标准被用来判别哪些资源和能力是核心竞争力。它包括:有价值的能力、稀有的能力、难于模仿的能力和不可替代的能力。不能满足这四个标准的能力就不是核心竞争力。只有将这四种标准的能力结合起来,企业的能力才能够具有一种潜力,这种潜力可为企业创造一种持久性的竞争优势。

思 考 题

1. 企业的环境研究应该包括哪些内容？企业环境研究的意义何在？
2. 请简述波特的五力模型的基本思想。
3. 请举例说明如何运用五力模型进行企业任务环境的分析。
4. 什么是核心竞争力？企业的资源、能力以及核心竞争力三者之间是什么关系？

课外阅读参考书目

[1] 弗雷德·戴维. 战略管理[M]. 10 版. 李克宁, 译. 北京:经济科学出版社,2006.
[2] 迈克尔·A.希特,R.杜安·爱尔兰,罗伯特·E.霍斯基森. 战略管理:竞争与全球化(概念)[M].
    6 版. 吕巍, 译. 北京:机械工业出版社,2005.
[3] 王璞,詹正茂,范勇峰,等. 战略管理咨询实务[M]. 北京:机械工业出版社,2003.

第三章　企业战略管理

● 本章知识点 ●

1. 企业战略的概念。
2. 战略选择的常用方法。
3. 战略实施与控制的内容与方法。

第一节　企业战略管理概论

一、企业战略的概念

(一) 战略的由来

"战略"一词来源于希腊字"Stratege",是一军事术语,其含义是"将军指挥军队的艺术",具体地说就是:为了谋取战争的胜利和达成战争目标所进行的具体谋划。战略概念移植到经济领域形成企业战略,是市场竞争激烈到一定程度后的产物,是商场如战场的真实写照。

(二) 企业战略的概念

企业战略思想的萌芽是在 20 世纪 20 年代,1934 年美国经济学家康芒斯(J. R. Commons)在《制度经济学》中首次使用了"战略因素";1938 年美国经济学家巴纳德(C. I. Bernad)的《经理人员的职能》首次将战略引入管理理论中;1962 年钱德勒的《战略与结构:工业企业史的考证》揭开了企业战略理论的序幕;1965 年安索夫的《企业战略论》奠定了企业战略理论的框架。虽然企业战略理论发展至今已经有半个多世纪,但对企业战略的概念认识依然未能统一。对企业战略有代表性的定义如下。

1. 安德鲁斯(K. Andrews)的定义　安德鲁斯是美国哈佛大学商学院教授,他认为,企业总体战略是一个决策模式,它决定和揭示企业的目的和目标,提出实现目的的重大方针与计划,确定企业应从事的经营业务,明确企业的经济类型,以及决定企业应对员工、顾客和社会做出的经济与非经济贡献。

2. 魁因(J. B. Quinn)的定义　魁因是美国达梯莱斯学院管理学教授,他认为,战略是一种模式或计划,它将一个组织的主要目的、政策与活动按照一定的顺序结合为一个紧密的整体。对此可进一步做如下解释。

(1)有效的正式战略包括三个基本要素,即:可以达到的最主要的目的;指导或约束经营活动的重要政策;可以在一定条件下实现预定目标的主要活动程序或项目。

(2)有效的战略是围绕着重要的战略概念与推动力而制订的。所谓战略推动力是指企业组织在产品和市场这两个主要经营领域里所采取的战略活动方式。

（3）战略不仅要处理不可预见的事件,也要处理不可知的事件。

（4）在大型组织里管理层次较多,每一个有自己职权的层次都应有自己的战略。

3. 安索夫（H. I. Ansoff）的定义 安索夫是美国著名的战略学家,他指出,企业在制订战略时,有必要先确定自己的经营性质。但企业无论怎样确定自己的经营性质,目前的产品和市场与未来的产品和市场之间存在着一种内在的联系,即"共同的经营主线"。

4. 明茨伯格（H. Mintzberg）的定义 明茨伯格是加拿大麦吉尔大学管理学教授,他认为,企业战略是由五种规范的定义阐明的,即:计划（Plan）、计策（Ploy）、模式（Pattern）、定位（Position）、观念（Perspective）构成了企业战略的5P' S。

虽然学者们从不同的研究角度对企业战略做出了不同的解释,但归纳起来可以将企业战略表述为:企业为了达成愿景所明确的企业未来长期的任务、目标、方针、政策,以及为实现愿景所必需的行动和资源配置。

二、企业战略要素

要全面把握和制订企业战略,必须了解企业战略的要素,这些要素包括四个方面。

（一）经营范围

经营范围是任何企业都无法回避的问题。企业经营的方向和内容不明确就无法谈及如何经营。经营的范围可以是专业性的,也可以是综合性的。经营范围的单一性或多样性的选择取决于经营环境。

（二）资源配置

企业无论规模大小都存在着资源稀缺性问题,这就要求企业必须在有限的资源条件下做出选择。优化资源配置必须考虑企业的内外环境。

（三）竞争优势

现代经济的最大特征就是竞争性。企业在特定经营范围和资源配置的前提下从事经营活动,成败的关键就在于是否具有竞争优势。因而,如何构建和培育企业的竞争优势以形成企业的核心竞争力是企业战略的重要内容。从原则上说,竞争优势建立的关键在于点而非面。

（四）协同作用

企业的本质是发展。在企业发展、扩张的过程中,要注意企业的经营活动之间应强化协同作用,具体表现为以下四个方面:投资协同、作业协同、销售协同、管理协同。

三、企业战略的类型和层次

（一）企业战略的类型

（1）从企业战略构成的角度看,企业战略由三种战略构成,即:发展战略、维持战略、紧缩战略。

原则上,企业战略是上述三种战略构成的。实际上,在大型企业里,企业战略中三种战略可能同时并存;而在一些小型企业里,企业战略多数情况是三种战略之一。因而,企业战略是三种战略的任意组合。

(2)从企业经营所面临的共性问题角度看,可以把企业战略统称为竞争战略,亦即一般性战略或通用战略,它由三种方式构成:总成本领先、产品差别化、目标集中。

在特定的经营领域从事具体经营活动的企业必须建立自己的竞争优势,这种竞争优势可以从上述三种方式中获取。

(二)企业战略的层次

企业战略的层次是个非常重要的概念。一般认为从层次上说,企业战略可分为总体战略(Corporate Strategy)和战略经营单位(SBU—Strategic Business Unit)战略。

总体战略又称公司战略,是企业的战略总纲,是企业最高管理层指导和控制企业的一切行为的最高行动纲领。

战略经营单位(SBU)战略又称事业部战略,是经营管理企业某一具体业务的子公司或事业部的战略计划,是企业总体战略下的子战略,为企业的整体目标服务。

对于大型企业,战略的层次性十分分明;而对于小型企业,总体战略和战略经营单位战略是等同的。因而,企业战略的层次性取决于企业的组织形态。

四、企业战略管理过程

企业战略管理过程可以分为战略分析、战略选择、战略实施和战略控制四个阶段,如图3-1所示。

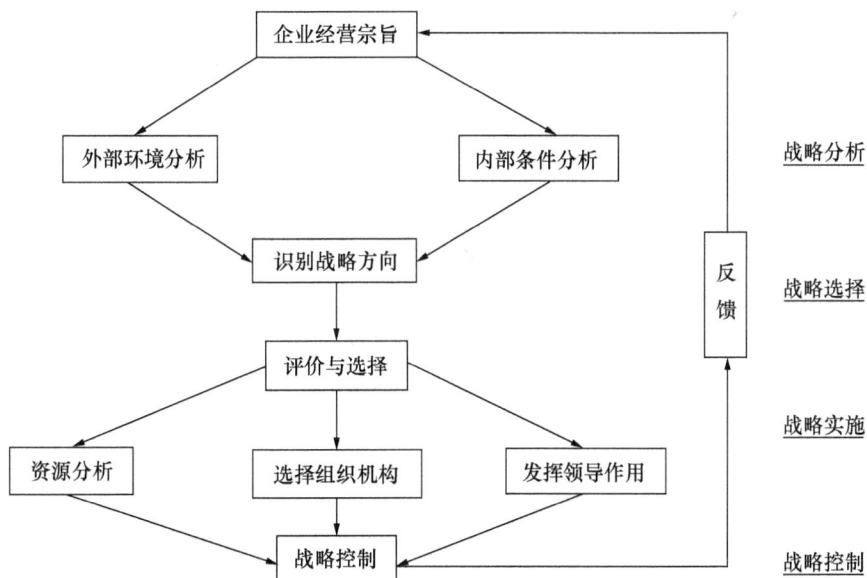

图3-1 企业战略管理过程流程

(一) 战略分析阶段

战略分析阶段的主要工作包括:

(1)确定企业的经营宗旨,包括对经营目的、经营哲学、经营目标的描述和对企业的利益相关者对企业期望的估计。它建立在对内外环境分析的基础之上。

(2)评价企业内部条件,特别是对企业的优劣势进行分析。

(3)分析评价企业的外部环境,特别是评价企业所面临的机会和威胁。

(二) 战略选择阶段

战略选择阶段的主要工作包括:

(1)拟订发展方案。

(2)分析评价方案。

(3)选出执行方案。

(4)制订战略实施的政策和计划。

(三) 战略实施阶段

战略实施阶段的主要工作包括:

(1)进行资源配置。

(2)设计组织机构。

(3)保证企业文化与战略的匹配。

(4)发挥领导作用。

(5)处理矛盾和冲突。

(四) 战略控制阶段

战略控制阶段的主要工作包括:

(1)制订效益标准。

(2)衡量实际效益。

(3)评价实际效益。

(4)制订纠正措施和应急计划。

第二节　战略方案选择

战略方案选择的实质就是对企业未来的经营项目或领域,即战略经营单位 SBU 进行战略角色定位。所谓战略角色定位就是在发展战略、维持战略和紧缩战略中进行确认。原则上,一个经营项目或领域在未来只能有一个角色,即发展、维持和紧缩之一。企业的未来经营项目或领域可以是现有的经营项目或领域的延续,也可以是全新的经营项目或领域的组合。

一、战略方案选择的方法

常用的战略选择方法有如下几种。

(一)波士顿(BCG)矩阵分析法

波士顿矩阵也称"业务包"理论。该方法产生于 20 世纪 60 年代,它认为企业经营范围内某一经营项目或领域——"业务包"的战略取向取决于两个基本参数,即市场增长率和相对市场占有率,并进而形成了如图 3-2 所示的"业务包"模型。

在 BCG"业务包"模型 2×2 矩阵中的战略评价结论是:

明星型:发展战略的对象;

现金牛型:维持战略的对象;

瘦狗型:紧缩战略的对象;

问题型:选择性战略(发展、维持或紧缩战略)的对象。

(二)通用(GE)矩阵分析法

在战略实践中,由于决定"业务包"战略取向的参数过于简单,通用电气公司(GE)对其进行了修正和补充,形成了目前广为流行的 GE 矩阵。GE 矩阵的评价标准也是基于两个参数,即行业吸引力和经营实力。

(1)行业有无吸引力取决于多个标准,如行业增长、利润、退出和进入障碍等,分为高、中、低三个档次。

(2)企业对某业务的经营实力也取决于多个指标,如销售额、市场地位、品牌知名度、新产品开发、决策能力等,分为高、中、低三个档次。

对行业吸引力和经营实力的评价形成了 GE 3×3 矩阵,如图 3-3 所示。

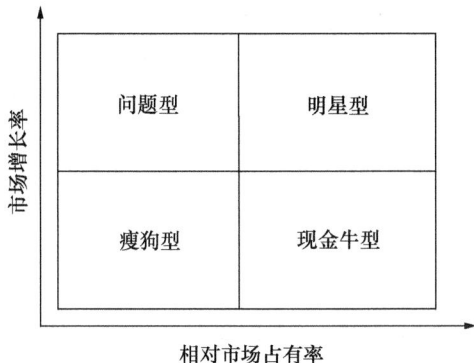

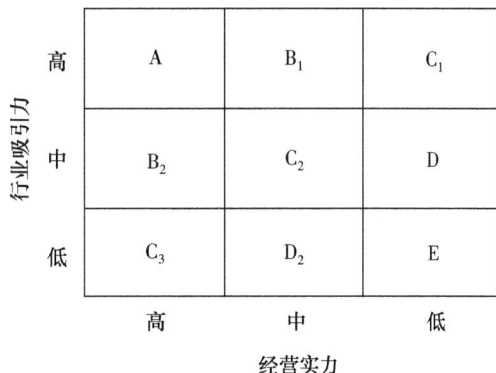

图 3-2　BCG 矩阵　　　　　　　　图 3-3　GE 矩阵

在图 3-3 中,GE 矩阵原则上将企业业务单位划分为 A、B、C、D、E 五大类,具体战略选择如下。

A 类业务:发展战略的对象;

B 类业务:选择性战略(发展、维持与紧缩战略)的对象,其中 B_1 取决于企业经营实力的提高,B_2 取决于行业是否更具吸引性;

C 类业务:维持战略的对象,其中 C_1 更注重业务拓展能力的提高,C_2 较注重业务拓展能力的提高,C_3 注重的是成本的控制;

D 类业务:收缩战略的对象,其中 D_1 强调市场的利用,D_2 强调成本的控制;

E 类业务:紧缩战略的对象。

(三)SWOT 分析法

SWOT 分析法也是目前广为流行的方法之一。它是一种依据企业的业务单位(通常为 SBU)所面临的机会、威胁、优势和劣势来确定战略选择的方法。在这里,SWOT 的含义为:

S——STRENGTH(优势),指企业经营的内部关键要素表现出的强势、力量与独占性;

W——WEAKNESS(劣势),指企业经营的内部关键要素表现出的软弱、无力与低抗争性;

O——OPPORTUNITY(机会),指企业所面临的外部环境和竞争格局存在可利用的各种机遇;

T——THREAT(威胁),指企业所面临的外部环境和竞争格局存在不利的、甚至危及企业生存的状况。

依据 SWOT 分析法进行的战略选择通常采用的是 SWOT 四要素的组合分析法或十字图分析法,SWOT 组合分析法如图 3-4 所示。

在图 3-4 的四种组合中,A 组合为机会与优势的组合,该组合状态下的经营业务(SBU)一般采用发展战略;B 组合为威胁与优势的组合,该组合状态下的经营业务(SBU)一般采用维持战略,以规避风险为主;C 组合为机会与劣势的组合,该组合状态下一般采用选择性战略,视劣势改变的可能性而变化;D 组合为威胁与劣势的组合,原则上该组合状态下采用紧缩战略。

	机会O	威胁T
优势S	A组	B组
劣势W	C组	D组

图 3-4 SWOT 分析矩阵

二、战略方案选择的概率分布

(一)战略选择常识

战略管理盛行至今已半个多世纪,总结众多企业的战略管理实践,已经形成了如下常识:

(1)面临机会且有余力时,拓展现有业务。

(2)环境不利时,常选择紧缩或多样化。

(3)扩展企业业务领域的常用方法是为现有市场开发新产品或提高现有产品的市场渗透力。

(4)扩展企业业务领域最不常用的方法是水平多样化和垂直一体化,尤其是前向一体化。

(5)改变公司目标是最后选择。

(二)战略方案选择的概率分布

人们对 *FORTUNE* 杂志调查的 358 家以上的公司在一个为期 45 年的期间中所做的战略

选择进行了研究,得出了各种战略被使用的概率分布如下:

(1)发展战略——54.4%。

(2)选择性战略——28.7%。

(3)维持战略——92%。

(4)紧缩战略——7.5%。

第三节　战略方案实施

战略实施是将战略构思转化为具体行动的重要阶段。严格地说,战略选择和战略实施之间的界线很模糊。一般地,战略实施包括如下四项内容。

一、战略方案与企业组织架构

战略是对企业运作的全新思考。正因为如此,新的战略的形成要求企业要有新的组织架构与之相适应。它包括适应新战略的组织运作的原则、指导思想等对组织结构、岗位设置、人才需求等的具体安排。

二、战略方案与战略计划

新的战略的实施需要明确阶段性的目标和具体行动。这就要求执行战略时在做什么、为什么做、谁做、在哪里做、如何做等问题上作出明确安排。此外,由于战略的提前性,应急计划是必需的。

三、战略实施路径选择

战略实施就是具体执行企业所明确的发展、维持或紧缩战略,而且很可能是三者之一。虽然方向十分明确,但在如何具体实施方面依然存在多种选择,如执行、实施发展战略时,存在采用购并还是合资或独立投资等抉择。从某种意义上讲,这是战略选择的延续。

实施发展、维持或紧缩战略所面临的路径选择是多方向的,最基本的选择是竞争战略的选择,也就是在成本领先、差异化和目标集中中进行选择。

常见的战略选择路径如下。

(1)维持战略的路径。它是防守战略的选择,是一种关注于所选定的领域,保证收益的稳定性的运作方式。

(2)发展战略的路径。该战略为进攻战略,其可选路径最多。常用的包括:一体化发展(横向一体化、纵向一体化、混合一体化)、投资扩建、收购兼并、合资经营、战略联盟、虚拟经营等。

(3)紧缩战略的路径。属于退出战略,但如何退出的路径是很多的,常见的有:转向、剥离、清算等。

战略路径的选择对战略实施至关重要。路径不明确,战略也就无法实施。

四、战略管理控制

战略控制是监督战略实施进程、及时纠正偏差、确保战略有效性的必要手段。其具体控制方法与传统管理控制方法差异不大,关键是所控制的对象差异。平衡记分卡法在战略控制中应用广泛。本书对控制有具体章节介绍。在战略控制中我们主要把握如下内容。

1. 影响战略控制的因素 这些因素主要有:需求和市场因素、资源和能力因素、组织和文化因素。

2. 战略控制的基本原则 这些基本原则为:领导与战略相适应、组织与战略相适应、执行计划与战略相适应、资源分配与战略相适应、企业文化与战略相适应、战略具有可行性、建立战略预警系统、建立完整的奖惩制度。

思 考 题

1. 联系实际谈谈中国企业应用战略管理的必要性和紧迫性。

2. 简述 GE 矩阵分析法和 SWOT 分析法并用其分析某企业的战略选择。

3. 你如何看待"细节决定成败"和"战略决定成败"的观点?

课外阅读参考书目

[1]刘冀生.企业经营战略[M].北京:清华大学出版社,1995.

[2]王玉.企业战略管理教程[M].2 版.上海:上海财经大学出版社,2005.

[3]C.W.L.希尔,G.R.琼斯.战略管理[M].孙忠,译.北京:中国市场出版社,2006.

[4]MBA 必修核心课程编译组.经营战略[M].北京:中国国际广播出版社,2003.

第四章　经营决策

本章知识点

1. 决策的基本步骤。
2. 决策方法。

第一节　经营决策概述

一、决策的概念

所谓决策,用通俗的话讲,就是为解决某个大的问题,需要拿主意、下决心时,对几个可以采用的方法做出妥善合理的抉择。对决策的定义可以简述为:决策是人们对未来的行为确定目标,并从两个以上可行方案中选择一个合理方案的分析判断过程。其实质就是从实践到判断,形成概念,再用以指导实践。决策是人们认识上的第二次飞跃过程,深刻地体现了人的主观能动性。

决策是企业经营管理的一项重要职能,它关系企业的总体发展和各项经营活动的成败。决策正确,企业得以生存和发展;决策失误,企业将遭到失败和淘汰。在经济管理体制改革之后,企业面临着竞争的形势,经营的重要性日益显示,决策也就随之更趋重要。

二、经营决策的重要意义

经营决策是企业决策的重要组成部分。它基本上属战略性决策,由企业的高层领导负责进行,往往属于非程序化的、不定型或风险型的,而且在许多情况下,都是非计量性的。经营决策的正确或失误,关系到企业总体发展的成败,尤其在企业由生产型转变为生产经营型时显得更为突出。

例如,前几年我国对石油天然气资源的估计不全面,要求把烧煤的锅炉改为烧油。许多纺织企业因此花了很大的代价投资改造锅炉,在日常应用中更是大幅度增加了燃烧成本。以坯布生产厂为例,燃料成本的上升幅度达五倍,企业管理人员曾喻称烧油如同烧钞票。后来又要求将烧油改为烧煤,使国家白白花费了数十亿元的投资,这是宏观经济决策上的失误,影响很大,不仅使一些改过去、改过来的企业损耗了人力、物力、财力,而且因为机械行业还搞了燃气轮机生产点,投资上亿,建成后却无法投产而造成重大浪费。

经营决策的正确与否关系到企业的生存与发展,主要表现在以下两个方面。

1. 正确的经营决策是企业健康发展的重要保证　因为经营决策带有战略性、全局

性、长远性,决策正确能起到四个方面的作用:

(1)保证企业经营符合党和国家的政策法令,沿着社会主义方向胜利前进。

(2)不断提高企业的适应能力和竞争能力,使之经得住风浪。

(3)创造更好的经济效益,为社会作出更大的贡献。

(4)使企业积蓄力量,建立牢固的前进基础和良好的发展条件。

2. 正确的经营决策是企业管理工作充分发挥效用的前提 因为经营决策规划了企业的方向目标、方针与策略,为企业管理工作制订了依据。决策正确,能起到三个方面的作用:

(1)能将总目标具体分解为各种目标,以调动各方面的积极性和创造性。

(2)能将企业内外各方面的力量组织起来,推动企业开展多项管理工作。

(3)能协调各项管理工作的步骤,使企业得以更加扎实健全地成长。

三、决策的分类

决策既贯穿于企业管理的全过程,又贯穿于企业经营活动的各个环节;决策既是企业最高领导层的主要职责,又是各级管理人员职权范围内的职责。不同的管理层和环节的决策具有不同的特点,所以决策的种类多种多样。一般可将决策按以下三种方法进行分类。

1. 按照决策问题的性质分类 此种方法可将决策分为战略性决策和战术性决策。战略性决策,又称长期决策,是指企业最高管理层对有关企业的经营方向、投资规模、产品更新换代等具有战略意义的重大问题所进行的决策。战术性决策,又称短期决策,是实现战略性决策的手段。它主要是由企业的中层管理人员和基层工作人员考虑如何充分利用企业的现有条件,最经济地实现战略性决策目标所进行的决策。

2. 按照决策的重复程度分类 此种方法可将决策分为程序化决策和非程序化决策。程序化决策是指对经常重复出现的问题所进行的决策,一般可按照标准化、程序化的方式进行。非程序化决策是一次性的决策,例如对企业经营方向的改变、投资规模的扩大等方面的决策。对这类问题不能使决策标准化和程序化,只能根据所出现的新情况进行决策。一般情况下,战略性决策多属于非程序化决策,而战术性决策多属于程序化决策。

3. 按照决策问题所处的自然状态分类 此种方法可将决策分为确定型决策、风险型决策和非确定型决策。确定型决策是指可供选择的方案只有一种确定的自然状态时所进行的决策。风险型决策是指可供选择的方案有两种或两种以上的自然状态,但每种自然状态出现的概率是已知时所进行的决策。非确定型决策是指可供选择的方案有两种或两种以上的自然状态,但哪种自然状态可能出现是未知时所进行的决策。

第二节 经营决策原理

决策是企业管理的重要职能。它是对企业的未来目标和实现该目标的方案进行优选的过程,对企业的管理效率和经营效果有决定性的影响。决策错误是根本性、方向性的错误,会给企业造成灾难性的损失。因此,对决策的最基本要求就是正确性。

一、决策的步骤

1. 确定决策目标　决策目标是指决策者期望达到的理想状态,它是进行决策的出发点。决策目标的确定应当做到先进性、合理性和可能性,即决策目标在技术上是先进的,在经济上是合理的,在客观条件上是允许的。决策目标应尽量做到定量化,避免由于目标模糊不清而造成混乱。

2. 提出可行性方案　决策的实质是对各种可行性方案进行对比,从中选出最理想的方案。因此,企业应当集思广益,探索实现决策目标的各种可行途径。在实际工作中,应根据决策目标的要求,建立决策模型,表达决策变量、约束条件和目标特性之间的逻辑关系。

3. 方案评价　对方案进行评价的目的是为方案选择提供理论根据。为了保证决策的合理性,应当规定合理的评价标准。由于企业的决策目标是多种多样的,所以对决策方案的评价标准也不完全相同。制订评价标准的基本原则是:既要考虑生产者的利益,又要考虑社会和消费者的利益;既要考虑当前利益,又要考虑长远利益。

4. 方案选择　方案选择是按照决策方案的评价标准,从若干个可行方案中选出最优方案,一般以效果与费用的比值最大者为最优方案,即:

$$Max \{X_1, X_2, \cdots, X_n\}$$

$$X = \frac{效用}{费用}$$

5. 方案的实施与反馈　任何选定的方案在实施过程中都可能会发现新的问题,需要进行改进。同时,一个好的方案如果执行不当,也会影响最终效果。因此,在方案实施过程中要建立信息反馈系统以发现问题、采取措施,使方案不断完善,并争取获得最好效果。

决策步骤的框图如图4-1所示。

二、决策模型

在进行决策时,首先要明确决策的目标,再把管理工作中的实际问题归纳成决策问题,即确定决策变量和可能发生的自然状态,最后把归纳的决策问题用数学模型表示出来,也就是把决策目标与决策变量和状态变量之间的关系用数学模型加以描述。这个数学模型被称为决策模型,其一般形式如下。

目标函数:　　　　　　$\max \{f(a_i, b_j)\}$

约束条件:　　　　　　$h(a_i, b_j) > 0; g(a_i, b_j) = 0$

式中:$f(a_i, b_j)$——效益函数;

a_i——决策变量;

b_j——状态变量;

$i = 1, 2, \cdots, n$;

$j = 1, 2, \cdots, m$。

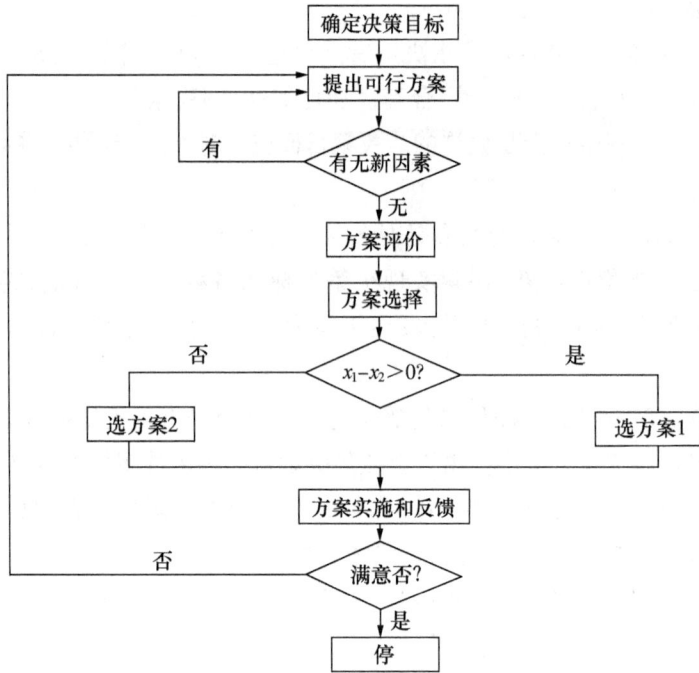

图 4-1　决策步骤

一般情况下,决策变量 a_i 是属于可以控制的因素,状态变量 b_j 是属于不可控制的因素, $f(a_i,b_j)$ 是在状态时采取对策措施 a_i 的效益函数。效益函数 $f(a_i,b_j)$ 与决策变量 a_i 和状态变量 b_j 之间的关系,一般可用损益矩阵来表示,如表 4-1 所示。表中, v_{11} 代表当自然状态 b_1 出现时采取决策措施 a_1 的效益, v_{nm} 代表当自然状态 b_m 出现时采取决策措施 a_n 的效益,即 $V_{ij}=f(a_i,b_j)$ 。

表 4-1　损益矩阵

决　　策		自然状态
		$b_1\ b_2\cdots b_m$
决策方法	a_1	$v_{11}\ v_{12}\cdots v_{1m}$
	a_2	$v_{21}\ v_{22}\cdots v_{2m}$
	$\cdots$	$\cdots$
	a_n	$v_{n1}\ v_{n2}\cdots v_{nm}$

在效益函数 $f(a_i,b_j)$ 中,如果状态变量 b_j 为某一确定值,此时的决策就成为确定型决策,这时使效益函数达到最大值的方案为最优方案,即 $\max\{v_1,v_2,\cdots,v_n\}$;如果状态变量 b_j 是不确定的,当其出现的概率可以估计或计算出来时,这时的决策就是风险型决策;当各种状态出现的概率是无法估计和计算时,这时的决策就是非确定型决策。

三、决策选优

决策过程一般分为形成决策问题和选择最优决策方案两个过程。选择最优决策方案简称决策选优。在进行决策选优时,首先确定决策目标并形成目标函数,然后根据目标函数和约束条件形成若干个可行方案,对可行方案从质和量的方面进行综合分析,对满意的方案作出决策,对不满意的方案可通过反馈处理,重新进行选择,直至满意为止。

图4-2为设计某纺织厂的决策选优过程。

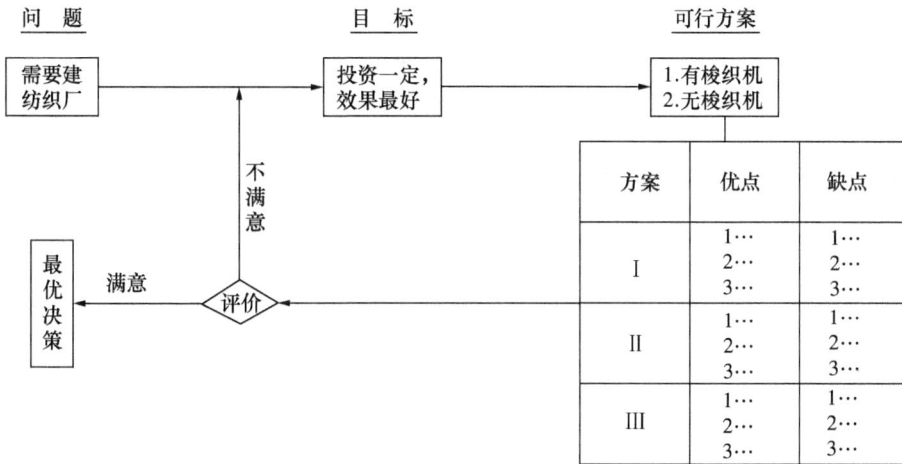

图4-2　设计某纺织厂的决策选优过程

在决策中,随机条件的预测是很重要的。例如,对工业发展和人口增长概率的预测,就会直接影响建厂规模的大小。规模过小,会造成生产产品的不足,影响工业发展;规模过大,会造成投资浪费。

第三节　经营决策方法

工业企业为了合理地进行决策,必须运用科学的决策方法。由于决策的问题是多种多样的,企业的决策者应当根据不同的问题采用不同的决策方法。

一、确定型决策

确定型决策具有以下特点:

(1)存在着决策者期望达到的明确目标。

(2)存在着供决策者选择的两个及其以上的可行方案。

(3)每个方案都只有一个确定的自然状态。

(4)每个方案在一定自然状态时的收益值是可以计算出来的。

由此可知,确定型决策的每一个可行方案实施后的结果是已知的,决策者只要根据决策目标的要求进行决策。

例如,某纺织厂计划生产某种新产品,需要确定生产批量,现有三个可供选择的方案,各方案的年收益值如表4-2所示。

表4-2 三个方案的年收益值

自然状态 \ 方案	大批量生产	中批量生产	小批量生产
销 路	60	35	25

由表4-2可知,大批量生产的收益值最高,是最优方案。

但是,在实际工作中,确定型决策并不都是这样简单,在多数情况下可供选择的方案可能很多。这时要从许多备选方案中选出最优方案,并不是一件容易的事,通常要应用数学方法和计算机才能解决。

二、风险型决策

不同的决策者对待风险的态度不同,所以也就会采取不同的决策标准和方法进行决策,常用的方法如下。

1. 最大可能法 这种方法是在所有自然状态中选择一个出现概率最大的作为决策标准来进行决策,而对其他各种自然状态不予考虑。这样,风险型决策就变成了确定型决策。

例如,某纺织厂计划生产某种产品,现要确定该产品的生产批量。根据有关资料,已知各种批量在不同销路时的收益值如表4-3所示。

表4-3 各种批量在不同销路时的收益值

备选方案 \ 自然状态 偶然状态概率	销路好 0.3	销路一般 0.5	销路差 0.2
A(大批量生产)	20	12	8
B(中批量生产)	16	16	10
C(小批量生产)	12	12	12

由表4-3可知,销路一般出现的概率最大(50%),在这种自然状态时的最大收益值为:

$$\max\{12,16,12\} = 16$$

因此,中批量生产为最优方案。

2. 最大期望收益值法 这种方法是在所有备选方案中,选择期望收益值最大的方案为最优方案。期望值是指随机变量的数学期望。其表达式为:

$$E(x) = \sum_{i=1}^{n} X_i P_i$$

式中:P_i——随机变量 $X = X_i$ 时的概率。

例如,在表 4-3 所示案例中,三个方案的期望收益值如下。

$$E(A) = 20 \times 0.3 + 12 \times 0.5 + 8 \times 0.2 = 13.6$$

$$E(B) = 16 \times 0.3 + 16 \times 0.5 + 10 \times 0.2 = 14.8$$

$$E(C) = 12 \times 0.3 + 12 \times 0.5 + 12 \times 0.2 = 12.0$$

在三个方案的期望收益值中,最大期望收益值为:

$$\max\{13.6, 14.8, 12.0\} = 14.8$$

因此,中批量生产为最优方案。

3. 最小收益损失法　从上面计算期望收益值中可知,无论选择哪个方案,都会产生收益损失。最小收益损失法就是使这种损失达到最小时的一种决策方法。在表 4-3 所示案例中,比较理想的情况是:当销路好时采取大批量生产方案,当销路一般时采取中批量生产方案,当销路差时采取小批量生产方案。其理想的期望收益值为:

$$理想期望收益值 = 20 \times 0.3 + 16 \times 0.5 + 12 \times 0.2 = 16.4$$

将该理想期望收益值与各方案的期望收益值进行比较,即可得到每个方案的期望收益损失值。再从这些期望收益损失值中选择损失值最小的方案,就是最优方案。

例如,在表 4-3 所示案例中,各方案的期望收益损失值如下。

A 方案的期望收益损失值:

$$16.4 - 13.6 = 2.8$$

B 方案的期望收益损失值:

$$16.4 - 14.8 = 1.6$$

C 方案的期望收益损失值:

$$16.4 - 12.0 = 4.4$$

各方案的期望收益损失的最小值为:

$$\min\{2.8, 1.6, 4.4\} = 1.6$$

因此,中批量生产为最优方案。

4. 概率均等法　概率均等法又称均等可能法,它是以不同自然状态出现的概率相等为标准的决策方法。假定有 n 种自然状态,则每种自然状态所出现的概率为 $1/n$,然后按照最大期望收益值法进行决策。

例如,在表 4-3 所示案例中,已知有三种自然状态,则每种自然状态出现的概率为 $1/3$。因此,各方案的期望收益值如下。

$$E(A) = 20 \times 1/3 + 12 \times 1/3 + 8 \times 1/3 = 13.3$$

$$E(B) = 16 \times 1/3 + 16 \times 1/3 + 10 \times 1/3 = 14.0$$

$$E(C) = 12 \times 1/3 + 12 \times 1/3 + 12 \times 1/3 = 12.0$$

各方案的最大期望收益值为：

$$\max\{13.3, 14.0, 12.0\} = 14.0$$

因此,中批量生产为最优方案。

5. 决策树法 决策树法是在风险型决策中处理比较复杂的决策问题时的有效方法。它是以方块和圆圈为联结点,并由若干条直线连接而成的一种形状像树一样的结构,用来作决策,所以称决策树法,如图4-3所示。决策树中的方块为出发点,称为决策点。从决策点引出若干条直线,每一条直线代表一个方案,称为方案枝。方案枝末端的圆圈是自然状态的结点,简称状态结点。从状态结点引出若干条直线,表示不同的自然状态,这些直线称为概率枝。在各概率枝的末端记入在不同自然状态时的收益值(或损失值)。

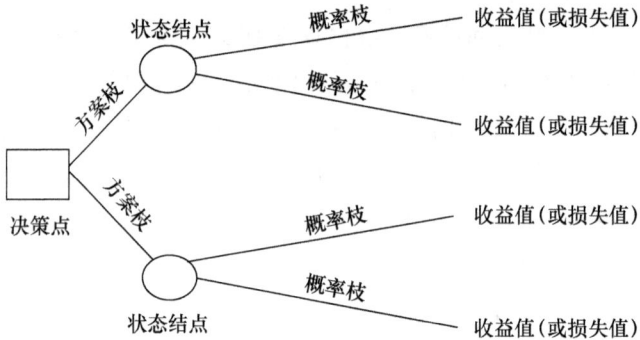

图4-3 决策树

决策树法的主要程序如下。

(1)把实际问题归纳成决策问题。在决策时,首先把管理工作中的问题归纳成具有明确的决策对象、决策目标、决策变量和所处自然状态并可以进行决策的问题。

(2)画决策树。在决策时,把归纳的决策问题画成决策树,即把决策问题所处的自然状态,以及对每种自然状态所采取的对策措施和结果,用决策树表示出来。

(3)估计可能出现的自然状态的概率。对每种可能出现的自然状态的概率进行预测和估计,并把预测和估计值写在决策树的概率枝上。

(4)计算期望收益值。在计算期望收益值时,从决策树的末端开始,自右向左逐个结点进行计算。

(5)选择最优方案。根据决策目标的要求,选出最优方案。如果决策目标是收益(如利润等),则期望值最大的方案为最优方案。如果决策目标是损失(如费用开支等),则期望值最小的方案为最优方案。

三、非确定型决策

非确定型决策一般没有固定的准则。不同的决策者对同一问题进行决策时,由于采用的决策标准和方法不同,其决策的结果也不相同。

例如,某纺织厂准备生产一种新产品,由于缺乏该产品的历史资料和数据,对该产品的市场容量只能作出大概的估计,分成大、中、小3种情况,这3种情况出现的概率是未知的。现有3个可供选择的方案:方案Ⅰ是改建原有生产线;方案Ⅱ是新建一条生产线;方案Ⅲ是把部分半成品交外厂承包。该产品计划生产5年,根据估算,3个备选方案在5年中的收益值如表4-4所示。

表4-4　3个备选方案在5年中的收益值

自然状态 \ 方案	方案Ⅰ	方案Ⅱ	方案Ⅲ
市场容量　大	60	80	40
中	40	35	25
小	4	2	9

对非确定型问题的决策方法通常有以下四种。

1. 小中取大法　这种方法的决策标准是一种悲观的标准。它是先找出每个方案在不同自然状态时的最小收益值,然后从这些最小收益值中选择一个收益值最大的方案作为最优方案。

例如,在表4-4所示案例中,各方案在不同自然状态时的最小收益值如下。

方案Ⅰ:　　　　　　$\min\{60,40,4\}=4$

方案Ⅱ:　　　　　　$\min\{80,35,2\}=2$

方案Ⅲ:　　　　　　$\min\{40,25,9\}=9$

各方案最小收益值中的最大收益值为:

$$\max\{4,2,9\}=9$$

因此,方案Ⅲ为最优方案。

2. 大中取大法　这种方法的决策标准是一种乐观的标准。它是先找出各方案在不同自然状态时的最大收益值,然后从这些最大收益值中选择收益值最大的方案作为最优方案。

例如,在表4-4所示案例中,各方案在不同自然状态时的最大收益值如下。

方案Ⅰ:　　　　　　$\max\{60,40,4\}=60$

方案Ⅱ:　　　　　　$\max\{80,35,2\}=80$

方案Ⅲ:　　　　　　$\max\{40,25,9\}=40$

各方案最大收益值中的最大收益值为:

$$\max\{60,80,40\}=80$$

因此,方案Ⅰ为最优方案。

3. 乐观系数法　这种方法的特点是决策者对客观情况的估计既不乐观,也不悲观,主张平衡一下。一般用乐观系数 e 来表示乐观程度的大小。e 的取值范围是:$0\le e\le1$。当

$e=1$ 时,是乐观的情况;当 $e=0$ 时,是悲观的情况。

在应用乐观系数法进行决策时,首先确定 e 值,再计算出各方案的期望收益值,最后比较各方案期望收益值的大小,选出期望收益值最大的方案作为最优方案。期望收益值的计算公式如下:

$$期望收益值 = 最大收益值 \times e + 最小收益值 \times (1-e)$$

例如,在表 4-4 所示案例中,取 $e=0.8$,则各方案的期望收益值如下。

方案 Ⅰ:　　　　　　　　$60 \times 0.8 + 4 \times (1-0.8) = 48.8$

方案 Ⅱ:　　　　　　　　$80 \times 0.8 + 2 \times (1-0.8) = 64.4$

方案 Ⅲ:　　　　　　　　$40 \times 0.8 + 9 \times (1-0.8) = 33.8$

各方案期望收益值中的最大期望收益值为:

$$\max\{48.8, 64.4, 33.8\} = 64.4$$

因此,方案 Ⅰ 为最优方案。

4. 最小后悔值法　在实际工作中,当某一自然状态出现后,就会知道哪个方案的收益值最大,决策者必然要选择收益值最大的方案。如果当初决策者并没有采取这个方案,而是采取其他方案,这时决策者就会感到后悔。最小后悔值法的决策标准就是以避免将来产生后悔为原则的,它的决策步骤如下。

(1)找出各种自然状态时的最大收益值。

(2)计算出各种自然状态时各方案的后悔值。其计算公式如下:

$$某方案的后悔值 = 最大收益值 - 该方案的收益值$$

(3)找出各方案在不同自然状态时的最大后悔值。

(4)从各方案在不同自然状态时的最大后悔值中,选择后悔值最小的方案作为最优方案。

例如,在表 4-4 所示案例中,各种自然状态时的最大收益值如下。

市场容量大:　　　　　　$\max\{60,80,40\} = 80$

市场容量中:　　　　　　$\max\{40,35,25\} = 40$

市场容量小:　　　　　　$\max\{4,2,9\} = 9$

各种自然状态时各方案的后悔值如下。

市场容量大时各方案的后悔值为:

方案 Ⅰ:　　　　　　　　$80 - 60 = 20$

方案 Ⅱ:　　　　　　　　$80 - 80 = 0$

方案 Ⅲ:　　　　　　　　$80 - 40 = 40$

市场容量中等时各方案的后悔值为:

方案 Ⅰ:　　　　　　　　$40 - 40 = 0$

方案 Ⅱ:　　　　　　　　$40 - 35 = 5$

方案 Ⅲ:　　　　　　　　$40 - 25 = 15$

市场容量小时各方案的后悔值为：

方案Ⅰ： $9-4=5$

方案Ⅱ： $9-2=7$

方案Ⅲ： $9-9=0$

各方案在不同自然状态时的最大后悔值为：

方案Ⅰ： $\max\{20,0,5\}=20$

方案Ⅱ： $\max\{10,5,7\}=7$

方案Ⅲ： $\max\{40,15,0\}=40$

各方案在不同自然状态时的最大后悔值中的最小后悔值为：

$$\min\{20,7,40\}=7$$

因此，方案Ⅱ为最优方案。

上述计算结果如表4-5所示。

表4-5 3个备选方案在5年中的收益值和后悔值

自然状态	备选方案	方案Ⅰ		方案Ⅱ		方案Ⅲ	
		收益值	后悔值	收益值	后悔值	收益值	后悔值
市场容量	大	60	20	80	0	40	40
	中	40	0	35	5	25	15
	小	4	5	2	7	9	0
最大后悔值		20		7		40	

思 考 题

1. 简述经营决策的基本步骤。

2. 风险型决策有哪些特点？其常用的决策方法有哪些？

课外阅读参考书目

[1]林子务.纺织企业现代管理[M].北京:中国纺织出版社,2004.

[2]李长遂.纺织企业管理基础[M].北京:中国纺织出版社,2003.

[3]张体勋.纺织企业管理240问[M].北京:中国纺织出版社,2008.

第二篇　生产管理

第五章　生产组织

● 本章知识点 ●

1. 生产过程的要求和组织。
2. 生产类型的划分。
3. 生产单位的设置。
4. 劳动分工的原则和形式。
5. 劳动协作的种类、形式和生产轮班。
6. 劳动定额的形式和制定。
7. 劳动定员的标准和方法。
8. 劳动生产率的计算方法和提高途径。

第一节　生产过程组织

生产过程,是指从准备生产开始直至把产品生产出来为止的全过程。工业企业要保证生产过程顺利进行并能取得较好的经济效益,就必须采取科学的方法,对生产过程进行合理组织。

一、生产过程的要求和生产类型

(一)合理组织生产过程的要求

生产管理的对象是生产过程,组织好生产过程能使企业有效地利用生产资源,根据市场需求快速反应,以合理的消耗为社会提供优质产品并取得最佳经济效益。

如何衡量一个企业的生产过程组织得合理与否?由于生产系统的目标不同,判断标准也有不同。一般来说,合理的生产过程主要有以下五个标志。

1.连续性　所谓生产过程的连续性,是指加工对象一旦被投入生产过程,就能连续地经过各道工序和各加工阶段,在某个时间里或者是在被加工,或者是在被检验,或者是在被运输,很少出现不必要的等待加工或处理的现象。

2.平行性　生产过程的平行性是指在生产过程的各个阶段,各个工序实行平行作业。提高生产过程的平行性,可以大大缩短产品的生产周期,同时也是保证连续生产的必要条件。例如一台机器由五个零件组成,顺序加工,周期为全部零件的加工时间与机器装配时间之和,而如果平行加工,则周期为劳动量最大的那个零件的加工时间和机器装配时间之和。

3. 比例性　生产过程的比例性主要是指生产过程的各工艺阶段之间和各工序之间在生产能力的配置上要与产品制造的要求成比例。各个生产环节之间的生产能力保持合理的比例关系,能保证生产过程协调进行。这是保证连续性的必要条件,可保证设备、生产面积和劳动力资金的充分利用。

要做到生产过程的比例性,在生产系统建立之初,就应根据市场的需求,确定企业的产品方向,从而根据产品的制造要求确定生产系统内各阶段、各工序之间能力的比例性,此时生产过程的比例性还是容易实现的。但是,在生产系统运行一段时间之后,市场所需要的产品可能有了变化;或者随着科学技术的发展,制造产品的工艺方法改变了;或者劳动组织改善了,这些都会使得生产过程中原来成比例的能力配置变得不成比例了。因此,要经常对生产过程中的能力比例性进行调整,除了在数量上对某些环节的能力进行调整之外,还可以针对瓶颈问题采取若干措施,以实现生产过程的比例性。

4. 节奏性　生产过程的节奏性(也称为均衡性),是指从材料的投入到最后完工,产品的生产能够按计划有节奏地进行,保持在相等的间隔时间里(如每月、每旬、每日)所生产的产品数量大致相等或稳定上升,使工作地和工作人员能够经常达到均匀负荷,保证均衡地完成生产任务。

生产过程的节奏性,表现在产品的投入、生产和出产三个方面。其中产品出产的节奏性是主要的一环。企业各个生产环节的活动,都应保证产品出产的节奏性。

生产过程的节奏性,还体现在辅助生产过程、生产技术准备过程等环节,生产过程的各部分都要按照基本生产过程的节奏性来组织自己的工作,这样整个生产过程的节奏性才能有保证。

5. 适应性　生产过程的适应性又称柔性,是指企业的生产过程对市场的变动应具有较强的应变能力。

随着生活水平的提高和科学技术的发展,由生产决定消费的时代已经一去不复返了。市场需求的多样化和快速变化,使企业的生产系统必须面对和适应多变的环境,否则就很可能由于不能适应市场变化而被淘汰。

许多学者、生产管理人员围绕着提高生产系统适应性提出了许多新理论、新方法,如成组技术(Group Technology,简称 GT),柔性生产系统(Flexibility Manufacture System,简称 FMS),准时生产制(Just In Time,简称 JIT),精益生产(Lean Production,简称 LP),物料需求计划(Material Requirement Planning,简称 MRP),制造资源计划(Manufacture Resource Planning,简称 MRP II),企业资源计划(Enterprise Resource Planning,简称 ERP)以及敏捷制造(Agile Manufacture,简称 AM)等。

(二)生产类型

划分生产类型要有一定的标志,其基本标志是工作地的专业化程度。所谓工作地的专业化程度是指工作地上所负担工作的固定或重复程度。工作地的专业化程度的高低与产品种类和数量有着直接关系。

根据工作地的专业化程度不同,可分为以下四种生产类型。

1. 大量生产　大量生产的特点是产品品种少、批量大,工作地上经常重复地进行固定的工作,因此工作地的专业化程度比较高。

2. 成批生产　成批生产的特点是产品品种比较多,每种产品的批量比较小,工作地先后负担几种不同的工作,并且这些工作是按照一定的顺序轮换进行的。根据产品批量的大小,成批生产又可分为大批生产、中批生产和小批生产几种类型。

3. 单件生产　单件生产的特点是工作地上没有固定的工作,产品品种很不稳定,并且每种产品的批量很小,因此工作地的专业化程度很低。

4. 项目化生产　有些任务是一次性的,像盖一栋大楼、组织一场比赛、拍一部电影等,每项任务都没有重复,所有工序按照一定次序进行,其管理涉及进度、费用和资源的合理分配,被称为项目。

二、生产单位的设置

企业的生产单位通常是指生产车间。合理地设置生产单位,对保证完成生产过程各阶段的任务和提高企业的经济效益具有重要作用。企业生产单位的设置通常有三种原则。

(一) 工艺专业化

所谓工艺专业化(Process Focus),是指按相同工艺特征建立生产单位的原则。在按工艺专业化原则建立的生产单位中,集中了相同类型的设备和相同工种的工人,对不同种类的工件进行相同工艺方式的加工。

以机械制造类企业为例,按工艺专业化原则建立的生产单位,其具体形式如下。

工厂:铸造厂、锻造厂、电镀厂等;

车间:机械加工车间、锻压车间、焊接车间等;

工段:以机械加工车间为例,分别有车工工段、铣刨工段、磨工工段等。

(二) 对象专业化

按相同加工对象建立生产单位的原则称为对象专业化(Product Focus)。

在以对象专业化原则建立的生产单位中,集中了为加工某种产品(工件)所需的全套设备、工艺装备和有关工种的工人,对同种或相似的产品(工件)进行该产品(工件)的全部(或大部分)工艺加工。

按对象专业化原则建立的生产单位,其具体形式如下。

工厂:汽车制造厂、齿轮制造厂、飞机制造厂等;

车间:发动机车间、底盘车间、齿轮车间等;

工段:齿轮工段、曲轴工段、箱体工段等。

(三) 对象工艺专业化

对象工艺专业化又称为混合原则。它是综合运用工艺专业化和对象专业化来设置生产单位的,所以兼有两种专业化形式的优点,相对而言比较灵活。

三、生产过程的时间组织

合理组织生产过程,不仅要求各生产单位在空间上要合理配置,而且要求各生产单位在时间上也要紧密衔接,在充分利用现有设备和节约工时消耗的前提下,尽量缩短生产周期。生产周期是指从原料投入加工开始到制成产品为止所经历的全部时间。生产周期的长短对企业的经济效益有直接影响,因此,企业应采取各种措施缩短生产周期。

生产过程的时间组织,主要是解决产品在生产过程中的停顿等待时间。产品在生产过程中的停顿等待时间的长短,主要取决于产品在生产过程中的移动方式。产品在生产过程中的移动方式有以下三种。

(1)顺序移动方式。顺序移动是指一批产品在某道工序全部加工完毕以后,整批送到下工序进行加工。

(2)平行移动方式。平行移动是指一批产品中的每件产品在某道工序加工完毕以后,立即送到下工序进行加工。即产品在工序之间是逐个移动的。这样,就形成一批产品在各道工序平行地进行加工。这种移动方式的生产周期最短,但在生产效率高的工序,设备有停顿等待现象。

(3)平行顺序移动方式。这是把平行移动和顺序移动结合起来的一种移动方式。这种移动方式既有部分产品进行平行加工,又可避免某些工序设备的停顿等待现象。

第二节　劳动组织

工业企业的劳动组织工作是企业管理的重要组成部分。它根据企业生产的需要,在合理分工和协作的基础上,有效地组织企业职工进行协调劳动;正确处理劳动者与劳动工具、劳动对象之间的关系以及各班组、各工序之间的关系;经常分析研究采用先进合理的劳动组织形式;充分利用劳动时间和机器设备,不断提高劳动生产率。

一、劳动分工和协作

劳动分工和协作是劳动组织的基础,它决定着每个劳动者在劳动过程中的地位、作用和职责以及对每个劳动者的劳动数量、质量和技术水平的要求。劳动分工使每个劳动者都能明确自己的职责;劳动协作使各项工作保持密切联系。合理地进行劳动分工和协作,是企业提高劳动生产率的基本保证。

(一)劳动分工

劳动分工是现代化大生产的产物,合理地进行劳动分工,有利于劳动者钻研技术,提高技术熟练程度,从而可以提高工作效率,保证产品质量。

1.劳动分工的原则

(1)职责明确。在进行劳动分工时,要明确划分每个岗位的工作内容和相应的工作责任与权力,避免工作无人负责和责任不清的现象,便于对工作进行检查和考核。

(2)充分利用工时。在进行劳动分工时,要保证每个岗位有足够的工作量,减少工时浪费现象。

(3)分工粗细适当。在进行劳动分工时,企业应根据自己的具体情况(如企业规模和工作内容等)来决定分工的粗细。如果企业规模小、工作内容少,分工可以粗些;反之,如果企业规模大、工作内容多,分工可以细些。分工的粗细要有利于提高劳动生产率和产品质量。

2. 劳动分工的形式　任何工业企业在进行劳动分工时,都要先按职能进行分工。它把企业的全部人员按其职能性质不同,分为工人、学徒、管理人员、工程技术人员、服务人员和其他人员。除按职能进行分工外,在生产中还可以技术内容为主进行分工,即根据一定的生产技术条件,把整个生产过程划分为若干部分,再把性质相同的工作加以集中合并,组成有一定工作量的工种,分配给一个或几个工人担任,使每个工人都有合理的工作范围。按生产技术内容进行的分工一般有以下几种形式。

(1)把不同的工艺阶段和工种分开。即把生产过程分为若干个工序,每个工序配备不同工种的工人。

(2)把辅助工作与挡车工作分开。在生产过程的每道工序中,除了挡车工作以外,还有许多辅助性的工作。因此,在每道工序中除了挡车工以外,还要配备一定数量的辅助工,并使挡车工与辅助工保持一定的比例关系。

(3)把技术高的工作与技术低的工作分开。即在把挡车工和辅助工分开的基础上将各工种的工作内容,按技术要求的高低进行划分,把技术要求高的工作分配给技术等级高的工人担任,把技术要求低的工作分配给技术等级低的工人担任,力求做到工人的技术等级与工作的技术等级相符合。

(4)把执行性工作与准备性工作分开。在各工艺阶段和各工种中,都要将执行性工作和准备性工作分开。

(二)劳动协作

在进行劳动分工后,还必须加强劳动者在劳动过程中的协作,这是劳动分工的必然结果。

1. 劳动协作的种类　企业的劳动协作,有很多种形式,归纳起来有两大类。

(1)组织体外的协作。它是指组织体与组织体之间的协作,例如车间与车间、工序与工序、轮班与轮班、班组与班组、个人与个人之间的协作。

(2)组织体内的协作。它是指组织内部各组成部分之间的协作,例如车间内部、工序内部、轮班内部、工作小组内部等各组成部分之间的协作。

2. 工作小组的形式　工作小组又称为协作组,是劳动协作的基本形式。它是指为了完成一定的生产任务,在适当分工的基础上,由若干个工人相互密切配合而组成的共同劳动的集体。在工业企业中,主要在以下几种情况下组织工作小组。

(1)生产工作不能分配给每个工人去独立完成,必须由几个人共同完成时,需要组织工作小组。

(2)看管大型复杂的设备时,需要组成工作小组。

（3）工人的工作地范围较大,工作任务比较单一,为了便于管理,需要组成工作小组。

（三）生产轮班的组织

生产轮班是劳动协作在时间上的表现形式。通过轮班的组织工作,把工人之间的协作关系从时间上联系起来,保证生产顺利进行。

轮班的组织工作取决于企业的生产任务和生产性质。生产任务多的企业,可以组织两班和三班制生产,生产任务少的企业,可以组织一班制生产。有些企业的生产,由于生产工艺连续性的要求,必须昼夜连续进行,如化纤厂、化工厂、冶炼厂等,企业必须组织三班或四班连续生产。在组织多班制生产时,必须做好以下几项工作。

1.合理安排各班工人的倒班　在三班制生产的情况下,工人必须分别上早班、中班和夜班。由于各班的条件不同,尤其是中、夜班,打乱了人们"日出而作,日落而息"的正常生活规律,为了保护工人的身体健康,不能固定一些工人长期上中、夜班,必须实行倒班。倒班的方法有正倒班和反倒班。

2.各班的工人人数和技术水平应大体平衡　为了保持各班生产的稳定和平衡,便于进行评比,应当注意各班的人员数量大致相等,在管理和技术力量的搭配上要大体平衡。

3.要为各班提供相同的生产条件　厂部要为各班提供所需要的各种原材料和工具等,特别是要为夜班创造良好的生产条件。厂部、车间和各科室要建立轮流值班制度,以便及时处理夜班生产中的问题。

4.必须建立严格的岗位责任制和交接班制度　岗位责任制是把全部生产任务和管理工作落实到各个岗位上,对每个职工都规定出具体的任务、责任、权限、工作范围和应达到的要求。

二、劳动定额

劳动定额是在一定的生产技术、组织条件下,为生产单位合格产品或完成一定工作任务所预先规定的劳动时间标准,或规定在单位时间内生产合格产品的数量或完成工作量的标准。

（一）劳动定额的形式

1.工时定额　工时定额又称为时间定额,它是为生产单位合格产品或完成一定工作任务所预先规定的劳动时间标准。

2.产量定额　它是规定在单位时间内生产合格产品的数量或完成工作量的标准。

工时定额和产量定额在数值上互为倒数关系,工时定额越低,产量定额就越高,反之亦然。

劳动定额除了上述两种表现形式以外,还可以采用看管定额的形式。看管定额是指规定一个工人或一组工人同时应当看管的设备台数标准。

（二）劳动定额的制订

1.工时消耗的分类　要使劳动定额达到既先进又合理的要求,必须对工人的工时消耗进行研究,把工人在一个工作班中所消耗的全部时间,按照它们的性质、范围和作用不同进行分类,然后对各类时间消耗进行分析。通过对各类时间消耗的分析,确定哪些时间消耗是必需的,哪些时间消耗是不需要的,以便减少工时损失,使工人的劳动时间得到充分合理地利用。工时消耗主要有如下两种。

(1)定额时间。它是指在正常情况下,工人为完成生产任务所必须消耗的时间。按照定额时间的作用不同,可分为基本工艺时间、辅助工艺时间、布置工作地时间、巡回走路时间、自然需要时间、准备与结束时间。

(2)非定额时间。它是指与完成生产任务无关的时间消耗。非定额时间是不必要的时间消耗,应当避免或消除它,在制订劳动定额时不应考虑这类时间消耗。

2. 劳动定额的制订方法

(1)经验估计法。这是由定额员在听取工人和技术人员意见的基础上,依照产品的技术要求和生产现场的条件,根据过去完成该项工作或类似该项工作的实践经验来估算出劳动定额的方法。这种方法的优点是工作量小,简便易行,便于劳动定额的及时制订和修订,其缺点是定额水平不够准确,往往受到定额工作人员的水平和经验的限制。这种方法一般适用于多品种小批量生产的情况。

(2)统计分析法。这是以过去生产同类产品的统计资料为基础,考虑到企业今后生产条件的变化情况,经过整理、分析和比较来制订劳动定额的方法。这种方法的优点是工作量小、简便易行,而且以大量统计资料为依据,具有一定的说服力,比经验估计法更能反映实际情况。这种方法的缺点是它受过去统计资料的影响比较大,如果统计资料不合理或不真实,就会影响劳动定额的准确性。这种方法一般适用于生产比较稳定、产品比较固定,原始记录和统计资料比较健全的情况。

(3)技术测定法。这是在一定的生产技术、组织条件下,通过对工人进行工作日写实和测时来制订劳动定额的方法。运用这种方法制订劳动定额有比较充分的技术依据,定额的准确性比较高,比较先进合理。但是,运用这种方法制订劳动定额时,工作量比较大,手续比较复杂,不容易掌握,其适用范围也有一定限制,只适用于生产技术组织条件比较正常以及产品品种少、批量较大的生产类型。

三、劳动定员

劳动定员是指为了完成生产任务而确定企业各类人员的比例和数量。它是企业合理使用劳动力的重要基础性工作。

(一)劳动定员标准

企业的劳动定员标准分如下三类。

1. 各行业通用标准 各行业通用标准是由国家有关部门制订的全国各行各业通用的定员标准。

2. 行业标准 行业标准是由行业主管部门制订的在全国范围内本行业通用的定员标准。

3. 企业或专业公司标准 企业或专业公司标准是企业或专业公司为了落实上级标准,

在本企业或公司范围内规定的定员标准。

（二）劳动定员的方法

由于企业内部各类人员的工作性质不同，其工作任务和劳动定额的表现形式也不同，因此，编制劳动定员的方法也不完全相同。企业编制劳动定员的方法有以下五种。

1. 按劳动效率定员　此方法根据生产任务（工作量）、工人劳动定额和出勤率来计算定员人数。凡是有劳动定额的工种都可以采用这种方法编制定员，其计算公式如下。

$$定员人数 = \frac{一轮班计划生产任务}{工人每班劳动定额 \times 计划出勤率} \times 开班数$$

2. 按设备定员　此方法根据设备数量、工人看管定额和出勤率来计算定员人数，这种方法适用于多机台看管的工种，其计算公式如下。

$$定员人数 = \frac{设备计划开台数}{工人看管定额 \times 计划出勤率} \times 开班数$$

3. 按岗位定员　此方法根据工作岗位或看管岗位的多少来计算定员人数，在运用这种方法编制定员时，首先要确定有多少工作或看管岗位，然后根据各岗位的工作量、工人劳动效率和出勤率来计算定员人数。按岗位定员可分为按设备岗位（如水泵、锅炉等）定员和按工作岗位（如门卫、电话值班等）定员两种。

按设备岗位定员的计算公式如下。

$$定员人数 = \frac{设备应开台数 \times 台班定额人数}{计划出勤率} \times 开班数$$

按工作岗位定员的计算公式如下：

$$定员人数 = \frac{应设岗位数 \times 每班每岗位定额人数}{计划出勤率} \times 开班数$$

4. 按比例定员　此方法按职工总数与某类人员的比例来计算定员人数。这种方法适用于非生产性的服务人员的定员。

5. 按机构定员　此方法根据组织机构数量、业务工作内容和工作量的多少来进行定员。这种方法适用于企业的管理人员和工程技术人员的定员。在采用这种方法进行定员时，必须在精简组织机构、节约用人的前提下，考虑企业的规模、产品特点、生产过程的专业化程度、管理工作的基础和管理人员的业务能力等来确定定员人数。

四、劳动生产率

劳动生产率指劳动者的劳动效率，它是企业生产技术和管理水平的综合反映，也是衡量社会生产力发展水平的重要标志。

（一）劳动生产率的计算方法

在计算劳动生产率时，可用不同的指标、不同的人员范围和不同的时间来计算。这样计算出来的劳动生产率结果不同，所反映的经济内容就不同，但都是劳动者劳动效率的表示。劳动生产率的计算方法主要有两种。

1. 实物劳动生产率 实物劳动生产率反映职工生产产品的劳动效率,它可以用来分析不同时期职工劳动效率的变化情况,其计算公式如下。

$$实物劳动生产率 = \frac{产品实物量}{平均人数} \times 100\%$$

实物劳动生产率能够比较准确地反映企业生产技术水平、管理水平和贡献大小,但它的可比性比较差。

2. 价值劳动生产率 价值劳动生产率反映职工在一定时期内创造价值的大小,它通常是用不变价格来计算的,其计算公式如下。

$$价值劳动生产率 = \frac{总产值}{平均人数} \times 100\%$$

价值劳动生产率的可比性比较大,它可以反映经济发展速度和产品结构情况。但它不能准确反映企业生产经营活动成果,因为在总产值中包含着过去劳动所创造的价值。

企业在计算劳动生产率时,按照人员的范围不同,可分为全员劳动生产率和工人劳动生产率,两者之间的关系如下。

$$全员劳动生产率 = 工人劳动生产率 \times 工人占全体人员百分比$$

(二)提高劳动生产率的途径

提高劳动生产率的途径如下:

(1)采用先进的技术装备。

(2)改善劳动组织,加强劳动定额和劳动定员管理。

(3)加强职工培训,提高职工技术水平和熟练程度。

(4)搞好工资奖励和职工生活福利工作。

(5)做好职工的思想政治工作。

思 考 题

1. 衡量一个企业的生产过程组织得合理与否的标准有哪些?

2. 生产类型可分为哪几个类型?

3. 什么是工艺专业化?什么是对象专业化?

4. 什么是劳动定额?劳动定额的形式有哪些?制订劳动定额的方法有哪些?

5. 什么是劳动定员?劳动定员的标准有哪些?制订劳动定员的方法有哪些?

6. 什么是劳动生产率?计算劳动生产率的两种方法分别是什么?提高劳动生产率的途径有哪些?

课外阅读参考书目

[1]陈荣秋,马士华.生产与运作管理[M].2版.北京:高等教育出版社,2006.

[2]刘丽文.生产与运作管理[M].北京:清华大学出版社,1999.

[3]潘家轺,曹德弼.现代生产管理学[M].2版.北京:清华大学出版社,2005.

[4]陈荣秋,周水银.生产运作管理的理论与实践[M].北京:中国人民大学出版社,2002.

[5]吴玉瑞,马士华.现代生产管理学[M].武汉:华中理工大学出版社,1993.

[6]陈荣秋.生产计划与控制[M].武汉:华中理工大学出版社,1995.

[7]马士华.现代生产与作业管理[M].北京:经济管理出版社,1997.

第六章　生产计划

本章知识点

1. 生产计划的指标体系。
2. 生产计划的编制方法。
3. 生产能力的分析与平衡。
4. 生产作业计划的编制方法。
5. 能力需求计划。

第一节　生产计划的指标体系

生产计划的主要指标有:品种、产量、质量、产值和出产期。

(1)品种指标是企业在计划期内出产的产品品名、型号、规格和种类数,它是企业编制生产计划的前提。

(2)产量指标是企业在计划期内出产的合格产品的数量。

(3)质量指标是企业在计划期内产品质量应达到的水平,常用指标有合格品率、废品率、返修率等。

(4)产值指标是用货币表示的产量指标,它能够进行不同企业(或行业)之间的比较。

产值指标又可分为:商品产值、总产值和净产值。

①商品产值是企业在计划期内出产的可供销售的产品价值,它包括用本企业自备原材料加工的成品和半成品的价值、用外单位来料加工的产品加工价值、工业劳务的价值等。商品产值的高低将会影响到流动资金能否正常周转。

②总产值是企业在计划期内完成的以货币计算的生产活动的数量,它包括商品产值、期初期末在制品价值的差额、订货者来料加工的材料价值。总产值一般是按不变价格计算的。

③净产值是企业在计划期内通过生产活动新创造的价值。计算净产值时要扣除部门间的重复计算。其计算方法有两种:生产法和分配法。

用生产法计算,净产值 = 总产值 − 所有转入产品的物化劳动价值。

用分配法计算,净产值 = 工资总额 + 福利基金 + 税金 + 利润 + 属于国民收入初次分配的其他支出。

(5)出产期是为了保证按期交货确定的产品出产期限。

第二节　生产计划的编制方法

一、滚动式计划编制方法

滚动式计划的编制方法主要是把整个计划期分成几个时间段,其中第一个时间段的计划为执行计划,后几个时段的计划为预计计划。其中,执行计划较具体,要求按计划实施;预计计划比较粗略,要不断地根据执行计划的实施情况以及企业内、外条件的变化,对原来的预计计划做出调整与修改。经过实施原预计计划中的第一个时间段计划就变成了执行计划,而其他预计计划仍为预计计划。

例如,2000 年编制五年计划,计划期从 2001~2005 年,共 5 年。若将计划期分成 5 个时间段,则 2001 年的计划为执行计划,2002~2005 年的计划为预计计划。2001 年的计划实施之后,再根据 2001 年的实施情况编制 2002~2006 年的五年计划。

滚动式计划的优点:

(1)计划是动态型的,计划的应变性和严肃性均得到保证。

(2)提高了计划的连续性,便于建立正常的生产次序和组织均衡生产。

二、盈亏分析法和收入利润顺序法

产品品种的优化一般可以采取盈亏分析法和收入利润顺序法。

盈亏分析法就是先定出各种产品的盈亏平衡点(保本点),再比较各种不同产品的边际贡献,以此确定多品种产品的生产顺序。当然,对于单一品种产品的企业,通过盈亏平衡点可以确定产品的保本产量和产值。

收入利润顺序图就是对生产的各种产品按销售收入和利润排序、绘制而成的图以便直观分析。

例如,现有 10 种产品收入和利润排序(由小到大)如下。

产品代号	A	B	C	D	E	F	G	H	I	J
销售收入顺序	1	2	3	4	5	6	7	8	9	10
利润顺序	2	3	1	6	5	8	10	4	7	9

将其绘制成收入利润顺序图如下页图所示。

图中的产品基本上可以分为两种。一种是图中左下角的产品,销售收入高,利润比较大,在生产能力许可的情况下,这些产品自然是应该生产的。另一种是处于图中右上角的产品,对于这类产品需要进一步分析采取相应的对策。

如果是新产品或是未定型的产品,处于导入期,销售收入低,成本高,利润少,可以通过改进设计和工艺、扩大宣传力度、采取扶持政策等办法继续生产。如果是处于衰退期的老产品,就应该停产或转产。

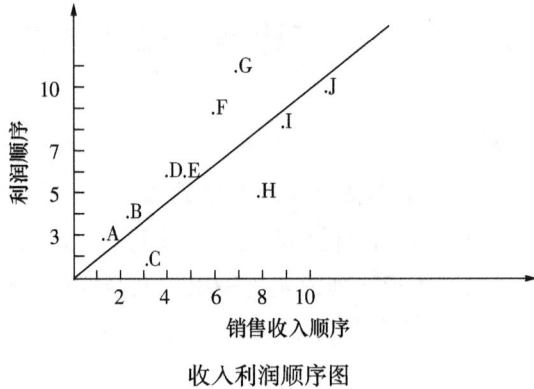

收入利润顺序图

三、生产计划的线性规划模型法

生产计划的线性规划模型是进行资源合理利用和资源合理调配的有效方法,可以确定生产计划中的产量。它的制订涉及两个具体方面:一是市场需求已定,需要统筹安排、精心策划,用最少的资源来满足市场方面的需求;二是资源数量已定,需要合理利用、合理调度,以取得最大的利润。

线性规划模型适用于生产多品种类型的企业,用于解决具有多种约束条件的生产计划问题。对于约束条件较少的生产计划问题,可以采用下面介绍的图表法。图表法实际上是线性规划的一种特殊形式,处理的问题相对比较简单,操作起来简便易行,在实际中广泛应用。

四、生产计划的图表法(运输表法)

生产计划的图表法是一种直观、简单的方法,也是应用较为普遍的生产计划产量指标优化的方法,一般仅以生产能力为约束条件。

图表法的基本假设是:计划期内正常能力、加班生产能力以及外协量均有一定的限制;计划期的预测成本是已知的;全部成本与产量呈线性关系。在这些假设前提下,图表法可以算出整个计划期的最优生产计划。当问题较大时,可以用计算机来求解。

若采用手工计算,首先要画出一张表格,在表中列出单位计划期的生产能力计划、需求量、初始库存量以及可能发生的成本。这里的成本主要有以下4种。

1. 正常成本R 它是指在正常稳定的生产状况下单位产品的生产成本,主要包括直接材料费、直接人工和制造费用。它可以根据是否随产量变化的性质而划分为变动成本和固定成本。

2. 加班成本C 它的典型特征是其指数曲线随加班时间和生产率增加而呈现急剧上升。就是说,加班时间越长,次数越多,加班成本的支出上升越快,但它与加班时间和生产率不成比例关系。为了减少生产计划对加班的依赖,可在求解最优生产计划时,人为有意地适量加大加班成本。

3. 外协成本S 它是指由自制改为外协时需要多支出的外协加工费用和外协管理费

等。短期的临时外协加工,其加工费可能大大高于本企业的正常生产成本。

4. 库存成本 h　它包括订货成本和保存成本。订货成本随批量的增加而减少,而保存成本随批量增加而增加。

单位计划期	期初库存	0	h	2h	3h
1	正常生产	R	$R+h$	$R+2h$	$R+3h$
	加班生产	C	$C+h$	$C+2h$	$C+3h$
	外协	S	$S+h$	$S+2h$	$S+3h$
2	正常生产	×	R	$R+h$	$R+2h$
	加班生产	×	C	$C+h$	$C+2h$
	外协	×	S	$S+h$	$S+2h$
3	正常生产	×	×	R	$R+h$
	加班生产	×	×	C	$C+h$
	外协	×	×	S	$S+h$
4	正常生产	×	×	×	R
	加班生产	×	×	×	C
	外协	×	×	×	S
需求		D_1	D_2	D_3	D_4+I_4

表中每一行表示一个计划方案,如第一行表示期初库存,它可以用来满足4个单位计划期内任一期的需求。第二行是第一期内正常工作时间的生产量,它也可以用来满足4个单位计划期内任一期的需求。接下来的两行是该期的加班生产量和外协量,余下类推。

表中各列分别表示计划所覆盖的各单位计划期以及未使用的生产能力和总生产能力。而矩阵中第一格的右上角表示单位产品的相应成本,包括生产成本和库存成本。例如在第一单位计划期,正常时间的生产成本是 R,如果在第一计划期生产出来的产品准备第二期销售,则成本为 $R+h$,因为又发生了一个计划期的库存成本。第一期生产的产品,若第三期销售,成本则为 $R+2h$,依此类推。

虽然,成本最低的方案是当期生产、当期销售。但是,由于生产能力的限制,这一点并不是总可以达到的。在这种情况下可以通过表格法来求得计划期内总成本最低的解,其具体步骤如下:

(1)将总生产能力列的生产能力数字放到"可用生产能力"一列。

(2)在第一列(即第一单位计划期)寻找成本最低的单元。

(3)尽可能将生产任务分配到该单元,但不得超出该单元所在行的未使用生产能力和所在列的需求。

(4)在该行的未使用生产能力中减掉所占用的部分,为余下的未使用生产能力($\geqslant 0$)。如果该列仍有需求尚未满足,重复步骤(2)～(4),直到需求全部满足。

(5)在其后的各单位计划期重复步骤(2)～(4)。

第三节　生产能力的分析和平衡

在分析企业生产计划可行性时,核定企业的生产能力是实现企业生产计划综合平衡的一项十分重要的工作,它用以考察拟定的生产计划能否实现。另一方面,企业的生产能力可以表明什么样的任务量企业可以承担,它是反映企业生产可能性的一项重要指标。因此,正确核定企业的生产能力是企业经营决策的前提。同时,生产能力的核定过程也是发现问题和解决问题的过程。

一、生产能力的概念

企业的生产能力从广义上讲是指企业的设备能力、人员能力和管理能力的总和。

设备能力是指企业的生产设备和生产面积的数量、水平、生产率与使用时间等诸因素的组合。

人员能力是指企业的人员数量、技术水平、出勤率与有效的工作时间等诸因素的组合。

管理能力是指企业的管理机构及其运行效率、管理人员的素质、经验、水平、工作态度及运用先进管理理论、方法等因素的组合。

在实际计算生产能力时,由于企业的管理能力只能作定性分析,所以企业的生产能力主要是指设备能力和人员能力,即企业在一定的生产技术组织条件下,在一定时期内直接参与生产过程的固定资产(机器设备、厂房和其他生产性建筑物)和人力资源所能生产的一定种类和一定质量的产品的最高数量,或所能加工处理一定原材料的最大数量。

二、生产能力的分类

生产能力一般分为如下三种。

1. 设计能力　设计能力是指在企业基本建设时期设计任务书和技术文件中规定的生产能力,这个能力要在企业建成后经过一段时间的试生产,使正式生产趋于正常以后才能实现。

2. 核定生产能力　核定生产能力是指企业在产品方向、固定资产、技术改造,劳动状况等方面发生了某些重大的变化,原有的设计能力已经不能反映实际生产情况时而重新调查核定的生产能力。

3. 计划能力　计划能力是指企业充分考虑了现有能力,以及在计划期内由于采取各项措施能够实现能力变动的情况下,在计划期内必须达到的生产能力。它是在编制生产计划时所采用的生产能力。

三、影响生产能力的因素

影响生产能力的因素如下。

1. 生产中的设备数量和生产面积　现代企业的作业离不开大量的专业化设备和作业

场地,设备数量应包括现有的全部用于生产的设备,其他不论是正在运输或修理的设备还是已经到厂等待安装的或是因任务不足而暂时停止使用的设备,均不能计入生产能力。生产面积不包括一切非生产用房屋面积和场地。生产面积的数量对于制造厂的铸造、铆焊和装配车间以及一些服务业的能力水平影响很大。

2. 生产设备效率和劳动者的科技水平与劳动技能的熟练程度　从设备和生产面积来看,设备的生产效率可以从两个方面来体现:一是单台设备或单位平方米面积在单位时间内的产量定额;二是单台设备或单位平方米面积上生产单位产品的时间定额。

3. 固定资产工作时间　从设备来看,固定资产工作时间分为制度工作时间和有效工作时间。

(1)制度工作时间是在扣除法定节假日后规定的工作时间。年制度工作时间的计算公式为:

年制度工作时间 = (年日历天数 - 年节假日天数) × 日制度工作小时

(2)有效工作时间是指在制度工作时间中扣除设备修理停歇时间后的工作时间。其计算公式为:

年有效工作时间 = 年制度工作时间 × (1 - 设备修理停工率)

设备修理停工率的取值一般为 5% ~ 10%。

计算生产面积的生产能力时,一般用制度工作时间,因为它不存在检修问题。

4. 企业经营管理水平　企业的生产能力是与企业经营管理水平相关的诸因素综合作用的结果。管理的作用就在于从时空上合理地组织协调这些因素的相互关系,使其发挥出最大的综合作用,形成最大的生产能力。因此,在研究企业生产能力时,必须充分考虑到经营管理水平对生产能力的影响。

四、生产能力的核定

首先,要确认生产能力的核定单位。由于企业种类的广泛性,不同企业的生产能力核定单位会有所不同。对于纺织行业而言,以产出量为计量单位比较合理。确定了生产能力的计算单位以后,生产能力的计算工作通常从底层开始,自下而上,先计算单台设备或班组(生产线)的能力,然后,逐步计算各生产单位(车间、工厂)的生产能力。

1. 设备组(流水线)生产能力的计算

(1)当设备组只生产某一种产品时,它的生产能力计算公式为:

$$M_{组} = \frac{FS}{t}$$

式中:$M_{组}$——设备组的生产能力;

F——单台设备计划期(年)有效工作时间;

S——设备组的设备数;

t——单位产品的台时定额。

(2)当设备组生产多种产品时的生产能力计算通常采用代表产品法和假定产品法。

①代表产品法是从多种产品中选一个产品作为代表产品。这个代表产品一般是指在结

构与工艺上具有代表性,且产量与劳动量乘积为最大的产品。采用代表产品来确定生产能力的具体步骤如下。

第一步,计算以代表产品表示的设备组生产能力。

$$代表产品生产能力 = \frac{年有效工作台时 \times 设备台数}{代表产品的台时定额}$$

第二步,将各种产品的计划产量换算成以代表产品表示的总产量 $Q_{总}$。

$$Q_{总} = \sum_{i=1}^{n} Q_i K_i$$

式中:$Q_{总}$——以代表产品表示的计划总产量;

　　Q_i——第 i 种产品的计划产量;

　　K_i——第 i 产品的台时定额与代表产品的台时定额之比。

第三步,计算设备负荷系数 α。

$$\alpha = \frac{代表产品生产能力}{代表产品表示的计划总产量}$$

当 $\alpha < 1$ 时,说明计划产量大于生产能力;反之,生产能力大于计划产量。

第四步,计算具体产品的生产能力。

$$M_i = Q_i \times \alpha$$

②假定产品法。

假定产品法用于当产品结构或工艺不相似时,以假定产品为计算设备组的生产能力的单位。具体步骤如下。

第一步,计算假定产品的台时定额。

假定产品的台时定额 = $\sum$ 第 i 种产品台时定额 $\times$ 第 i 种产品产量占假定产品总产量的比重

第二步,计算以假定产品表示的设备组的生产能力和负荷系数 α。

假定产品的生产能力为:

$$M_{组} = \frac{FS}{t} = \frac{年有效工作时间 \times 设备台数}{假定产品台时定额}$$

负荷系数

$$\alpha = \frac{M_{组}}{\sum Q_i}$$

第三步,计算各种计划产品的生产能力。

某计划产品 i 的生产能力 $M_i = Q_i \times \alpha$ = 第 i 种产品的产量 $\times$ 负荷系数

需要指出的是:生产能力的核算过程是一个动态的过程,生产计划每作一次调整都要重新核定生产能力的状况,直到 α 接近 1 时,计划与能力才基本平衡。

2. 生产单位(车间)能力的确定　生产单位(车间)能力的确定是按设备组的生产能力综合平衡后确定的,在设备组之间可能存在着能力的不平衡。这时,主要考虑生产单位(车间)中的主要设备组,以它的能力作为本单位的生产能力,如果存在低于主要设备组生产能力的薄弱环节时,应对薄弱环节采取措施,使其与主要设备组生产能力达到平衡。

3. 企业生产能力的确定　企业的生产能力是在各生产单位(车间)的生产能力综合平衡的基础上确定的。首先,要以主要生产单位的生产能力作为企业生产能力确定的依据。主要生产单位可以是产品劳动量较大的,或者是在生产中经常出现瓶颈的关键生产单位(车间),也可以是设备价值大的关键设备所在的生产单位(车间)的生产能力,也有人主张以最小的生产单位(车间)的生产能力来确定企业的生产能力。

第四节　生产作业计划的编制

生产作业计划是把生产计划规定的任务一项一项地具体分配到每个生产单位(车间)、每个工作中心及每个操作工人。也就是规定他们在某月、某周、某日以至某一轮班中的工作任务,即生产什么、生产多少、在哪个设备上生产和什么时间生产等。为了使生产计划编制的既科学、合理又切实可行,必须首先确定一些必要的期量标准。

一、期量标准

期量标准又称作业计划标准,是指为生产对象(产品或半成品等)在生产期限和生产数量上所规定的标准。它是具体编制生产作业计划时的主要依据。期量标准中的"期"就是时间,"量"就是数量。合理的期量标准对于提高生产过程的组织管理水平、实现均衡生产、改善生产的经济效益都有积极的作用。

不同类型的企业有不同的期量标准。比如,大量流水生产作业的期量标准有节拍、流水线工作指示图表、在制品定额等;成批生产的期量标准有批量、生产间隔期、生产周期、提前期、在制品定额等;单件生产的期量标准有产品生产周期、提前期等。由于纺织行业基本上属于成批生产,所以,下面以成批生产为例介绍期量标准。

(一)批量和间隔期

批量是指一次投入生产(或出产)的同种制品(产品或半成品)的数量。

生产间隔期又叫生产重复期,是指前后两批同种制品投入或产出的间隔时间。

批量与生产间隔期有着密切的关系。在产品生产任务确定以后,平均日产量不变时,批量越大,生产间隔期就会越长;反之批量小,生产间隔期也会相应缩短。其相互关系可以用下列公式表示:

$$批量 = 生产间隔期 \times 平均日产量$$

由公式可知,在生产任务已定的情况下,批量和生产间隔期只要有一个确定下来,另一个也就相应被确定了。因此确定批量和生产间隔期通常有两种方式,即以量定期法和以期定量法。

以量定期法就是根据技术经济效果的综合要求,先计算出一个批量,然后再根据生产任务和批量来确定生产间隔期。

批量的大小对生产技术经济效益有很大的影响。加大生产批量,设备调整次数可以减少,设备调整费用也相对减少,不但提高了设备利用率,而且有利于简化生产组织管理工作和生产技术准备工作,有利于提高劳动生产率。其不利因素是相应的半成品(或在制品)也会增大,对流动资金的使用不利。反之,如果批量小,导致频繁变动产品,设备利用率降低,产品质量和劳动生产率也会受到影响。因此,确定批量和生产间隔期,需要平衡这些因素,既要满足用户要求,保证按期交货,又要有利于流动资金的有效使用,提高设备利用率。

对于某些难以按标准批量组织生产的企业,可以采用以期定量法。

以期定量就是先将生产任务按复杂程度、工艺特点、价值大小等因素分类,然后主要凭经验确定各类任务的生产间隔期。价值大的间隔期短,价值小的间隔期长,然后根据间隔期和生产任务确定各类产品的批量。当生产任务变动时,生产间隔期不变,只调整批量。以期定量法的优点是简便易行,灵活性大 ,容易保证产品的生产均衡,缺点是经济效果较差。

(二)生产周期

产品的生产周期是从原材料投入生产起,一直到成品出产为止的全部日历时间。产品的生产周期由其在各个生产单位的生产周期以及各工艺阶段之间的保险时间组成。纺织产品的生产周期一般包括清花生产周期、梳棉生产周期、并条生产周期、条卷生产周期、精梳生产周期、粗纱生产周期和槽筒生产周期等。

一般地,确定生产周期标准,首先根据产品的生产流程确定产品在各个工艺阶段上的生产周期,然后再确定半成品的生产周期,最后再确定产品的生产周期。

(三)生产提前期

生产提前期是指产品(半成品)在各生产环节上出产(或投入)的时间同成品出产时间相比所应提前的时间。产品在每一个生产环节上都有投入和出产之分,因此提前期也有投入提前期和出产提前期之分。

实践证明,构成提前期的要素较多,比如排队等候时间、加工时间、更换作业的准备时间、停放时间(等候运输的时间)、检验时间,运输时间等。在多任务生产环境下,一般排队等候时间要占生产提前期的90%左右,而真正的加工时间平均不到5%。造成排队等待加工时间如此之长的原因主要有两个,即批量的大小和加工次序的先后。因此,减少批量,合理地安排加工的次序,可以降低平均等候加工的时间,缩短生产提前期。

生产提前期的计算是按与工艺过程相反的顺序进行的,其公式如下。

$$本车间的投入提前期 = 本车间出产提前期 + 本车间生产周期$$

$$本车间出产提前期 = 后车间出产提前期 + 保险期$$

(四)在制品定额

在制品定额是指在一定的生产技术、组织条件下,各生产环节上为了保证生产衔接所必需的、最低限度的在制品储备量标准。

一般来说,一定数量的在制品是保证生产不断进行的必要条件,但在制品过多,又会使工作场所拥挤、产品生产周期延长、流动资金占用过多、运输保管费用增加。因此,必须合理确定在制品定额。

二、编制生产作业计划的方法

(一)在制品定额法

在制品定额法是一种适用于流水生产或大量生产的作业计划编制方法,其适用企业的特点是产量较大,生产连续性强。各生产单位之间只要认真解决好在制品、半成品的储备和供应,生产进行就比较顺畅。

使用这种方法的基本原则是按反工艺顺序,从后向前环环相扣进行计算。先按生产计划规定的任务,确定最后生产单位(车间或工艺阶段)的出产量,然后根据其在制品的情况、废品出现情况、损耗情况等确定最后生产单位的投入量。在计算出最后生产单位投入量结果的基础上,根据最后生产单位与其前一生产单位之间的库存半成品定额和有无半成品的需要等情况,确定前一个生产单位出产量。依此规律,往前推算一个一个生产单位的出产量、投入量,直到第一个生产单位。在制品定额法的具体计算公式如下:

$$Q_{出} = Q_{后投} + M_{销} + (Z_{末库} - Z_{初库})$$
$$Q_{投} = Q_{本出} + M_{废} + (Z_{末定} - Z_{初定})$$

式中:$Q_{出}$——某生产单位出产量;

$Q_{后投}$——后生产单位投入量;

$M_{销}$——本生产单位半成品外销量;

$Z_{末库}$——期末半成品定额;

$Z_{初库}$——期初半成品库存结存预计;

$Q_{投}$——某生产单位投入量;

$Q_{本出}$——本生产单位出产量;

$Z_{末定}$——期末生产单位在制品定额;

$Z_{初定}$——期初生产单位在制品储备预计;

$M_{废}$——本生产单位可能发生的废品数量。

(二)提前期法

提前期法又称累计编号法,是根据最终产品的平均日产量,将生产提前期转化为提前量,并由此规定各生产单位应达到的投入和出产累计数的一种方法。它适用于成批轮番生产的企业。累计编号数可以从年初或开始生产这种产品开始,按出产的先后顺序累计确定。在同一时间上,某种产品越接近完成阶段,其累计编号越小;反之则累计编号越大。具体的计算步骤如下。

第一步,计算产品在各个车间计划期末应达到的累计生产和投入的号数。

公式为:
$$M_{出} = M_{后出} + T_{出} N_{后}$$
$$M_{投} = M_{后出} + T_{投} N_{后}$$

式中:$M_{出}$——某生产单位的出产累计数;

$M_{后出}$——最后生产单位的出产累计数;

$T_{出}$——本生产单位的出产提前期;

$N_{后}$——最后生产单位的平均日产量；

$M_{投}$——某生产单位的投入累计数；

$T_{投}$——本生产单位的投入提前期。

第二步，计算各生产单位计划期内应完成的出产量和投入量，公式为：

某生产单位计划期出产任务量 = 该单位计划期末出产累计号数 - 该单位

计划期期初出产累计号数

某生产单位计划期投入任务量 = 该单位计划期末投入累计号数 - 该单位

计划期初已经投入累计号数

第三步，如果是严格按照批量进行生产的话，则计算出的出产量和投入量需按照与批量相等或成整数倍关系进行修正。

第五节　能力需求计划

能力需求计划要与作业计划相平衡。短期能力计划的任务是把能力核算细化到短期（日、周或天）计划期内生产的产品（或半成品）所需要的总工时（或称为负荷），并与计划期内的实际生产能力（人或设备的有效工时）进行比较，若能保证按期生产和完工则下达计划。具体计算方法如下。

(1)人的生产能力是指人在计划期实际从事作业的时间，可由如下公式求得：

计划期内某生产单位的人的实际生产能力 = 换算人数×实际工作时间×出勤率

(2)设备的生产能力是指设备在计划期内所能提供的台时数，计算公式为：

设备的生产能力 = 设备台时定额×计划期内的实际工作时间×开动率

开动率为 0~1。在实际轮班制（两班或三班）的生产中，设备的工作时间与人的工作时间差别很大。进行设备负荷平衡时需要采用人的生产能力还是采用设备的生产能力，要根据实际情况来选择。

(3)负荷的计算。负荷是依据标准工时计算的。计算方法是先按标准工时计算各品种、各工作中心的负荷，然后再按工作中心和各生产单位的计算结果汇总。

思 考 题

1. 生产计划的主要指标有哪些？

2. 计算生产能力的方法有哪些？

3. 简述企业确定生产能力的方法。

4. 简述期量标准的概念。

5. 简述生产周期、生产间隔期、生产提前期的概念。

6. 什么是在制品定额？

课外阅读参考书目

[1]王晶.生产与运作管理核心理论及习题集[M].北京:机械工业出版社,2007.

[2]王丽亚,陈友玲,马汉武.生产计划与控制[M].北京:清华大学出版社,2008.

[3]陆君伟.纺织企业班组管理[M].北京:中国纺织出版社,2006.

[4]马存义.服装生产管理[M].北京:机械工业出版社,2008.

[5]苏玉恒.纺织计算机应用技术[M].北京:中国纺织出版社,2007.

第七章　设备管理

```
●—— 本章知识点 ——●

1. 纺织设备的定义、分类。
2. 纺纱织造设备和印染设备的特点。
3. 纺织设备的采购及合理使用评价指标。
4. 纺织设备维护保养的重要性及内容。
5. 纺织设备检修的方法、种类、计划编制及交接验收。
6. 设备改造的定义、类型及经济性。
7. 设备更新的经济界限及更新周期。
```

第一节　纺织设备的特点

纺织设备是纺织企业进行生产的主要工具,是纺织企业创造经济效益的主要手段。因此,纺织设备管理是纺织企业管理中的一项重要工作。

对纺织企业来说,设备包括厂房、纺织生产中的主机、辅机、辅助设备、专用器材、专用工具、仪器、仪表、衡器、容器、运输等设备以及机修、动力、照明、供汽、给水、空调、管道、起重、交通运输等方面的全部机器和设施。其中纺织生产用的主机、辅机、辅助设备等是设备管理的重点。

纺织设备管理包括设备的技术管理和设备的经济管理。设备的技术管理又称设备物质形态的管理,它主要是从设备的技术角度出发来进行管理的,其中包括设备的选购、使用、维护和修理等各项管理工作。

设备的经济管理又称设备价值形态的管理,它主要是从设备的经济角度出发来进行管理的,其中包括对设备的投资费、维修费、折旧费、更新改造费等各项目的管理工作。设备管理的全过程,就是设备的日常管理。它是从设备的计划开始,对研究、设计、制造、检验、购置、安装、使用、维修、改造、更新、直至报废的全过程进行管理,是一项兼有技术、经济、业务三方面的技术管理工作。

纺织设备随着技术进步和自动化技术的发展,越来越变得复杂化、自动化。不仅如此,它还集中了机械、化学以及信息技术等技术领域的精华。

在自动化纺织生产线中,只要一个工序设备发生故障,将会影响到整条生产线,从而造成巨大损失。因此要加强对设备的管理和维修,首先要了解设备的特点。

一、纺纱织造设备的特点

（1）生产连续性强,连续运转时间长。

（2）工序多、机台多、品种多,机器设备和专件的种类多、型号杂。

（3）原料形态变动较多,对原料的适应性要求高。

（4）机器设备的构件多,对各动作之间的相互配合要求较高。

（5）部分机器的精度要求高,运转速度也高,有些部分存在激烈的冲击和碰击运动,对维修保养工作的要求也高。

（6）部分机器的工作环境较差。

（7）机器设备结构日益自动化、综合化,要求操作和维修人员掌握多种知识和技能。

二、印染设备的特点

（1）印染设备的使用是单机台、多工序、成批量、多品种、连续性生产的化学应用加工过程,产品品种变动多、质量要求高。

（2）印染设备为多单元的联合机组,体积大、机身长、占地多,目前国内企业尚未有专业备机。

（3）多电机、多规格、不同形式的设备单元等速运行。

（4）工艺变化大,某些设备采用高温受压,会受到较为严重的腐蚀和污染。

（5）设备大多陈旧落后,机型杂乱,无统一规格的备品配件。

（6）印染机械设备利用率高,计划停台少,空隙检修时间少。

（7）使用易燃、有毒的染化料和受压易爆容器的设备较多。

（8）有些设备性能比较落后,能耗大,零部件磨损严重并超负荷运转,设备长期失修。

（9）整个工序衔接紧凑。

大部分主机都是不同类型多单元组合机台,在整个工艺流程线中,其中一台机器停台检修,都将影响整个流程线的生产。这样,客观上给实行周期性计划检修带来了很大困难。

第二节　纺织设备的选购和使用

一、纺织设备的选购

纺织设备品种繁多、规格各异,市场的需求也是多样化的。选购纺织设备应依据两个基本条件:

（1）必须适应纺织工艺的要求。

（2）用该设备生产的产品能够达到质量标准。此外,还需要考虑生产率、工艺性、维修性、经济性、可靠性、安全性、环境保护性等诸要素。

当前,市场对纺织品质量的要求越来越高,纺织企业对新型纺织机械的使用越来越多,纺织企业的管理也越来越严。因此在进行设备选购时,既要熟知纺织材料性能和产品用途等专业知识,也要了解各个厂家所产设备的性能、特点,经过深入分析比较,既要满足生产的实际需要,又要量力而行,防止盲目攀比造成经济上不必要的浪费。

二、设备的合理使用

1. 设备合理使用的要求

(1)要根据产品的特点合理地配置各种设备。

(2)要根据设备的特点合理地安排设备的任务和负荷。

(3)要为设备配备合格的操作者,使其按操作规程进行操作。

(4)要为设备创造良好的工作环境。

2. 设备合理使用的评价指标

(1)时间负荷指标。

$$时间负荷指标 = \frac{单位设备生产单位产品的实际工作时间}{单位设备生产单位产品的计划工作时间}$$

(2)强度负荷指标。

$$强度负荷指标 = \frac{单位设备在单位时间内实际完成的工作量}{单位设备在单位时间内计划完成的工作量}$$

(3)综合利用指标。

$$综合利用指标 = 时间负荷指标 \times 强度负荷指标$$

上述三项评价指标越接近于1,说明设备的使用越合理;越远离1,说明设备的使用越不合理。

第三节　设备的维护和修理

加强设备管理,还需要处理好生产和维修的关系。在安排好生产任务的同时,要安排好设备维修工作和必要的维修材料及备品配件。进行定期检查、分析研究,把搞好设备管理工作作为企业管理的重要内容之一。

一、设备的维护保养

设备在运转过程中,零部件会磨损,螺丝会松动,飞花杂物会附着设备的表面,设备的精度就会下降,从而影响设备的使用寿命、生产效率和产品质量。如果平时就加强设备的维护保养工作,就会使设备的磨损程度减小,设备的精度保持长久,从而可以延长设备的使用寿命。

(一)揩车

揩车的目的是保持设备的整洁和运转正常,它的主要任务是清除设备表面的飞花、杂物和油污,并对部分零部件进行检查、修理和更换。

(二) 加油

加油的目的是保持设备润滑状态良好,减轻设备的磨损程度,节约动力消耗。它是根据设备的运转速度和负荷情况定期进行的。

(三) 经常性检修

经常性检修又称运转检修,它的目的是经常保持设备的良好技术状态。它的主要任务是检查零部件的磨损情况和螺丝松动情况,调整某些零部件之间的相对位置,修复或更换某些易损零部件等。经常性检修是按一定的巡回路线和工作方法有计划地进行的。

(四) 专业检修

专业检修又称专业保养,是对主机的专用器材或专用零部件进行定期保养,保证这些专用器材或零部件处于良好的技术状态。例如,细纱机的锭子保养,织布机的梭子、综框、钢筘的整修等。

二、设备的计划检修

设备的合理使用和维护保养工作并不能完全避免零部件的磨损。随着设备使用时间的延长,零部件的磨损加剧,设备的使用性能越来越差,当零部件磨损到一定程度时,设备就不能再继续使用了。这时就必须对设备进行修理、修复,或更换磨损超过一定限度的零部件,使设备恢复正常的运转状态。因此,除了对设备的合理使用和维护保养以外,还必须做好设备的计划检修工作。

所谓计划检修是指检修工作要有计划性,做到预防为主,防患于未然。企业要对设备进行计划检修,必须掌握设备的磨损规律,根据不同零部件的磨损情况制订出设备的修理计划。

(一) 设备的磨损过程

设备的磨损大致经历三个阶段,如图7-1所示。

第一个阶段为初期磨损阶段。当设备刚投入生产时,零部件表面高低不平的峰和氧化层很快被磨掉,所以曲线比较陡直。

第二个阶段为正常磨损阶段。当零部件表面高低不平的峰和氧化层被磨掉以后,磨损的速度就相对稳定下来,并且延续的时间比较长,所以曲线比较平坦。

第三个阶段为急剧磨损阶段。当零部件磨损到一定程度时,零部件之间的配

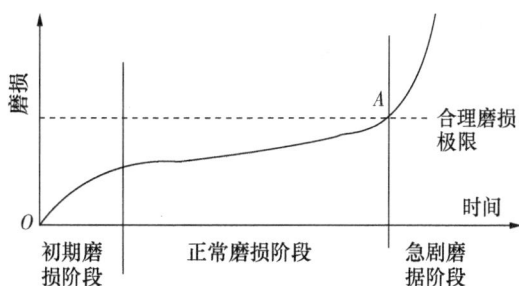

图7-1 设备磨损过程

合精度迅速下降,磨损的速度突然加快,设备就会发生故障,需要进行修理。

通常,把正常磨损阶段的终点 A,定为合理磨损的极限。如果磨损超过极限,设备将失去应有的技术性能,将给生产带来很大损失。因此,设备的检修工作必须在磨损极限 A 点之前进行修理,这就是设备检修工作的计划性和预防性。如果在设备发生故障后再进行修理,

修理的时间就会很长,对设备的生产效率也有影响。

(二)设备计划检修的方法

按照设备检修工作的计划程度不同,设备计划检修的方法可分为查后修理法、定期修理法和标准修理法。

1. 查后修理法　查后修理法是在计划期内按规定期限对设备进行检查,根据检查的结果来确定修理日期、修理内容和修理工作量。

2. 定期修理法　定期修理法是根据设备零部件的使用年限,先初步规定设备的修理日期、修理内容和修理工作量。具体修理日期、修理内容和修理工作量要在修理之前经过检查以后再加以详细规定。

3. 标准修理法　标准修理法又称强制修理法。它是根据设备的磨损规律和零部件的使用年限,对设备的修理日期、修理内容和修理工作量预先规定具体计划,不论设备的运行状态如何,严格按照规定的修理日期和修理内容进行修理或更换。这种方法适用于对精度要求很高的设备,如飞机,轮船等。

(三)设备修理的种类和修理周期

1. 设备修理的种类

(1)大修理。大修理是对设备的全部零部件进行检查、修理和更换,以恢复设备的原有性能,它是最彻底的修理。

(2)小修理。小修理是检查、修理和更换在下次大修理之前可能损坏的零部件,以恢复这些零部件的原有性能。

(3)部分修理。部分修理是检查、修理和更换在下次小修理之前可能损坏的零部件,以恢复这些零部件的原有性能。

2. 修理周期和修理周期结构　修理周期是指相邻两次同类修理之间的时间间隔,对修理周期长短的规定根据不同的设备有相应的不同。修理周期结构是指在一个大修理周期内,按规定所进行的大修理、小修理和部分修理次数及其排列顺序。例如,自动布机的修理周期结构如图7-2所示。

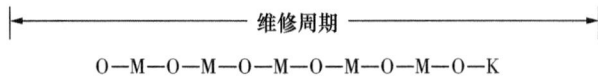

O—M—O—M—O—M—O—M—O—K

图7-2　自动布机修理周期结构图

K—大修理　M—小修理　O—部分修理

(四)设备修理计划的编制

为了保证设备修理周期的实现,企业必须编制设备修理计划,其中包括大修理计划、小修理计划和部分修理计划。

1. 设备修理计划的内容

(1)修理日期。

(2)修理工作量。

(3)停机修理时间。

(4)修理所需要的材料品种、规格和数量。

(5)修理费用预算。

企业根据修理计划,可以统一安排修理力量和修理所需要的各种材料。同时,根据修理计划,事先做好修理前的准备工作以缩短停机修理时间、保证修理质量。

2. 编制设备修理计划的程序

(1)确定设备修理周期。

(2)确定设备修理工作量和修理工作量定额。

(3)计算出计划期内计划修理台数。

(4)编制设备修理进度表和修理费用预算表。

企业为了保证完成在计划期内的计划修理台数,还需确定所需要的修理组的组数。

(五)设备修理质量的检查和交接验收

1. 设备修理质量的检查 为了保证设备维修工作全面达到规定的质量标准,必须对维修的设备进行质量检查。质量检查的内容应力求全面,除统一规定的必查项目以外,根据企业生产的需要还可增加其他检查项目,如零部件的磨损限度、安装公差,以及其他与产品质量有关的项目。

设备维修质量标准的制订应从生产需要出发,既要高标准严要求,又要考虑经济效果。

2. 交接验收 为了促进维修和使用质量的提高,对维修和使用双方应明确责任,对维修的设备进行交接验收。交接验收工作分为初交和终交。

初交是指经过大、小修理的设备,在修理部门内部进行质量检查并经试车认为合格后,由修理部门负责人交给检修工或保养组长。凡是未经办理初交手续的设备,不准投入生产使用。

终交是指初交后的设备经过一定的运转查看期,按照交接技术条件的要求对设备评定等级,并办理终交手续。

3. 考核指标 对设备的维修质量,除了进行严格检查和交接验收外,还应进行考核,考核的主要指标如下。

(1)设备完好率。

$$设备完好率 = \frac{完好设备台数}{检查设备台数} \times 100\%$$

完好设备应具备的条件是:设备性能良好,符合工艺要求,生产效果好;设备完整,安装规格符合标准;运转状态良好,无不正常震动、声响、发热、漏油、漏气、漏风、漏浆等现象。

(2)大小修理准期率。

$$大小修理准期率 = \frac{实际完成修理台数}{周期内计划修理台数} \times 100\%$$

大小修理准期率应按大修理和小修理分别进行计算和考核。

（3）大小修理一等一级车率。

$$大小修理一等一级车率 = \frac{一等一级车台数}{实际修理台数} \times 100\%$$

（4）大小修理计划完成率。

$$大小修理计划完成率 = \frac{月度实际完成初交台数}{月度修理作业计划台数} \times 100\%$$

（5）设备故障率。

$$设备故障率 = \frac{设备故障停台时间}{设备生产运行时间} \times 100\%$$

（6）单位产品维修费用。

$$单位产品维修费用 = \frac{设备维修总费用}{产品总产量}$$

（7）维修费用率。

$$维修费用率 = \frac{设备维修总费用}{生产总费用} \times 100\%$$

第四节　设备的改造和更新

设备的改造和更新是设备管理的重要内容,它侧重于设备的经济管理。设备的改造和更新的理论依据是设备的磨损理论和设备的寿命理论。设备的磨损有两种,即有形磨损和无形磨损。设备有三种寿命,即自然寿命、技术寿命和经济寿命。

设备的改造和更新决定就是综合考虑设备的两种磨损和设备的三种寿命后作出的。

一、设备的改造

设备改造是补偿可以消除的无形磨损的重要方式,它是在原有设备的基础上进行的改造。

（一）设备改造的类型

1. 设备改装　设备改装是为了满足企业生产的需要,对设备的局部进行改造。例如,把原有设备拼大接长,或改变局部机构,或安装各种安全和信号装置等。

2. 设备现代化改造　设备现代化改造是根据生产的需要,把科学技术的新成果应用于现有设备,改变现有设备在技术上的落后状态。例如,增添自动控制装置、安装精密检测装置等。

（二）设备改造的经济性

对现有设备进行改造,特别是对现有设备进行现代化改造与设备更新相比,具有明显的优越性,它具有以下优点。

1. 适应性　设备现代化改造与企业生产要求密切结合,具有较强的适应性。

2. 先进性　设备现代化改造可以改善企业设备拥有量的构成比,使企业设备拥有量构成比向先进水平发展。

3. 投资少、见效快、针对性强 企业对现有设备进行现代化改造,实际上是对设备进行局部更新。根据我国当前的实际情况,多数企业还不可能进行大规模的设备更新,其设备更新主要是对企业的关键设备进行更新,大量的则是对现有设备进行现代化改造。这是因为设备的更新要受到设备生产部门能力的限制。

二、设备的大修理和更新

(一)设备大修理的经济界限

设备大修理可以恢复设备的使用性能。但是,并不是在任何情况下都可以进行大修理,因为必须考虑设备大修理的经济界限。设备大修理的经济界限是一次所花的大修理费用应小于同一时期具有相同结构或相同用途的新设备的价值,在进行比较时,还应考虑旧设备的残值,如果设备的残值加上大修理费用等于或大于新设备的价值,这样的大修理是不经济的。这时宁可购买新设备,也不要进行大修理。因此,设备大修理的必要条件是:

$$R < K_n - O$$

式中:R——某次设备大修理费用;

K_n——具有相同结构或相同用途的新设备的价值;

O——旧设备大修理前的残值。

考察设备大修理在经济上是否合理,还应考虑大修理后设备的工作质量。如果大修理后的设备,其生产技术特性与同种新设备没有区别,则公式 $R < K_n - O$ 既是必要条件,也是充分条件。但是,实际情况并非完全如此。一般情况下,大修理后的设备与新设备相比,技术故障多,停歇时间长,日常维修和小修理费用多,与设备使用有关的消耗增加。

考虑以上各项技术经济因素,有必要采用生产成本这个综合性指标来衡量设备大修理的经济界限。只有当大修理后的设备生产单位产品的成本不超过相同新设备生产单位产品的成本时,进行设备大修理在经济上才是合理的。因此,设备大修理的充分条件是:

$$I_r = \frac{C_z}{C_n} \leq 1$$

或
$$\Delta C_r = C_n - C_z \geq 0$$

式中:I_r——大修理后设备与新设备加工单位产品成本的比值;

C_z——大修理后设备加工单位产品的成本;

C_n——新设备加工单位产品的成本;

ΔC_r——新设备和大修理后设备加工单位产品成本的差额。

(二)设备最佳更新周期的确定

设备最佳更新周期是指设备从投入使用开始,到它每年平均分摊的设备投资费用和年度使用费用的总和达到最小时的使用年限,即设备的经济寿命。确定设备最佳更新周期的方法通常采用低劣化数值法。

设备在使用过程中,随着使用时间的延长,其使用费用不断增加,称为设备的低劣化。

假定设备的低劣化每年以 λ 的数值增加,在 T 年的平均低劣化数值为 $\frac{\lambda}{2}T$,则设备平均每年的总费用如下:

$$C = \frac{K_0}{T} + \frac{\lambda}{2}T$$

式中:C——设备平均每年的总费用;

K_0——设备的原始价值;

T——设备的使用年限;

λ——设备的低劣化数值,元/年。

若要使 C 达到最小,可求 C 对 T 的一次导数,并令其为零,可得:

$$T = \sqrt{\frac{2K_0}{\lambda}}$$

式中:T——设备的最佳更新周期。

思　考　题

1. 讨论设备管理在纺织企业管理中的重要性。
2. 为什么要进行设备的维护保养?
3. 讨论设备计划检修的方法。
4. 如何进行设备修理质量的检查和交接验收?
5. 在什么条件下进行设备改造,在什么条件下进行设备更新?

课外阅读参考书目

[1]中国纺织工业企业管理协会设备管理学组.纺织企业设备管理和维修[M].北京:纺织工业出版社,1991.

[2]金永安.纺织设备管理[M].北京:中国纺织出版社,2007.

第八章 质量管理

```
━━━━━●本章知识点●━━━━━
1. 质量管理及全面质量管理的概念。
2. PDCA 环的执行特点与要领。
3. 质量控制的统计方法及应用。
```

第一节 质量管理概述

一、质量的概念

(一)质量

国际标准 ISO 8402 对质量的定义为:质量是反映产品或服务满足明确或隐含的需要的特征和特性的总和。质量的定义由两个层次构成。第一层是说产品或服务必须满足明确或隐含的需要;第二层次是说在第一层次成立的前提下,质量由产品或服务的特征和特性的总和来表征。现代质量管理理论认为,必须以用户的观点对质量下定义。这方面最著名的也是最流行的,是美国著名的质量管理权威朱兰(J. M. Juran)给质量下的定义:"质量就是适用性"。

所谓适用性,就是产品和服务满足顾客要求的程度。企业的产品是否使顾客十分满意?是否达到了顾客的期望?如果没有,就说明存在质量问题。不管是产品本身的缺陷还是企业没有了解清楚顾客到底需要的是什么,都是企业的责任。

但是适用性和满足顾客要求是比较抽象的概念,为了对质量管理工作起到指导作用,还需将其具体化。在这方面,美国质量管理专家戴维教授将适用性的概念具体解释为如下八个方面的含义。

1. 性能　性能是产品主要功能达到的技术水平和等级,如纱线的半径是否均匀,抗拉强度如何等。

2. 附加功能　附加功能是为使顾客更加方便、舒适等所增加的产品功能,如电视机的遥控器、照相机的自动卷片功能。

3. 可靠性　可靠性是产品和服务的完全规定功能的准确性和概率,比如纺织中络筒机的捻接器自动打接的有效率,大、小吸嘴一次就抓住纱线断头的概率等。

4. 一致性　一致性是指产品和服务符合产品说明书和服务规定的程度,如服装面料的织物成分是否与标签上的说明相符,一匹布织物支数是否与说明相符等。

5. 耐久性　耐久性是指产品和服务达到规定的使用寿命的概率,比如织布机无故障运转时间、服装的耐磨性等。

6. 维护性　维护性是指产品是否容易修理和维护,比如,羊绒衫的清洗是否方便,晾晒后是否产生变形、缩水。

7. 美学性　美学性是指产品外观是否具有吸引力和艺术性,比如,时装是否具有时尚性,是否符合着装人在不同场合的美观要求。

8. 感觉性　感觉性是指产品和服务是否使人产生美好联想甚至妙不可言的感受,如服装面料的手感、广告用语给人的感觉和使人产生的联想等。

以上这八个方面将适用性概念具体化了,从而也就更容易从这八个方面明确顾客对产品和服务的要求,并将这种要求化为产品和服务的各种标准。

(二)工程质量与工作质量

工程质量是指服务于特定目标的各项工作的综合质量。工程质量是产品质量的保证,产品质量是工程质量的体现。因此,企业的质量管理工作,应着眼于对工程质量进行管理。

工作质量是指企业工作人员为了保证工程质量所进行的各项工作的工作水平和组织完善程度。工作质量是工程质量的保证,工程质量是各项工作质量的综合体现。要保证工作质量,就必须加强职工的思想政治工作和技术培训工作,以提高职工的思想觉悟、技术水平和组织能力,同时要做好职工的生活福利工作,提高职工健康水平。

二、质量管理和全面质量管理

(一)质量管理

根据 ISO 8402—1994 给出的定义,质量管理(Quality Management)是指"确定质量方针、目标和职责,并通过质量体系中的质量策划、质量控制、质量保证和质量改进来使其实现的所有管理职能的全部活动"。这个定义指出了质量管理是一个组织管理职能的重要组成部分,必须由一个组织的最高管理者来推动,质量管理是各级管理者的职责,并且和组织内的全体成员都有关系,他们的工作都直接地影响着产品或服务的质量。因此,质量管理的涉及面很广,从横向来说,包括战略计划、资源分配和其他系统活动,如质量计划、质量保证、质量控制等活动;从纵向来说,质量管理包括质量方针、质量目标以及质量体系。

(二)质量管理的发展过程

质量管理这一概念早在 20 世纪初就被提出来了,它是伴随着企业管理和实践的发展而不断完善、随着市场竞争的变化而发展起来的。

从质量管理的发展历史可看出,在不同时期,质量管理的理论、技术和方法有不同的发展和变化,并且有不同的发展特点。从一些工业发达国家经过的历程来看,质量管理的发展大致经历了三个阶段,即 20 世纪二三十年代的产品质量的检验阶段、20 世纪四五十年代的统计质量管理阶段、20 世纪 60 年代至今的全面质量管理阶段。

(三)全面质量管理的特点

全面质量管理(TQC,即 Total Quality Control)是一种先进的、科学的质量管理方法。它是企业的全体职工和有关部门同心协力,综合运用管理技术、专业技术和科学方法,经济地开发、研制、生产和销售用户满意的产品的管理活动。全面质量管理要求从系统的观点,全面控制产品质量形成的各个环节、各个阶段,其主要特点是系统性、全面性和目的性。

系统性是指运用系统的原理和方法,把与产品质量有关的各要素组成一个具有共同目标的有机整体。

全面性是指所考虑的问题比较全面。一是参加质量管理的人员全,企业的全体人员都参加质量管理;二是管理的对象和范围全,全面质量管理既对产品质量、工程质量和工作质量的管理,同时还对生产过程的每个组成部分进行质量管理;三是指质量管理的方法是多种多样的,是具有综合性的。

目的性是指全面质量管理具有明确目标,即以用户满意为目标。

(四)全面质量管理的基本观点

全面质量管理的基本观点即"四个一切":一切以预防为主;一切为用户;一切用数据说话;一切按 PDCA 循环(计划 Plan,实施 Do,检查 Check,处理 Action 四阶段)进行管理。

三、国际标准

ISO 即 International Standard Organization(国际标准化组织)。ISO 9000 即国际标准化组织制订的"质量管理和质量保证"系列标准。

竞争的加剧使企业对质量的要求也越来越严格,因此就要求采用效果更好更大的质量保证体系,不断改进和提高产品质量。

任何一个企业都想使自己的产品和服务满足用户的需求,所以要制订产品的规范和标准,企业可以据此组织产品生产。企业必须有一个健全的质量体系标准,用来补充完善对产品质量的要求。

1987 年,国际标准化组织汇集了各技术委员会的调研成果,形成了 ISO 9000 质量管理和质量保证体系。这一国际系列标准,包括 ISO 9000 ~ ISO 9004 共五个基本标准,概括说明了许多国家和地区如何解决标准规范和满足顾客需求的问题,并概括了将解决方案合理化的办法。

ISO 9000 系列标准自 1987 年公布后,被世界上许多国家纷纷采用,对世界经济贸易产生了巨大影响。欧共体自 1993 年 1 月 1 日起对进入欧共体统一大市场的产品实行统一标准,以是否贯彻 ISO 9000 系列标准为前提检查销往欧共体的产品,而且还要考察生产企业的质量保证体系,看是否采用了 ISO 9000 系列标准。因此,ISO 9000 系列标准已成为一种国际贸易通行证,无此通行证,企业产品质量再好也进不了欧共体统一大市场。到 90 年代中期,全球大多数出口商品生产厂家,都已按 ISO 9000 国际系列标准建立了质量保证体系。

我国也积极采用 ISO 9000 国际系列标准。1987 年 ISO 9000 国际系列标准公布后第二年即 1988 年 12 月,我国就公布了等效采用 ISO 9000 的我国国家标准 GB/TL0300 系列标准,又于 1992 年 10 月发布了等效采用 ISO 9000 系列标准的国家标准 GB/T 19000 系列标准。

第二节 质量管理的基本内容

一、贯彻质量第一的方针

贯彻质量第一的方针是企业质量管理工作的重要内容。因此,必须加强对职工进行质量第一的思想教育,使全体职工牢固树立质量第一的思想并落实到实际工作中去。企业要贯彻落实质量第一的方针,在实际工作中做好以下几方面工作。

1. 正确处理三个方面的关系 产量、质量和消耗这三方面关系是对立统一的,但在实际工作中企业往往重视产量和产值,忽视质量。这种把产量(产值)、质量和消耗对立起来的思想,显然是错误的。要正确处理这三个方面的关系,把它们统一起来,在保证产品质量的前提下,努力提高产量,降低劳动消耗。

2. 克服两种倾向 两种倾向是指"质量唯一,不惜工本"的倾向与"质量过得去就行"的倾向。质量第一并非质量唯一,应当在保证产品质量前提下,兼顾其他方面的要求。所谓"质量过得去就行"是指满足于产品质量达到规定的质量标准。产品质量达到规定的质量标准只是最起码的要求,应以用户满意为最终目标。

3. 树立三种思想 贯彻质量第一的方针,应树立如下三种思想。

(1)树立下道工序是用户的思想。企业的生产活动是一个完整的有机整体,与各部门、单位和个人的工作都有密切联系。为了保证产品质量,企业职工必须树立下道工序是用户的思想,尽量做好本职工作,为下道工序提供良好的产品和服务。

(2)树立"产品质量是设计制造出来的,不是检查出来的"思想。企业必须通过市场调查来了解用户需求,通过产品设计来体现用户要求,通过产品制造来实现用户的要求。但是这不是轻视或否定产品质量检验工作,没有检验,就不能判断设计工程是否体现了用户需求,制造工程是否实现了设计要求;没有检验就不能判断工程质量满足产品质量标准的程度。

(3)树立质量管理是每个职工的本职工作的思想。产品质量与企业每个职工的工作都有关系,产品质量的高低,是每个职工的工作质量的综合体现。

二、设计工程质量管理

任何产品的生产都是从设计工作开始的,产品质量能否满足用户的需求,首先取决于设计工程质量,如果设计工程质量不好产品就会先天不足,将造成无穷的后患。设计工程质量管理的主要内容是确定设计质量目标、规定工作标准和进行职工培训。

1. 设计质量目标的确定 确定产品设计质量目标时,首先要对用户的要求进行调查和分析,使之能满足用户要求;另外,还要考虑企业生产费用支出情况,尽量减少生产费用支出。因此要对用户的要求和企业的生产费用进行综合分析,确定一个最佳水平的产品设计质量目标,即既能满足用户要求,又能使企业生产费用达到最小的设计质量目标,如图8－1

所示。

由图 8-1 可知,提高设计质量,就会受到用户欢迎,因此,购买该产品的消费者多,企业销售收入增加。但是,当设计质量提高到一定程度时,企业的生产费用会增加很多,因此产品价格提高,此时购买者减少,企业销售收入降低,生产费用的增加与销售收入的提高开始不成比例。因此,应该找出一个最佳水平的产品设计质量目标,如图 8-1 中的 A 点。

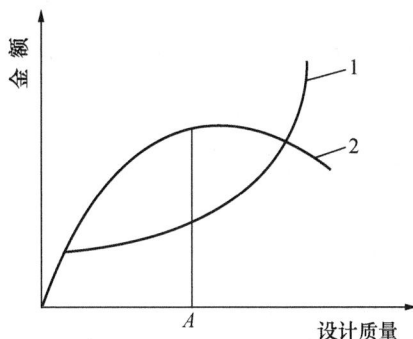

图 8-1　设计质量目标
1—生产费用曲线　2—销售收曲线

2. 规定工作标准　当产品设计质量目标确定以后,须寻求实现目标的方法。实现目标的有效方法是规定工作标准,即实现工作标准化。所谓实现工作标准化是指对与实现目标有关系的工作都规定一定标准,如果这些工作达到规定的工作标准,产品的设计质量目标就能实现。

3. 职工培训　在设计质量目标和实现这个目标的工作标准确定以后,还应使职工了解目标,掌握标准,因此要对职工进行培训,将设计要求和具体做法对职工讲解。

三、制造工程质量管理

产品质量能否达到设计质量要求,主要取决于制造工程质量管理。制造工程质量管理的基本任务就是全面控制在制造过程中影响产品质量的因素,使它们经常处于规定的标准状态。

在产品制造过程中,影响产品质量的主要因素有:原料、设备、工艺、操作和生产环境,这些因素在制造过程中共同对产品质量起作用,称为质量因素。制造工程质量管理就是对这些质量因素进行管理和控制。

1. 原料质量管理　企业要保证产品质量,首先要加强原料质量管理,使供应的原料始终符合规定的质量标准。

2. 设备质量管理　选择适当的设备型号,加强设备的合理使用和维修工作,使它们经常处于良好的运转状态,是设备质量管理的重要内容。

3. 工艺质量管理　工艺质量管理的主要内容是合理确定工艺方案、加强工艺研究和严格工艺纪律等。工艺方案指产品加工方法,主要解决产品如何制造的问题。合理确定工艺方案是提高产品质量的重要途径。为了合理确定工艺方案,就必须用现代科学理论进行工艺研究,使之既先进又合理。为了使工艺方案得到落实,就必须执行工艺纪律,任何人不得随意变更工艺。

4. 操作质量管理　企业的产品质量与工人的操作水平和熟练程度有直接关系。要搞好操作质量管理,应做好三方面工作:一是对职工进行教育培训;二是制订合理操作规程并按规程进行操作;三是建立健全操作考核制度。

5. 生产环境质量管理 生产环境指生产现场状态,如车间布置、车间温湿度、清洁工作、光线、噪音和颜色等。生产环境的好坏,对产品质量和工人的身体健康有直接影响。

四、服务工程质量管理

1. 厂内服务工作 厂内服务工作又称生产服务工作,主要指企业内部的原材料供应和设备维修等项工作。另外如职工食堂、职工宿舍等都是服务工作。

2. 厂外服务工作 厂外服务工作又称用户服务工作或使用过程的质量管理工作。企业生产的产品出厂以后,还应当进行在使用过程中的质量管理,以便充分发挥产品功能和进行质量改进。

五、建立和健全质量保证体系

质量保证体系是保证产品质量长期稳定、不断提高的重要手段。它以保证和提高产品质量为目标,运用系统的原理和方法,把分散在各部门、各阶段、各环节的质量管理的职能组织起来,形成一个有明确任务、职责、权限,相互协调和促进的有机整体。质量保证体系涉及范围很广,由以下几个分体系组成。

1. 目标体系 建立健全目标体系并实行目标管理,对改善企业素质、提高产品质量、增强企业在国内外市场上的竞争力有着重要作用。

企业实行目标管理,首先要明确每个人的成果目标,然后以具体形式赋予每个人相应的权限,以使每个人都能在自我控制下进行工作,最后按照每个人取得的成果进行评价。通常把"制定目标→权力下放和自我控制→成果评价"称为目标管理周期。在整个目标管理周期中,各级领导人员要充分发扬民主,积极促进意见交流,并利用一切机会和方式来提高职工的积极性。至此,每个人的能力和智慧就会在上级领导下集中用于实现企业的目标。

2. 标准化体系 标准化体系是质量保证体系的重要组成部分,它是保证和提高产品质量的重要手段。标准和标准化是两个不同概念,有联系也有区别。标准是指对具有多样性和重复性的客观事物(包括物体、性能、能力、布局、状态、动作、方法、手续、责任、义务、权限、设想和概念等)在一定范围内作的统一规定,它是衡量客观事物的唯一尺度,也是工业企业进行生产和管理活动的依据。标准化是指制订标准、执行标准、检查标准和修订标准等一系列活动的总称。企业标准化工作与企业管理的关系十分密切,企业管理离不开标准化,而标准化的实现要靠企业管理。

3. 信息反馈体系 质量管理过程就是信息收集、分析、反馈和处理的过程。信息来源于生产实践,它又为控制生产实践提供依据,这就是信息反馈过程,如图8-2所示。

4. 职工培训体系 全面质量管理始于教育又终于教育,它是企业的一项战略任务,每个企业都必须认真抓好并抓出成效。实际工作中,要注意职工培训工作的经常性、普遍性和针对性,并做到正规化和多样化。

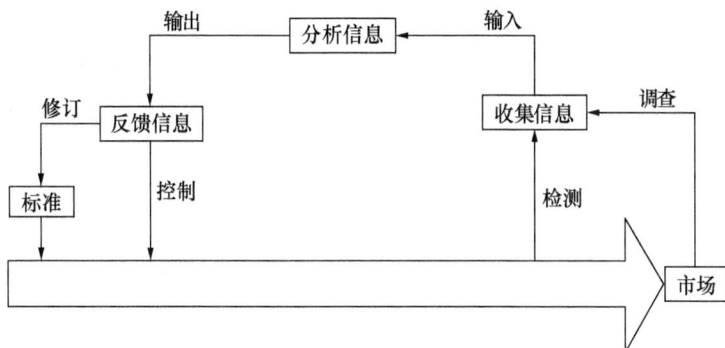

图 8 - 2 信息反馈体系

5. 组织保证体系 组织保证体系是实现质量目标的组织保证,每个企业应根据自己的具体情况(企业规模、管理体制等)建立和健全组织保证体系。对组织保证体系的基本要求是:结构精简、信息畅通、层次清晰、责任分明。通常,组织保证体系通常划分为三个层次,即厂部决策层、中间管理层、现场执行层。

第三节 质量控制方法

一、PDCA 循环工作方法

在全面质量管理工作中,普遍采用的 PDCA 循环工作方法有显著效果。它是把企业的质量管理工作分成四个阶段和八个步骤,并采用七种统计工具进行质量管理工作,如表 8 - 1 所示。

表 8 - 1　质量管理 PDCA 循环四个阶段,八个步骤及应用的工具

阶　段	步　骤		应用的工具
P(计划)	1	分析现场 找出问题	分类法 调查法 排列图 直方图 控制图
	2	分析问题原因	因果分析图
	3	找出主要原因	排列图 相关图 正交试验法
	4	研究措施 制订计划	要明确5W1H: 必要性(Why) 目的(What) 地点(Where) 期限(When) 负责人(Who) 方法(How)

阶　段		步　骤	应用的工具
D(执行)	5	执行措施计划	认真落实措施,严格执行计划
C(检查)	6	检查结果	排列图 直方图 控制图
A(处理)	7	总结经验	将成功的经验标准化,制订或修改各种工作标准或技术标准,将失败的教训形成戒律
	8	提出问题	提出遗留问题,转入下一循环解决

运用 PDCA 循环时,应注意:一定要按四阶段八步骤进行工作,有始有终,不可半途而废;从厂部、车间(科室)、班组到个人,都要按 PDCA 循环工作,使全厂围绕一个总目标一层一层解决问题;每通过一次循环,就要修订一次标准,改善效果,再进入下一个循环,使产品质量不断改善提高。

PDCA 循环有如下特点:

(1)PDCA 循环一定要顺序形成一个大圈,接着四个阶段不停地转,如图 8-3 所示。

(2)大循环套小循环,互相促进。把整个企业的工作作为一个大的 PDCA 循环,各部门的工作作为一个小的 PDCA 循环,一级带一级,大循环指导和推动着小循环,小循环又促进着大循环,有机地构成一个运转的体系,如图 8-4 所示。

(3)循环上升。PDCA 循环不是到 A 阶段结束就算完结,而是又要回到 P 阶段开始新的循环,这样不断旋转。PDCA 循环的转动不是在原地转动,而是每转一圈都有新的计划和目标。犹如爬楼梯一样逐步上升,使质量水平不断提高,如图 8-5 所示。

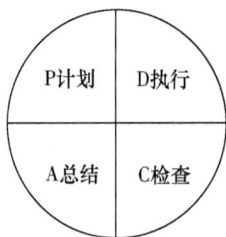

图 8-3　PDCA 循环　　　图 8-4　大循环套小循环示意图　　　图 8-5　PDCA 循环上升

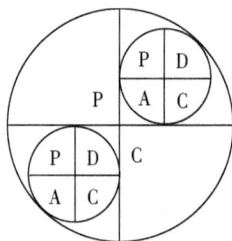

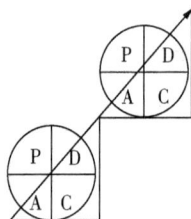

PDCA 循环实际上是有效地进行任何一项工作的合乎逻辑的工作程序。在质量管理中,PDCA 循环得到了广泛的应用,并取得了良好的效果。在解决问题过程中,常常不是一次PDCA 循环就能够完成的,一个循环解决了一部分问题,可能还有其他问题尚未解决,或者又出现了新的问题,需要将 PDCA 循环持续下去,直到全部解决问题。

二、质量控制的统计方法

在质量管理中应用统计方法进行质量控制已取得了显著的效果,它使企业的质量管理工作取得了主动权,使产品质量有了明显的提高。质量控制的统计方法是以概率论和数理统计的原理为基础,通过对总体随机取样所得到的数据,运用图表的形式,来揭示质量变异的情况,判断生产过程是否处于受控制状态,从而达到控制质量、预防疵品发生的目的。

统计质量控制方法以 1924 年美国的休哈特提出的控制图为起点,至今已有了很大发展,现在包括很多种方法。常用的统计管理方法包括控制图、相关图、排列图、直方图等。中级统计管理方法包括抽样调查方法、抽样检验方法、官能检查方法、实验计划法等。高级统计管理方法包括高级实验计划法、多变量解析法等。

本书着重介绍几种常用的质量控制统计方法。

(一)直方图法

直方图又称为频数分布图,是进行质量控制的有效方法,在生产中被广泛应用,并取得了良好的效果。

直方图的用途主要是根据图形的分布情况来判断工程质量状态,以便采取相应的措施。直方图的分布有如下两种情况。

1. 正常型直方图 正常型直方图表示工程质量处于规定的标准状态,不会产生疵品,如图 8-6 所示。

正常型直方图有如下特点:

(1)图形分布左右对称。

(2)图形分布中心与公差中心重合。

(3)图形分布范围与标准上下限之间有一定的余量。

2. 非正常型直方图 非正常型直方图表示工程质量状态已发生变化。因此,必须分析原因并采取适当措施加以解决,否则将会导致产生疵品或质量过剩。凡不具备正常型直方图的特点之一者,即为非正常型直方图,它有各种形状。

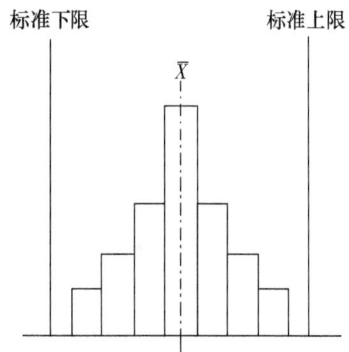

图 8-6 正常型直方图

例如,某纱线厂利用 FA507A 细纱机进行管纱成形,当钢领直径为 45mm 时,管纱直径 $D=42mm$,筒管直径 $d=18mm$,管纱成形角 $\alpha/2=14°37'$。现从生产批量中抽取 50 个样本对管纱成形角进行测量,测出的尺寸如下所示,试画出直方图。

解:

(1)收集数据。经测试获得管纱成形角的数据如下:

14°41′ 14°45′ 14°33′ 14°31′ 14°55′ 14°67′ 14°58′ 14°42′ 14°33′ 14°57′
14°55′ 14°67′ 14°58′ 14°42′ 14°33′ 14°67′ 14°45′ 14°33′ 14°31′ 14°55′
14°42′ 14°33′ 14°57′ 14°31′ 14°55′ 14°67′ 14°58′ 14°42′ 14°33′ 14°77′
… 14°28′

(2)计算平均数。

$$\bar{X} = \frac{\sum\limits_{i=1}^{n} X_i}{n} = \frac{14°41' + 14°45' + \cdots + 14°28'}{50} = 14°46'$$

(3)计算极差。

$$R = X_{max} - X_{min} = 14°77' - 14°25' = 52'$$

(4)确定分组组数 K 和组距 h。

K 取 8,则组距
$$h = \frac{R}{K-1} = \frac{52'}{8-1} \approx 7.5$$

(5)确定组的界限值。分组点的精度一般应比实验数据的精度多取一位小数,以防止有数据刚好落在分组边界上。

第一组的上界值 $= X_{min} - \dfrac{h}{2} = 14°25' - \dfrac{7.5'}{2} = 14°21.25'$

第二组的上界值 = 第一组的上界值 + 组距 $= 14°21.25' + 7.5' = 14°28.75'$

第三组的上界值 = 第二组的上界值 + 组距 $= 14°28.75' + 7.5' = 14°36.25'$

……

(6)作频数分布表(表8－2)。

表8－2　频数分布表

分　　组	频数计算	频　　数
14°21.25'～14°28.75'	//	2
14°28.75'～14°36.25'	///	…
14°36.25'～14°43.75'	///// /////	…
14°43.75'～14°51.25'	///// ///// ///// /////	…
14°51.25'～14°58.75'	///// ///// /	…
14°58.75'～14°66.25'	///	…
14°66.25'～14°73.75'	/	…

(7)画图,如图8－7所示。

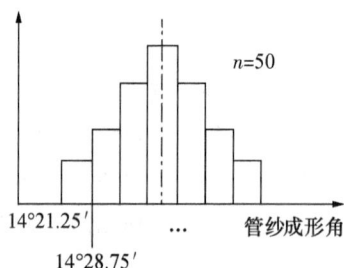

图8－7　管纱成形角直方图

直方图是从形态的角度,通过产品质量的分布反映工序的精度状况。通常是看图形本身的形状是否正常,再与公差(标准)做对比,做出大致判断。常见的直方图类型见表8－3的分析。

表8－3　直方图形状分析

(a)对称型	(b)偏向型(右)	(c)偏向型(左)	(d)双峰型
(e)锯齿型	(f)平顶型	(g)孤岛型	

(二)因果分析图法

因果分析图是以结果为特性,以原因作为因素,在它们之间用箭头联系表示因果关系。因果分析图由质量问题和影响因素两部分组成。图中主干箭头指向质量问题;主干枝上的大枝表示影响因素的大分类,一般为操作者、设备、物料、方法、环境等因素;中枝、小枝、细枝等表示诸因素的依次展开,构成系统展开图。

因果分析图法是一件充分发动员工动脑筋、查原因、集思广益的好办法,也特别适合于在工作小组中实现质量的民主管理。

如图8－8所示,某纺织机械加工厂在制造中发现加工的活塞杆出现弯曲现象,其原因可能产生于四大类因素:操作方法、所用材料、操作者和机器。每一大类因素可能又由若干

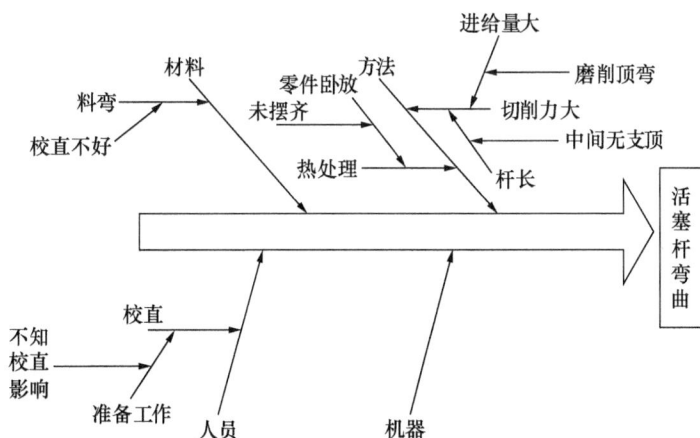

图8－8　因果分析图

个小因素组成。因此,在每一个大的分支下面再进行小的分支,以便找出所有的原因。

因果分析图法是从产生的质量问题出发,由大类因素开始找,一直展开到中因素、小因素直至找到最终原因。然后针对根本原因制订和采取有效的对策。显然,因果分析图法是一种系统分析方法。

(三) 控制图法

控制图又称管理图,是进行质量控制的有效工具。企业根据控制图提供的信息对工程质量状态作判断,以便对工程质量进行控制。

1. 控制图上点子的分布特点 控制图上点子的分布情况反映了工程质量状态,正常情况下,控制图上点子的分布具有以下特点:

①没有点子超出控制界限;

②点子在中心附近上下随机排列。

如果在控制图中点子分布出现下列情况之一者,就说明工程质量状态发生了变化,必须分析原因采取措施:

①有点子超出控制界限;

②有若干点子连续地出现在中心线一侧;

③有若干点子连续上升或下降;

④点子在中心线一侧多次出现;

⑤点子远离中心线。

2. 控制图的基本原理 控制图的基本原理是正态分布的理论。正常型直方图中,如果测试的数据趋向无穷大,而分组的组距趋向无穷小,则正常型直方图变成一条光滑的曲线,该曲线称为正态分布曲线,如图8-9所示。

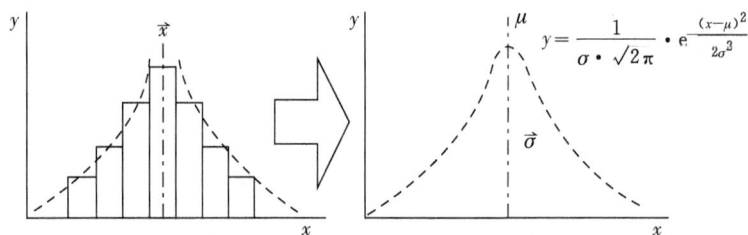

图 8-9 正态分布曲线

正态分布曲线数学模型如下:

$$y = \frac{1}{\sigma \cdot \sqrt{2\pi}} \cdot e^{-\frac{(x-\mu)^2}{2\sigma^2}}$$

式中:σ——正态分布总体均方差;

μ——正态分布总体的平均值;

e——自然对数的底($e = 2.7128$);

x——随机变量。

正态分布曲线有以下特点。

①以平均值为轴左右对称。

②曲线与横轴围成的面积等于1,其中曲线与$\mu \pm \sigma$所围成的面积为68.28%;曲线与$\mu \pm 2\sigma$围成的面积为95.45%;曲线与$\mu \pm 3\sigma$围成的面积为99.73%。也就是说,越靠近平均值,变量出现的概率越大,越远离平均值,变量出现的概率越小。在距平均值$\pm 3\sigma$范围内变量出现的概率为99.73%,在此范围外的概率仅0.27%。据此特点,在总体中抽取有限个数据时(如50个或100个),有数据落在$\mu \pm 3\sigma$范围以外的可能性很小(为0.27%),于是就可以判断为工程质量发生了变化。这样判断的准确性为99.73%,判断的错误性为0.27%,这种判断的方法,叫千分之三法则。

③正态分布曲线位置由平均值μ确定,形状由σ决定。

3. 控制图的基本格式 控制图的基本格式如图8-10所示。

一般情况下,$CL = \mu$,$LCL = \mu - 3\sigma$,$UCL = \mu + 3\sigma$。

这种采用平均值加减三倍标准偏差来确定控制上下限的方法,称为3σ法。

(四)相关图法

相关图又称散布图,它是分析变量之间相互关系的有效工具。在质量管理工作中,常遇到两种变量之间存在一定关系,但这种关系又不是很确定的,这种变量之间不确定的关系称为相关关系,研究变量之间关系的方法主要有经验估计法和相关图法。

图8-10 控制图的基本格式
UCL—控制上限 LCL—控制下限
CL—中心线

1. 经验估计法 经验估计法是根据生产实际经验来判断变量之间是否存在相关关系的方法。例如:据生产经验可知,产品质量与原料质量有关,产品产量与设备运转速度有关。

2. 作图法 作图法是用相关图来表示变量之间的相互关系。例如,经测试测得如下相应数据:

x_i	x_1	x_2	...	x_n
y_i	y_1	y_2	...	y_n

将这些数据用点标在坐标纸上就是相关图,如图8-11所示。图8-11中横坐标表示自变量,纵坐标表示因变量,可根据相关图上点子的分布状况,判断变量之间相关程度与相关类型。

如果相关图上的点子分布有明显的规律性并且非常集中,就说明变量之间相互关系极密切,称为强相关,如图8-11(a)和图8-11(d)所示。如果相关图上点子分布有一定规律

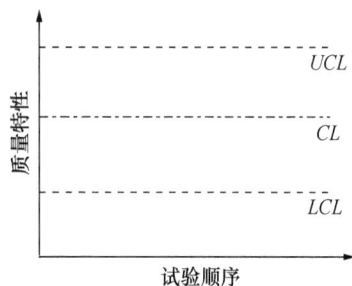

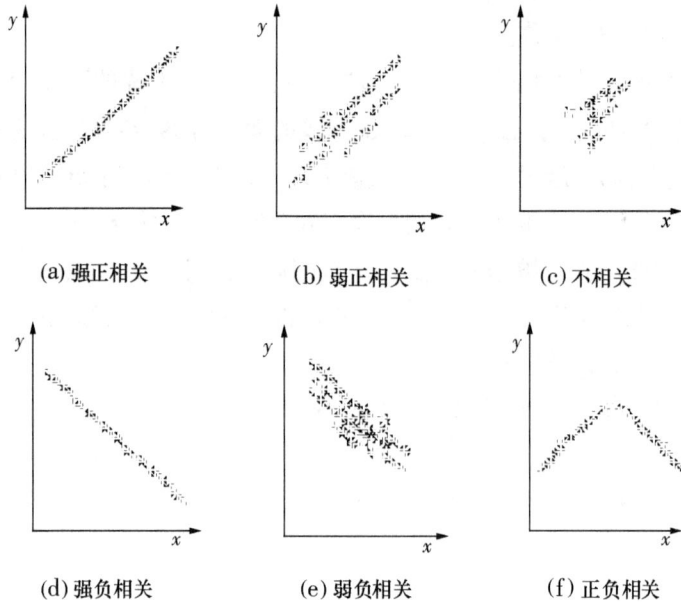

(a) 强正相关 　　　　(b) 弱正相关 　　　　(c) 不相关

(d) 强负相关 　　　　(e) 弱负相关 　　　　(f) 正负相关

图 8 - 11　相关图类型

性,但点子分布散,说明变量之间相互关系不够密切,称为弱相关,如图 8 - 11(b)和图 8 - 11(e)所示。如果相关图上点子分布没有规律,就说明变量之间没有相关关系,如图 8 - 11(c)所示。如果点子分布如图 8 - 11(f)则变量之间称为正负相关。

据相关图上点子的分布状况,还可判断变量之间的相关类型。如果自变量 x 增大,因变量 y 也增大,称为正相关;若 x 增大,y 随之减小,称为负相关。正负相关指一定范围内,自变量 x 增大,因变量 y 增大,但超过一定范围后,x 增大,y 却减小。

思 考 题

1. 提高质量的意义是什么?
2. 说明质量管理、质量控制与质量体系之间的关系。
3. 什么是全面质量管理? 有哪些特点?
4. 什么是 PDCA 循环? 有哪些特点? PDCA 循环的应用有哪些步骤?

课外阅读参考书目

[1]陈荣秋,马士华. 生产运作管理[M]. 北京:机械工业出版社,2006.

[2]吴卫刚. 纺织企业与 ISO 9000 质量认证[M]. 北京:中国纺织出版社,2007.

第九章　物流管理

●━━━ 本章知识点 ●━━━

1. 企业物流活动的构成和企业物流管理的具体要求。
2. 物料消耗定额、物料储备定额的制订方法。
3. 物料采购计划的编制步骤。
4. 最佳采购批量和订货次数的计算公式和计算方法。
5. 物料管理的 ABC 分类法。
6. 仓库管理的主要任务。
7. 销售物流的主要环节和管理原则。

第一节　企业物流的构成与要求

物流是指物品从供应地向接收地的实体流动过程,它要保证把在数量、质量和成本上符合要求的原料、人员、运营能力和信息在合适的时间内到达合适的地点。物流活动分为基本活动和支援活动,前者包括运输、保管、装卸、包装以及物流基础设施活动等,后者指流通加工和信息活动。根据物流运动所处的不同阶段,工业企业的物流可以分为供应物流、生产物流、销售物流以及回收和废弃物流,具体活动如图 9-1 所示。

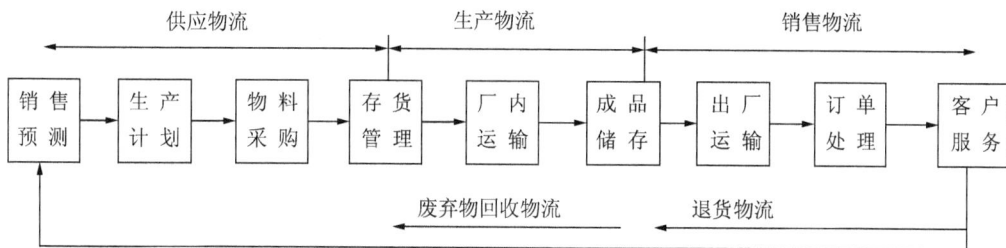

图 9-1　企业物流的内容

为了达到以最低的物流成本取得用户满意的服务水平的目的,对物流活动进行相关的计划、组织、协调与控制的活动就是物流管理。加强企业的物流管理,对降低物流费用、缩短生产周期、快速响应市场需求、提升企业的经济效益都具有重要作用。

物流管理对各环节的具体要求如下。

首先,在物料采购环节上,要坚持择优采购原则。综合考虑供应渠道、供货厂商、采购批量、运输方式、付款条件等多项因素。企业物料采购部门应在充分掌握情况和资料的基础上,拟订多项方案,经充分的评价论证后,进行决策。最终使所采购的物料达到质量令人满意、数量恰当、时间保证、价格合理的水平。

其次,在物料仓储环节上,要坚持物料入库应验收,把好数量、质量和单据填制关;物料保管要科学,即摆放科学、数量准确、质量不变;物料发放要合理,即做到发料有据,手续齐备,并坚持先进先出。

第三,在物料加工环节上,应当使前后工序在时间上紧密衔接,在保证充分利用工时和设备的条件下,使产品的生产周期尽量短;同时,加强工序质量控制,一旦发现工序质量有异常波动,立即查明原因,及时调节状态,防止质量事故发生;还要改进工艺,加强管理,努力降低物料消耗,并注重废旧物料的回收利用。

第四,在成品库存环节上,由于库存资金占用量大,因此要加强库存控制,提高库存效益,即在提高服务水平的条件下,使库存成本和缺货成本之和降至最低。对市场需求的科学预测和对供应链库存的一体化管理都是重要的库存控制方法。

最后,在销售环节上,必须加强市场研究并进行需求预测;根据市场战略和物流战略规划物流网络布局,设计销售物流方案,尽量以最快的速度,将产品分销到顾客手中。

为了能使企业专注于核心业务,第三方物流正成为越来越多的企业的选择。企业应在比较物流外包和物流自营的优劣势的基础上,选择外包和自营的物流项目。

第二节　采购与库存管理

一、物料定额

(一)物料消耗定额

物料消耗定额是指在一定的生产技术和组织条件下,为制造单位产品或完成单位工作量所规定的必须消耗的生产物料数量标准。它是编制物料采购计划的依据和考核物料消耗的标准。

1. 物料消耗定额的构成　物料消耗定额构成包含如下几方面。

(1)有效消耗。有效消耗是指构成产品(或零件)实体的物料消耗,这部分消耗是构成物料消耗定额的主要部分。

(2)工艺性损耗。工艺性损耗是指在加工准备过程和加工过程中不可避免的损耗。

(3)非工艺性损耗。非工艺性损耗是指除工艺性损耗以外的其他合理性损耗,如合理的运输、装卸损耗,合理的保管损耗和不可避免的废品损耗等。

2. 物料消耗定额的制订方法　可根据如下几种方法制订物料消耗定额。

(1)经验估计法。经验估计法是根据技术人员、管理人员和生产工人的实践经验,参考有关技术文件和产品实物,结合企业在计划期内生产技术条件的变化来制订物料消耗定额的方法。这种方法比较简便易行,但准确性比较差。

（2）统计分析法。统计分析法是根据过去生产中物料消耗的统计资料,经过分析研究,结合企业计划期内生产技术条件的变化来制订物料消耗定额的方法。这种方法比较简便易行,并且有一定的统计资料为依据,具有一定的科学性。但这种方法往往受到不正确统计资料的影响,从而影响定额的准确性。

（3）技术测定法。技术测定法是根据工艺设计的要求,结合企业的生产条件,通过技术测定和计算来确定物料消耗定额的方法。这种方法比较准确,但工作量比较大。

3. 工业企业物料消耗定额的制订

（1）制订原料消耗定额。工业企业的原料是构成产品实体的物质基础,原料费用占产品成本的比重也较大。因此,合理制订原料消耗定额十分重要。

企业的生产过程是一个系统,在这个系统中输入的是原料,经过系统内部加工转换,输出的是产品,如图9-2所示。

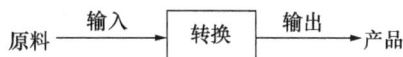

图9-2　生产过程示意图

从投入原料和产出产品的关系来看,投入量并不等于产出量,因为在加工过程中还有下脚和废料等,如在机械加工过程中有切屑,纺纱过程中有落棉和落杂等。在生产系统中的各子系统(工序)的投入量也不等于产出量。这里就有一个制成率的问题。制成率是指产出量占投入量的百分比,其表达式如下。

$$制成率 = 产出量 / 投入量 \times 100\%$$

$$投入量 = 产出量 / 制成率$$

$$产出量 = 投入量 \times 制成率$$

总制成率是指最终成品的累计制成率。各工序的累计制成率是指该工序对原料的制成率,即到本工序为止各工序的制成率的累计数。其计算公式如下:

$$本工序累计制成率 = 本工序制成率 \times 上工序累计制成率$$

（2）制订其他物料消耗定额。在产品生产过程中,除了要消耗原料以外,还要消耗一定数量的其他物料。如辅助材料(包装料、机物料等)、燃料和动力等。因此,还需要制订这些物料的消耗定额。由于这些物料的费用所占产品成本的比重不大,并且计算工作比较复杂,通常是采用经验估计法或统计分析法来制订消耗定额。

(二)物料储备定额

物料储备定额是指在一定的生产技术组织条件下,为保证生产正常进行和加速流动资金的周转所必须储备的物料数量。物料储备定额按其作用划分,可分为经常储备定额、保险储备定额和季节储备定额。

1. 经常储备定额　经常储备定额是指在相邻两批物料进厂的间隔期内,为保证生产正常进行所必须储备的物料数量。这种储备随着生产的进行处在不断的变化之中,当一批物料进厂时,物料储备达到最高数量,随着生产不断消耗,在下一批物料进厂之前,物料储备降低到最低数量,其计算公式如下。

$$经常储备定额 = (供应间隔天数 + 验收入库天数 + 用前准备天数) \times 平均每天需要量$$

式中:供应间隔天数——指相邻两批物料到厂的间隔天数;

　　　验收入库天数——指物料到厂时进行验收入库的天数;

　　　用前准备天数——指物料在投入生产之前需要进行试验、化验和为了达到一定的生产
条件对物资进行某种处理(如给湿、烘干等)所需要的天数。

$$平均每天需要量 = 全年计划需要量 / 全年日历天数$$

2. 保险储备定额　保险储备定额是指在物料供应工作中发生意外情况时(如运输误
期、交货脱期和退货等),为了保证生产正常进行所必须储备的物料数量,其计算公式如下。

$$保险储备定额 = 保险天数 \times 平均每天需要量$$

式中:保险天数——一般是根据过去误期到货的统计资料来确定的,其计算公式如下:

$$平均误期天数 = \frac{\sum 误期天数 \times 误期入库数量}{误期入库数量总和}$$

式中:误期天数——某批物料供应间隔天数超过平均供应间隔天数的时间。

3. 季节储备定额　季节储备定额是指某种物料的供应因受到季节性影响所必须储备
的数量,如某些农副产品的生产具有季节性,依靠河道运输的物料受到冬季河道冰冻的影响
等。季节储备定额的计算公式如下:

$$季节储备定额 = 季节储备天数 \times 平均每天需要量$$

企业在制订物料储备定额时,凡是已经建立季节储备定额的物料,在该季节内就不需要
再建立经常储备定额和保险储备定额。

通过以上物料储备定额的确定,可得到物料的最高储备定额和最低储备定额,其计算公
式如下。

$$最高储备定额 = 经常储备定额 + 保险储备定额$$

$$最低储备定额 = 保险储备定额$$

二、物料采购计划的编制

(一)确定物料需要量

物料需要量是指完成生产任务所必需的物料数量。它是按照物料的作用不同,根据生
产任务和物料消耗定额分别加以确定的。

$$某种物料需要量 = 计划产量 \times 物料消耗定额 \pm 期末期初在制品物料消耗量$$

$$在制品物料消耗量 = 在制品盘存量 \times 在制品物料消耗定额$$

(二)确定物料储备量

物料储备量是指某种物料的期末储备量和期初储备量。

$$期末储备量 = 最高储备定额$$

$$期初储备量 = 编制计划时的库存量 + 计划期初预计到货量 - 计划期初预计消耗量$$

(三)确定物料采购量

某种物料的采购量,是在综合考虑物料的需要量、储备量和废旧物料的利用等因素的基

础上加以确定。

$$物料采购量 = 物料需要量 + 期末储备量 - 期初储备量 - 可利用物资数量$$

(四) 编制物料平衡表

物料平衡表是对各种物料通过表格的形式进行综合平衡,其中包括物料的需要与供应的平衡、各种物料之间的平衡等。它是物料供应计划的重要组成部分。

三、物料采购批量

企业在确定物料储备定额时,主要是考虑订货间隔天数和平均每天需要量。在其他条件不变时,订货间隔天数越长,物料的储备量就越多,供应间隔天数越短,物料的储备量就越少。对于最佳采购批量和订货次数应从以下几个方面来考虑。

(一) 从生产方面考虑

企业总是希望有足够的物料储备,以保持生产的连续性,避免因物料供应不足所造成的损失,这种损失包括因缺货所造成的利润损失,生产成本提高而造成的直接损失和企业的信誉下降所造成的间接损失等。

(二) 从资金方面考虑

物料储存在仓库里,需要占用大量流动资金,还要产生附加损失。因此,从资金方面考虑,就要减少储存损失或持有损失,其中包括:①利息损失;②物料在储备中的损耗;③物料的陈旧和跌价损失;④仓库折旧费、修理费、通风照明费;房租、地租等费用损失;⑤仓库内的搬运费;⑥仓库管理费,如办公室折旧费、文具用品费、管理人员的工资等。

(三) 从采购方面考虑

物料从订货到进入仓库为止,需要各种费用,如订货手续费、通讯联络费、出差费、进货检查费等。这些费用通常与订货次数的多少有关系,而与一次订货数量的多少关系不大。因此,从订货方面考虑,希望订货次数越少越好,即每次订货数量越多越好。

以上三个方面的要求是相互矛盾的,所以就要正确处理这三个方面关系,寻求一个最佳的采购批量,即经济批量,在保证生产正常进行的前提下,使年度物料的总费用达到最小值。确定最佳采购批量的方法有数学计算法、表格法和图表法。进行数字计算法前,先假设一个理想的存储模型,如图9-3所示。

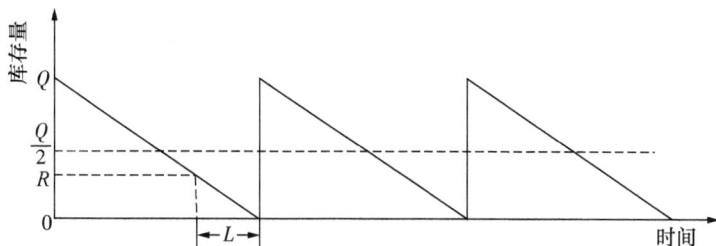

图9-3　物料存储模型

从图 9-3 可以看出,当时间为零时,物料储存量为 Q。随着生产的进行,陆续消耗物料,库存量呈线性递减,当库存量降到 R 时,采购部门以批量 Q 的数量去订购物料,并且要求在 L 天内送到,以保证生产正常进行。L 称为订货期间,它包括从发订货单到办理订货手续、运输和入库前的验收等全部时间的总和。R 为库存余量或订购点,其计算公式如下。

$$R = L \cdot g$$

式中:g——平均每天需要量。

现在的问题是如何确定订货批量 Q,使年度物料总费用达到最小。

年度物料总费用 = 年度物料费用 + 年度保管费用 + 年度订购费用

年度物料总费用也可用如下公式表示。

$$C = A \times m + \frac{Q}{2} \times H + \frac{A}{Q} \times P$$

式中:A——年度物料需要量;

m——物料单价;

H——单位物料年度保管费用;

P——一次订购费用;

Q——每次订购量;

C——年度物料总费用。

通常,A、m、H、P 都是固定不变的,因此,年度物料总费用 C 随一次订购量 Q 而变化。要使总费用 C 达到最小,用微分法:

$$\frac{\mathrm{d}C}{\mathrm{d}Q} = \frac{H}{2} - \frac{A \times P}{Q^2} = 0$$

则:

$$Q_0 = \sqrt{\frac{2A \times P}{H}}$$

式中:Q_0——最佳采购批量。

经济批量也可用表格法和图表法求得。

四、ABC 分析法

企业生产所需要的物料品种繁多,而且每种物料所占用的资金差异又很大。为了管理好各种物料、抓住物料管理工作的重点、不断提高物料管理工作的经济效益,就需要按照 ABC 分类方法,对各类物料进行分类排队。根据物料品种的多少和占用资金的多少为标准进行分类,把全部物料分为 ABC 三类,把那些品种很少而占用资金很多的物料,称为 A 类物料;把品种很多而占用资金很少的物料,称为 C 类物料;介于 A 类和 C 类之间的物料,即品种比 A 类物料多、比 C 类物料少,占用的资金比 A 类物料少、比 C 类物料多的物料,称为 B 类物料。通常的区分标准如表 9-1 所示。

表9-1　ABC分类标准

物料分类	占全部品种的百分比(%)	占全部资金的百分比(%)
A类	5~15	60~80
B类	20~30	15~25
C类	60~70	5~10

对于A类物料要重点加强管理,进行严格控制,尽量减少库存量,缩短订货周期,增加采购次数,加速流动资金的周转。对于B类和C类物料可适当放宽控制。

例如,某厂生产所需的物料品种、数量和单价等如表9-2所示。

表9-2　各种物料分析表

物料种类	年度需要数量(单位)	物料单价(元)	金额(元)	占总金额比例(%)	金额累计比例(%)
a	150	125	18 750	44.54	44.54
b	150	100	15 000	35.63	80.17
c	50	60	3 000	7.13	87.30
d	200	10	2 000	4.75	92.05
e	350	5	1 750	4.16	96.21
f	1 000	0.5	500	1.18	97.39
g	80	5	400	0.95	98.34
h	500	0.5	250	0.59	98.93
i	60	4	240	0.57	99.50
j	70	3	210	0.50	100.00
合计	—	—	42 100	100	—

根据表9-2可做各种物料分析图,如图9-4所示。

从表9-2和图9-4可知,a、b两种物料占全部品种的20%,占用金额的比例为80.17%,为A类物料。c、d、e三种物料占全部品种的30%,其金额占全部金额的16.04%,为B类物料,f、g、h、i、j五种物料占全部品种的50%,其金额占全部金额的3.79%,为C类物料。但是应注意,有些物料虽然金额不高,却是生产中的关键物料,也应归入A类物料,对其实行重点管理。

五、订购方式的确定

为提高企业的经济效益,对不同的物料应采取不同的订购方式。物料的订购方式主要有定期订购方式和定量订购方式。

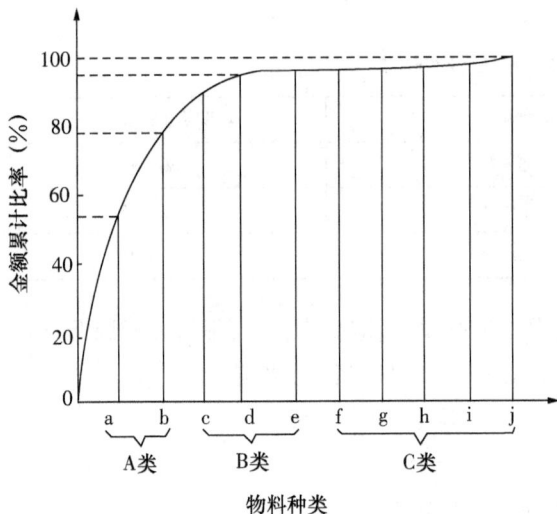

图 9 - 4 ABC 分析图

（一）定期订购方式

定期订购是指物料的订购时间是固定的,而每次订购的数量都是不固定的。在采用定期订购方式时,每次订购数量是不固定的,要根据当时的具体情况来决定,其计算公式如下:

$$订购量 = 最高存量 - 订购未交量 - 现有存量$$

（二）定量订购方式

定期订购是指每次订购的数量是固定的(通常按已计算的经济批量订购),但订购的时间是不固定的,一旦库存量降低到一定水平时,就进行订购。

不同的订购方式适用于不同的物料。定期订购方式要求对物料实行严格管理,每次订购都要根据实际库存量来决定订购量,做到既能保证生产需要又减少物料积压。这种订购方式适用于 A 类物料。定量订购方式比较简便,只要事先确定订购批量和订购点,每次订购就可按订购点和订购批量去订购。这种订购方式适用于 C 类物料。对于 B 类物料的订购方式,应视具体情况而定。对金额比较高的,可采用定期订购方式,但订购周期可比 A 类物料长一些,保险存量可比 A 类物料大一些。金额较小的 B 类物料可采用定量订购方式,但订购批量可比 C 类物料小一些,订购点和保险存量也可低一些。

第三节　仓库管理

本节的仓库管理是指物料仓库的作业管理。仓库管理的主要任务是:搞好物料的入库验收,做好物料的保管和发放,组织物料的回收和修旧利废等。

一、物料验收入库

物料验收是指在物料进库时,根据收料单据对物料的品种、数量和质量进行检验。它是保证入库物料符合合同规定、能够满足生产技术要求的必要手段,也是对物料进行合理保管和使用的重要前提。经验收无误后,物料才能入库,并要办理建卡、登账手续。如果在验收过程中发现物料品种、规格、数量、质量不符合规定时,应及时报告上级主管部门进行处理。

二、物料的保管和保养

对物料的保管和保养应注意如下几点要求。

1. 合理包装和存放　物料的包装和存放应做到排列整齐、标记明显,既便于提高仓库利用率,又便于发放和盘点。因此,在堆放物料时采取"五五化堆放",即以五或五的倍数堆放成行、成堆、成层、成包、成串、成捆,以便于过目知数、盘点迅速、发料方便。对于采取定量订购方式的物料,可采用"双堆法"或"三堆法"。"双堆法"是指将仓库中的物料分成两部分堆放,一部分是订购点储存量,另一部分是其余数量;在发料时先发放其余数量,当这部分发完时,就知道已到订购点了,应通知有关部门去订货。"三堆法"是指从上述订购点的数量中,再分出保险储备数量另行堆放,这样就更便于知道是否已用到订购点或保险储备量。

2. 账、卡、物三者相符　仓库的物料保管要做到账面存量、仓库料卡存量和实物存量三者相符。因此,首先要做好日常盘存工作,收发料时要及时登卡,及时核对料卡存量和实物存量。其次,做好定期清仓盘点工作,一般一个月到半年进行一次。在盘点时不但要查数量,而且要查质量,还要注意对呆滞物料的及时处理。最后,对不正常的物料亏耗,要查明原因,分清责任,定出措施加以改进。

3. 做好物料的维护保养工作　为使仓库物料保持完好无损,应按不同的物料要求,做好日常的技术维护和保养工作。物料的技术维护是指按照物料的特殊要求采取维护措施,以保持物料的特殊性能和价值,使其在使用时能正常地发挥作用。物料的日常保养主要是指日常的防火、防汛、防霉、防蛀、防锈、防烂、防爆、防鼠、防毒和防盗等工作。

三、物料的发放

物料的发放方法有领料制和送料制两种。领料制是指由物料的使用部门按计划、持凭证到仓库办理领料手续的物料发放制度。送料制是指仓库根据物料消耗定额和生产作业计划的要求,编制物料限额发料计划,并按此计划把物料直接送到生产班组或其他用料部门的物料发放制度。这种制度又称限额送料制。限额送料制是加强物料消耗定额管理、促进物料节约的重要制度。实行限额送料制度,有利于严格执行物料消耗定额;有利于物料部门掌握生产现场的物料使用情况,提高物料管理水平,使车间工人集中精力搞好生产。

第四节　销售物流管理

销售物流是企业在销售过程中,以实现企业销售利润为目的,将产品的实体转移给用户的物流活动,是产品从生产地到用户的时间和空间的转移。销售物流是储存、运输、配送等环节的统一。

一、销售物流的主要环节

1. 成品包装　包装是企业生产物流系统的终点,也是销售物流系统的起点。产品包装,尤其是运输包装对于销售物流过程具有重要的意义。对实体分配中包装形式的确定、包装材料和方法的选择,要充分考虑其便利性和成本费用问题,并要与实体分配的其他要素相适应,如不同的装卸方式、实际堆码的高度、商品特定、运输工具及运送距离等都对包装有不同的要求。

2. 产成品储存 产成品储存包括仓储作业、物品养护和库存控制。保持合理库存水平、及时满足客户需求、避免缺货是产成品储存最重要的内容。

3. 订单处理发送 订单处理包括接收、查核、记录、整理、汇集订单和准备发运商品等工作。订单处理每一环节所用的时间及工作质量都直接影响着货物分配的效率和对顾客的服务水平。企业为客户提供的订货方式越方便、越经济,就越能影响客户。

4. 运输装卸搬运 企业的产成品都要通过运输才能到达客户或消费者指定的地点,而运输方式的确定需要参考产成品的批量、运输距离、地理条件等。在各种销售运输方式中,配送是一种较先进的形式。

运输和仓储都离不开装卸、搬运,其基本内容包括商品的装上、卸下、移动、分类、堆码等。装卸次数的多少、装卸质量的好坏对销售的成本影响很大。标准化的装卸搬运将使供需双方共同受益。

二、销售物流管理的原则

1. 系统化原则 物流管理的实质是进行成本控制,核心是提高物流服务水平。物流管理领域中各个要素又是互相制约的,企业应制订合适的物流服务标准,并从优化整个物流系统的成本的角度来做物流决策。在销售物流领域中也存在效益背反现象,即一个物流元素成本下降就伴随着另外一个元素成本的上升,例如减少运输的次数,必然是带来仓储费用的增加。所以必须加强各部门之间的协调,对各种物流职能实施一体化管理,而不能仅考虑降低个别职能的成本。

2. 物流和商流分开原则 商流一般包括商务谈判、订单接受、广告及促销等活动,有很大的灵活性。而物流则不同,物流要在适当的时间内把适当的产品或服务送达一定的地方,有很强的计划性。物流和商流在时间上和地点上是分离的,也可以利用委托运输来压缩固定费用开支、提高运输效率从而大幅度节省运输费用。在信息化时代,随着网上业务的发展,这种趋势更加明显,更能证明商流和物流分离的价值。

3. 输送和配送相结合原则 货物的实体转移成本在整个物流成本中占有很大的比重,在进行销售物流管理时要根据转移的距离和转移的数量设计不同的运输方案,处理好输送和配送的关系。输送和配送的区别如表 9-3 所示。

表 9-3 输送与配送的区别

内 容	输 送	配 送
运输性质	干线运输	支线运输、区域内运输、末端运输
货物性质	少品种大批量	小批量多品种
运输工具	大型货车或铁路、水路运输	小型货车
管理重点	效率优先	服务优先
附属功能	装卸、捆包	装卸、保管、包装、分拣、流通加工、订单处理等

4. 差别化原则　要根据商品周转的快慢和销售对象规模的大小实行物流的差别化管理,以便有效地提高物流运作效率。例如对周转周期较长的产品应尽量集中保管,对周转周期短的产品宜实施分散保管。对销售量大的产品要搞好输送,对销售量小的则应搞好配送以节约成本。

思 考 题

1. 什么是物料消耗定额?物料消耗定额有哪几种制订方法?

2. 一超市公司每年需采购某商品10 000件。该商品的单位进价是16元,每次订货成本是100元,每件商品每年的保管成本是8元。该商品的经济批量、每年的总库存费用、每年的订货次数和每次订货之间的间隔时间分别是多少?

3. 什么是物料管理的ABC分析法?

4. 简述销售物流管理的原则。

课外阅读参考书目

[1]《MBA必读核心课程》编写组.现代物流管理[M].郑州:郑州大学出版社,2004.

[2]董雅丽,杜漪.现代企业物流管理[M].兰州:兰州大学出版社,2005.

[3]孙明贵.物流管理学[M].北京:北京大学出版社,2002.

[4]孙明贵.采购物流实务[M].北京:机械工业出版社,2004.

第三篇 营销管理

第十章 市场调查、预测与分类

> **本章知识点**
>
> 1. 市场调查、市场预测的概念及内容。
> 2. 市场调查通常采取的步骤。
> 3. 市场调查可以采取的各种方法。
> 4. 市场预测可以采取的各种方法。
> 5. 市场具体分类及相关购买行为。

第一节 市场调查的概念、内容和步骤

一、市场调查的概念

市场调查是以市场为对象,用科学的方法,系统地收集和整理有关市场营销的信息和资料,并予以分析研究的过程。市场调查是认识市场、获取市场信息的途径,是开展市场预测的前提,是经营决策的基础,是制订计划的依据,也是改善经营管理的工具。

二、市场调查的内容

1. 市场环境调查 市场环境调查主要是指对影响企业市场营销的宏观因素进行调查,如政策法令调查、经济状况调查、社会文化人口调查、自然科技环境调查和竞争状况调查等。

2. 消费者行为调查 消费者行为调查是指了解消费者对企业经营的各种商品的需求数量及其对品种、规格、价格、服务等方面的要求,了解消费者的购买动机及购买习惯的变化,掌握消费者的需求心理,了解消费者对企业营销策略的反映及其对企业和产品的满意程度等。

3. 商品销售调查 商品销售调查即了解企业销售量及销售效果,分析企业销售额及各种商品销售量变化趋势及原因。商品销售调查可以使企业掌握企业的市场占有率变化情况,了解销售渠道及价格的合理性,了解市场商品的价格变化趋势,了解采购、运输、储存情况以保证合理的库存和适时地订货。

4. 广告及其促销效果的调查 这一类调查主要是针对广告的目标、设计、媒体及效果等进行调查。广告目标调查是通过对商品特点及消费者需求的调查,确定广告的目标和重

点;广告设计调查是了解消费者对广告的文字图案、色彩等方面的要求;广告媒体调查是了解各种广告媒体的特点及所触及的消费者范围;广告效果调查是了解广告成本、接收率及广告的促销效果,以评比广告的实际效果。

三、市场调查的步骤

市场调查是一项非常复杂而又艰巨的工作,必须有步骤、有准备、有计划地进行。一般市场调查有以下几个步骤。

1. 确定调查的目标　确定市场调查的目标就是要确定所需研究和解决的企业经营中的具体问题。企业在调查前必须确定为什么要进行调查,调查要了解什么问题。企业须掌握市场信息资料对企业的生产经营作用如何,以避免无目的地调查。

2. 拟定调查项目　为了达到调查目标,需要根据所需信息和资料的内容来拟定调查项目,但应当注意,一些不能取得的资料、收集代价高而作用小的资料、无关的资料等不应列入调查项目。

3. 合理确定调查对象　企业通过分析,确定调查的主要对象和次要对象,以分清轻重缓急。既要有对重点对象的调查,又能顾及对一般对象的了解。

4. 决定调查地点　调查地点的确定要兼顾调查项目的需要和经济性两个方面的因素。

5. 选择调查方法　根据调查目标、项目、对象、地点等条件合理地选择调查方法。

6. 信息资料的归纳和分析　对收集到的原始资料加以处理,并进行分类、编号,制成各种统计表或图,然后进行详尽的分析,得出结论,并做出书面报告。

第二节　市场调查方法

一、询问法

询问法是采取询问的方式获得所需的资料,在市场调查中是比较常用的方法。

(一)外出访问

外出访问是指企业组织受过专门训练的市场调查团队外出,对调查对象进行面谈调查。外出访问又可以分为入户访问和拦截访问。

入户访问主要是调查人员进入被调查对象的家中或者单位进行调查的一种形式,因为是面对面的私下形式,使被访者在一个自己感到熟悉的环境里接受访问,因此能够获得较高质量的数据,被认为是最佳的访问方式。

拦截访问,是指在超市、百货商店和旅游景点等交通便利、人流量较大的地方对行人进行随机访问的形式。访问者在确定了访问对象以后,通过事先准备好的问题迅速地展开对调查对象的访问。这种形式随机性较强且成本较低,也是被广泛采用的一种调查方式。

(二)电话调查

电话调查是由调查人员运用电话询问的方法来征求被调查对象的意见的一种调查方

法。电话调查因为成本低,辐射范围较广,因此常用于样本数量多、调查内容较简单、易让人接受的一些调查。但同时因为难以深入调查,调查时间较短,所以难以判断信息的准确性和有效性。

(三)邮寄调查

邮寄调查是指将事先设计好的问卷以邮寄的形式送达给被调查者,请调查者按照规定的要求填好、在规定的时间内将问卷寄回的一种调查方式。邮寄调查的专业性和标准性较强,同时又具有广泛性和针对性,在市场调查中也是一种常用的方法。该调查方法没有地域限制,成本较低,而且调查对象具有充裕的时间,回答较客观。缺点是回收率较低,时间耗费较长,调查对象本身素质的限制使问卷的质量难以控制。

二、观察法

观察法是通过人眼或摄录仪器,对被调查者进行实地考察、记录原始数据的一种调查方式。观察调查是一种有针对性的调查活动,通常是隐秘的近距离的观察,所获取的资料相对来说比较真实可靠。比如在考察服务行业的服务态度的时候,通过该种方法可以考察到服务人员的服务质量和消费者对于服务的反应。观察法一般分为人员观察法和仪器观察法。仪器观察法的技术发展较快,常用的有心理测试仪、透视镜研究、瞳孔测试、电子扫描等方式。

观察法具有真实自然、成本低见效快、简单易行、灵活性较强的优点。缺点是调查资料较原始,通常体现为表象特征,具有时空局限性,同时也牵涉个人隐私等法律问题。

三、实验调查法

实验调查法就是通过小规模的销售活动来测试某种产品或某一项营销措施的效果,以确定企业市场营销策略的一种方法。实验法与其他调查方法的不同在于对调查环境的控制程度不同。在实验中,一个变量是受到控制的,它对于其他变量的影响是受到度量的,而其他所有可能会使这种关系变得复杂的变量都被清除或者是受到了控制。

此方法应用范围较广,凡是要改变与产品销售有关的因素,如品种、质量、装备、包装、式样、价格、广告等,都可用此方法了解用户反应,确定其改变是否合适和有效。该方法的优点在于结果具有客观性和实用性,过程具有可控性和主动性,调查资料的精度较高;缺点在于可变因素难以掌握,时间周期长,风险大,费用高。

四、网络调查

网络调查,是指通过网络对有关产品或服务的市场信息进行有组织、有系统的收集、调查、记录、整理和分析的调查方式。网络调查是随着互联网的兴起而产生的,随着网民规模的不断增加,网络调查越来越被人们看好,已经发展成为一种快捷有效的调查方法。

(一)网络调查的方式

网络调查的方式主要分为网络直接调查和网络间接调查两类。

1. 网络直接调查　网络直接调查是指为特定的目的在互联网上收集第一手资料或原始信息的过程。直接调查的方法有四种：观察法、专题讨论法、在线问卷法和实验法。这里主要介绍网上使用最多的专题讨论法和在线问卷法。

（1）专题讨论法。专题讨论法可通过 Usenet 新闻组、电子论坛（BBS）或邮件列表讨论组进行，其主要步骤是：确定目标市场；确定要讨论的具体主题；登录相应的讨论组，通过过滤系统发现有用的信息，或创建新的话题让大家讨论，从而获得有用的信息。

（2）在线问卷法。在线问卷法指企业或者专业的调查公司在网站上要求浏览该网页的网民参与到企业组织的调查中来。具体做法是：向相关的讨论组邮去简略的问卷；在自己的网站上放置简略的问卷；向讨论组送去相关信息，并把链接指向放在自己网站上的问卷。

需要注意的是，在线问卷不能过于复杂、详细，否则会使被调查者产生厌烦情绪，从而影响调查问卷所收集数据的质量；可采取一定的激励措施，如提供免费礼品、抽奖送礼等。

2. 网络间接调查　网络间接调查指的是网上二手资料的收集。二手资料的来源有很多，如出版物、图书馆、行业协会、专业调查公司、媒体等，其中许多组织都已在互联网上建立了自己的网站，访问这些网站可以获得各种各样的信息。同时通过许多综合型 ICP 和专业型 ICP（互联网内容提供商）以及搜索引擎，可以十分方便地收集互联网上的二手资料。

互联网上虽有海量的二手资料，但首先必须熟悉搜索引擎的使用，其次要掌握专题型网络信息资源的分布，才能找到自己需要的信息。

网络间接调查主要有三种途径：利用搜索引擎；访问相关的网站，如各种专题性或综合性网站；利用相关的网上数据库。

（1）利用搜索引擎。搜索引擎使用自动索引软件来发现、收集并标引网页，建立数据库，以 Web 形式提供给用户一个检索界面，供用户以关键词、词组或短语等检索项查询与提问匹配的记录，成为 Internet 网上最突出的应用。如 google. com, baidu. com 等。

（2）访问相关的网站收集资料。如果知道某一专题的信息主要集中在哪些网站，可直接访问这些网站获得所需的资料。

（二）网络调查的优缺点

网络调查具有较低的成本和较高的效率，统计效果明显，结果较真实，周期较短以及调查不受时间和地理的限制的优点。缺点在于样本数量难以保证，被调查者的身份信息不确定，信息容易失真等。

第三节　市场预测的概念、内容和步骤

一、市场预测的概念

市场预测就是运用预测的理论和方法，对市场调查资料进行分析、研究，寻找市场的发展规律，并以此去推断未来市场的发展前景，从而为企业确定营销目标和营销市场提供依据。

二、市场预测的内容

1. 市场需求预测 市场需求预测是市场预测内容中最主要的部分。市场需求具体表现为社会商品和服务的购买力及其投资,市场需求预测实际上就是对社会购买力及其投资的预测。影响购买力及其投资的因素主要有市场环境和企业营销策略。

2. 商品饱和点预测 商品饱和点是指商品从成熟期进入衰退期的一个转折点。过了这个转折点,商品的销售量将出现下降趋势。进行商品饱和点预测要考虑社会生产量和市场销售量的变化,以及产品本身所处的发展阶段、代用品的出现、价格变动等因素。

3. 经济效果预测 经济效果预测是指通过对一些诸如产量、成本、利润、劳动生产率等指标的结算和推测来预计企业未来营销情况的好坏,从而为企业的投资决策以及营销提供依据。

三、市场预测的步骤

1. 明确预测目标 明确预测目标就是确定预测期限、品种、数量等。

2. 收集分析资料 充分收集资料,分析出有规律性的东西,寻找一些内在的联系。

3. 制订预测模型 经过分析资料和推理,做出各种假设。定量预测可建立数学模型,定性预测可建立假想的逻辑思维模型。

4. 选择正确的预测方法 根据各种方法的优缺点,结合预测的项目、要求和条件,正确选择预测方法。

5. 预测分析评价 预测分析评价就是在实际预测之后,对预测得到的结果进行评价并分析预测误差的原因。

6. 修正已得的预测值 企业得到的预测值,一般都是通过假设后模拟计算获得的,所以不能做到全面性、准确性。因此,要分析同所有数值有关的各种因素,及时修正模拟所得值,以尽量达到预测值的准确性和完整性。

第四节 市场预测方法

市场预测的方法较多,归纳起来可分为定性预测和定量预测,即以市场调查为基础的经验判断法和统计资料为基础的分析计算法两大方法。

一、定性预测方法

定性预测是指预测者依靠熟悉业务知识、具有丰富经验和综合分析能力的人员与专家,根据已掌握的历史资料和直观材料,运用个人的经验和分析判断能力,对事物的未来发展做出性质和程度上的判断,然后,再通过一定形式,综合各方面的意见并将其作为预测未来的主要依据。定性预测方法一般分为以下几类。

(一)经理人员判断法

经理人员判断法是由经理人员负责邀请销售、市场研究、生产管理及财务部门等高级人员进行集体讨论,广泛交换意见,做出集体判断。此方法主要用于预测销售前景,形式较为简单,在没有足够的数字资料情况下也能进行。但因为此种方法是凭着经验进行的判断,往往具有一定的主观性,因而也具有一定风险性。

(二)销售人员意见汇集法

销售人员意见汇集法是在接近市场的销售人员所收集信息的基础上提出综合意见。首先是由销售人员分别将自己分管的地区的销售额统计出来,然后由销售经理汇总、审核、平衡,最后做出预测。因为销售人员对市场情况熟悉,所以所预测的销售额较接近实际。但由于销售人员对总的经济形势和发展趋势缺乏认识,因此这种预测方法一般用于产品直接销售给用户,而这些用户又能事先告知有关该产品的未来需求量的这类企业产品,如机械行业的产品。

(三)综合判断法

综合判断法是综合经理人员与销售人员的判断进行市场预测。先分别征询经理人员与销售人员的预测数据,然后综合两方面人员的意见。这种方法既可以用算术平均,也可以用加权平均来计算。

例如,某公司销售人员对2007年电冰箱销售额的平均预测值为1 000万元,而经理人员的平均预测值为1 175万元,则该公司2007年预测销售额如下。

使用算术平均法计算,为:

$$\frac{1\,000 + 1\,175}{2} = 1\,087.5(万元)$$

使用加权平均法计算,销售人员的权数为0.6,经理人员权数为0.4。

则预测销售额为:

$$1\,000 \times 0.60 + 1\,175 \times 0.4 = 1\,070(万元)$$

(四)专家意见法(德尔菲法)

专家意见法是一种有组织的专家集体判断的方法。该方法包括若干个步骤,首先,确定预测目标;其次,从企业内外选定专家小组(选择那些既具有专业知识又有广泛的一般知识的专家);然后,将预测目标及所设计的调查表与调查提纲寄发给各专家,向他们征询意见,同时为他们提供各种信息,让他们根据自己的观点提出各自书面预测意见;再然后,由调查者将专家意见加以整理和归纳,并将集中的意见反馈给专家,专家们再根据这些意见作进一步估计和预测。这种反复征询意见可以进行数次,使个人预测的结果不断得到修正,最后将趋于一致的意见作为最终预测。这种方法的优点是专家们各自进行预测,避免互相干扰,其缺点是不能面对面将问题讨论透彻,有时填写调查表也会出现草率现象。

(五)情景预测法

情景预测法是一种新兴的预测法,它不受任何条件限制,应用起来灵活,能充分调动预测人员的想象力,使之考虑较全面,有利于决策者更客观地进行决策,所以此方法在制订经济政策、公司战略等方面有很好的应用。但在应用过程中一定要注意具体问题具体分析,同一个预测主题,因环境不同,最终的情景可能会有很大的差异。

其基本步骤有：

(1)确定预测主题。

(2)根据预测主题寻找资料,充分考虑主题将来会出现的状况。

(3)寻找影响主题的环境因素,要尽可能周全地分析不同因素的影响程度。

(4)将上述影响因素归纳为几个影响领域,分析不同影响领域下主题实现的可能性,同时分析是否有突发事件的影响,以及影响如何。

(5)对各种可能出现的主题状态进行预测。

情景预测法的一般方法有未来分析法、目标展开法和间隙分析法。

二、定量预测方法

定量预测的方法很多,这里仅简单地介绍几种较常用的方法。

(一)简单平均法

简单平均法是将过去各时期的数据之和除以总数据点数,所得的平均值即为预测值。这种方法简单易行,适用于短期销售量变化不大的产品,但它不能充分反映出需求趋势和季节变化。其计算公式如下。

$$\bar{X} = \frac{\sum\limits_{i=1\cdots n} X_i}{N}$$

式中:$\bar{X}$——平均数;

X_i——各时期(年、月、季)销售量,$i = 1,2,\cdots,N$;

N——时期数。

例如,假设某厂某年度各月皮包实际销售量如下,预测下年度每月份皮包销售量。

月 份	1	2	3	4	5	6	7	8	9	10	11	12
销售量(只)	220	225	270	250	230	280	240	235	270	245	255	265

$$\bar{X} = \frac{220 + 225 + 270 + 250 + 230 + 280 + 240 + 235 + 270 + 245 + 255 + 265}{12}$$

$$= 248.8(只) \approx 249(只)$$

简单平均法是简单地运用近期的销售量来预测远期销售量,没有考虑到市场变化趋势,如果市场发生了变化,则此种方法预测的准确度较低。

(二)移动平均法

移动平均法是在简单平均法基础上发展起来的一种方法。简单平均法不能反映数据变化的最大值和最小值,也不能反映事物变化趋势,而移动平均法将简单平均改为分段平均,并将数据点的顺序逐步推移,逐段平均。用逐段平均后所得的时间序列来分析其长期趋势,预测其未来发展。

移动平均法每预测一期,均取前若干期平均值作为当期的预测量,即随着时间往后移;

不断地引进新数据来修改平均值。此种方法可消除或部分消除季节性、周期性或随机性变化因素的影响,适用于销售变动不大的商品中期和短期预测。

(三)指数平滑法

指数平滑法是根据历史资料,用指数加权的方法进行移动平均。它既具有移动平均法的优点,又考虑到数据的序时性,只要知道上一期的预测值和上一期的实际销售量,便可以计算本期预测值,因此使用较为广泛,其计算公式如下。

$$Y_t = aX_{t-1} + (1 - a)Y_{t-1}$$

式中:Y_t——t期预测值;

a——平滑系数($0 \leqslant a < 1$);

X_{t-1}——$(t-1)$期实际销售量;

Y_{t-1}——$(t-1)$期的预测值。

例如,某商社2月份销售额预测值为50万元,而实际销售额为54万元,预测3月份该商社的销售额。

首先要确定a值。如果考虑近期(2月份实际销售量)对未来状况影响较大,则a取0.8,按上述公式计算,则3月份销售预测值如下。

$$Y_3 = 0.8 \times 54 + (1 - 0.8) \times 50 = 53.2(万元)$$

a的取值含义是:上月实际值的比重(或权数)占80%,上月预测值比重占20%。

第五节　市场分类及其购买行为

一、市场分类

市场按购买者和购买动机分为消费者市场和组织市场两大类,组织市场包括生产者市场、中间商市场和政府市场。市场按购买对象又可分为商品市场和服务市场。

二、消费者市场及其购买行为

1. 消费者市场的特点　消费者市场是对个人和家庭销售生活消费品和提供服务的市场,也称生活资料市场、消费品市场或最终产品市场,其特点如下。

(1)购买者人数众多,分布面广,需求差异较大。在消费者市场,个人和家庭是消费市场的基本购买单位,数量众多。对于大多数的日用商品而言,购买者有着不同的年龄、性别和生活习惯,同时地理分布也很广,所以消费需求和消费习惯也千差万别。

(2)购买规模较小,但购买的频率较高。消费者为了满足个人和家庭的生活需要,商品中除一部分耐用品以外,大多需要经常购买,因而消费者市场交易零散,次数多。

(3)购买的情感性较强,可以进行诱导。大多数消费者缺乏专门的商品知识,容易受广告、商品本身的特点、价格、商店的购买气氛、营业员的引导及外在因素的影响,导致冲动性购买。

(4)消费品需求弹性较大。生活必需品的需求受价格涨落和收入变化的影响不大,但选购品和高档耐用消费品需求受价格涨落和收入变化影响较大。

(5)消费者市场的购买是非专家购买。在消费者市场,多数的购买都具有较大随意性,甚至是非理性的,他们在购买商品和服务之前没有专门了解相关的产品知识,容易受到广告和其他促销方式的影响。

2. 消费者购买类型　根据其购买行为的不同,通常将消费者分为以下4种:理智型、冲动型、习惯型、不定型。

(1)理智型消费者以理智为主导进行购买。这类消费者头脑比较冷静,主观性较强,在购买商品前广泛收集信息,了解有关知识,在购买过程中慎重挑选。对这类消费者,商品的包装、装潢、广告的影响力不大。

(2)冲动型消费者容易受他人诱导、影响,从而做出认购决策。该类型消费者通常感情比较外露,随意性较强,容易受广告宣传、促销方式、产品特色、购买气氛等因素的刺激,诱发冲动性需求,购买时不愿反复比较挑选,能较快做出购买决策。

(3)习惯型消费者按照个人对品牌的偏好进行定向购买。这类消费者较少受广告宣传和时尚的影响,通常长期使用某种品牌的商品,对经常惠顾的商店产生信任感,从而按习惯进行重复购买。

(4)不定型消费者是指购买意向未定,随意性较大的消费者。这类消费者通常缺乏购买经验和有关商品的知识,因而购买心理不太稳定。对于此类顾客,营业员的热情接待与耐心介绍对其购买行为起着很重要的作用。

3. 消费者购买过程

(1)认知需求。在此过程中消费者识别尚未满足的需求,确立购买目标。消费者对需求的认知可由内在刺激和外在刺激引起。内在的刺激源于消费者的生理需求,外在刺激是指一切能激发消费者需求动机的因素。

(2)搜集信息。消费者明确了购买目标之后,就要了解市场行情,搜集商品信息,为购买选择做准备。搜集信息的途径有市场相关团体、公众以及个人经验。消费者获得的信息越丰富,就越有利于做出购买决策。

(3)评价选择。消费者搜集信息之后,对其进行分析、整理,提出若干购买方案,并根据自己的购物标准对各种备选商品的质量、效用、款式、价格、品牌、售后服务进行比较和评价,以选定最能满足自己需求的产品。

(4)购买决策。经过评价之后,消费者对某些产品便形成一定的偏爱,产生了购买意图,购买选中的商品,顺利地完成购买过程。如果营业员的态度不热情或其他人员反对,消费者也可能半途而废,或放弃购买。

(5)购后评价。购买商品之后,消费者通过使用,对所购买的商品进行评价,同时倾听他人的评价。购后评价虽然是购买以后的反应,但关系到消费者的重复购买和扩大购买,因此企业也应予以充分重视。

三、生产者市场及其购买行为

1. 生产者市场的特点　生产者市场是为生产服务企业、商业企业、政府机构、民间团体和各种盈利或非盈利的组织提供生产加工的产品、服务和租赁品的市场,也称生产资料市场或工业品市场。其特点如下。

(1)生产者市场上购买者数目较小,市场规模大,分布相对集中。生产企业及其他各种经济组织是生产者市场的基本购买单位。市场的交易次数较少,但一次购买的批量较大。

(2)生产者市场对商品的需求属于引发需求。生产者对生产资料的需求是由消费者对消费品的需求引发而来的,生产资料的销售与生活消费品生产密切相关。

(3)生产者市场的需求弹性较小。工业品的需求主要取决于企业的产品结构、工艺流程、生产规模和技术水平,受价格变化影响较小。

(4)消费需求的技术性、专业性强。生产者市场产品技术性、专业性非常强,产品要严格按照一定规格、型号、性能供应,不能任意改变。生产资料需求的这一特点,说明了生产资料本身的专用性。

(5)商品由专业人员购买。工业品购买的技术性较强,对产品质量、价格、性能等各方面都有系统的计划和要求。采购工作通常由专业知识丰富、训练有素的专职采购人员负责,他们不易受广告的宣传及其他促销措施的影响。

2. 生产者的购买行为类型　生产者的购买行为可分为3个类型。

(1)直接再购买型是指企业继续购买过去采购过的同类生产用品。这种购买行为简单,是企业例行的重复购买行为。

(2)修正再购买型是指企业购买同过去采购过的产品种类、规格、型号、数量及其他条件不同的生产用品。这种购买行为比较复杂,是企业为满足优化产品结构,改进工艺流程,扩大生产的要求而采取的扩大购买行为,需要寻求新的供应商。

(3)新任务购买型是指企业购买以前从未采购过的生产用品,是企业为了完成新的生产加工任务,更新设备,拓宽产品领域,扩大营销范围而采取的新的购买决策,是一种最为复杂的购买行为,需要参与决策的人员和需要搜集的信息比较多。

3. 生产者的购买过程

(1)认知需求。企业提出新的购买需求,这种购买需求可由内部刺激和外部刺激引发。内部刺激来源于企业生产需要,如开发新产品等,外部刺激来源于产品广告吸引、展销会提示等。

(2)确定需求。企业在认知需求后,进一步分析需求,确定所需要的产品种类、特征、数量等。

(3)描述需要。企业确定所需的产品种类及特征之后,对想购买的产品进行价值分析,并详细拟定所需产品的种类、规格、类型、技术质量标准、交货日期等具体内容。

(4)寻求供应商。企业通过查阅工商企业名录、广告或询问其他企业等方式来寻求供应商。

(5)选择供应商。企业对供应商进行评估和选择。

(6)采取订购行动。确定供应商之后,采购者签订订单,同时规定各种要求。

(7)购后评价。企业对所使用的产品进行评价,并检验供应商的供货行为,以确定是否继续订购。

生产者购买过程是集体决策过程。采购决策中心的每一位成员在每一阶段都发挥自己的作用,从各个不同的侧面影响购买决策的形成。

四、中间商市场及其购买行为

1. 中间商市场的特点 中间商市场是向批发商和零售商销售可供转卖的商品和劳务的市场。也称转卖者市场和转售市场。其特点如下。

(1)中间商市场上购买者数目多于生产者市场的购买者数目,少于消费者市场的购买者数目,市场的地理分布也较消费者市场集中,较生产者市场分散。

(2)中间商对商品的需求属于引发需求。

(3)中间商购买商品讲究组合配置,要求品种齐全,以满足消费者多样化需求。

2. 中间商的购买类型 中间商可分为如下几种购买类型:忠实购买型、最佳条件购买型、广告购买型、价格购买型。

(1)忠实购买型。中间商长期地、固定地向某一个或几个供应商购买商品。

(2)最佳条件购买型。中间商在事先选好的准供应商中精心选择,向提供最佳供货条件、能满足自己长期利益的供应商购买商品。

(3)广告购买型。中间商向愿意提供广告资助及其他促销折让的供应商购买商品。

(4)价格购买型。中间商向能提供最大折扣的供应商购买商品。

3. 中间商的购买过程 中间商购买过程随购买任务繁简不同、参与决策的人员及购买程序不同而有所不同。但一般而言,中间商购买过程也要依次经过认知需求、确定需求、描述需求、寻求供应商、选择供应商、采购及购后评价等过程。

五、服务市场

服务市场是对个人和家庭销售生活服务的市场,又称劳务市场。

1. 服务市场的特点 服务市场的特点如下。

(1)服务不可触知。企业提供的劳务是无形的服务而不是有形的商品,消费者在消费之前一般是看不见、听不到或触不到的。虽然有些服务项目也包括提供一些物质产品(如修理等),但服务中心内容是向顾客提供服务,并非转移某一商品的所有权。

(2)服务品质有相当大的差异。服务商品的生产,难以大规模批量化地进行,不可能制订统一的质量标准。同一种服务,由不同人操作,品质的差异性就很大,即使是同一服务人员,每一次服务的成果质量也难以相同。

(3)服务价值易逝。服务商品价值容易消逝,不易保存,难以储存。如修理工人的时间等,是销售的服务商品,但却不能像物质产品那样可以储存起来,而只能听任价值的消逝或资源的浪费。

(4)服务与消费不可分割:服务是服务人员向消费者提供直接的劳动活动,服务的时间和地点往往是一致的,而且一般不能与消费者分开。

2. 服务市场的范围　从提供服务劳动的经济内容来看,服务市场有广义和狭义之分。广义的服务市场是指除了农业和物质资料生产部门以外的所有部门,如公用事业、交通运输业、商业、金融业、保险业、服务业等,通称第三产业。狭义的服务市场有如下类型。

(1)金融服务业,如银行、信托、保险业。

(2)公共事业和交通服务业,如水电供应、电报电话、航空、铁路、公路、海运等。

(3)个人服务业,如饮食业、旅游业、修理业、理发业、照相业、修补业、文化娱乐、医疗保健等。

(4)企业服务业,如广告、情报信息、技术咨询、检验、设备租赁等。

(5)其他专业性或特殊性服务业,如法律咨询、会计事务所、审计部门等。

思 考 题

1. 比较市场调查的几种方法各有什么异同点?

2. 网络调查有什么优缺点?想一想网络对市场调查带来了什么影响?

3. 比较分析定性预测与定量预测的特点。

4. 从购买行为看,消费者分为哪些类型?企业针对这些类型可以采取什么促销决策?

5. 说说服务市场的特点。

课外阅读参考书目

[1]王若军. 市场调查与预测[M]. 北京:北京交通大学出版社,2006.

[2]王珍莲. 现代市场调查与预测[M]. 重庆:重庆大学出版社,2006.

[3]张华,等. 市场调查与预测110方法和实例[M]. 北京:中国国际广播出版社,2006.

[4]何永祺,张传忠. 市场营销学[M]. 大连:东北财经大学出版社,2004.

第十一章　市场细分与目标市场的选择

●本章知识点●

1. 市场细分的概念及其作用。
2. 如何进行市场细分。
3. 企业在选择目标市场时采取的策略。
4. 企业如何进行市场定位。

第一节　市场细分概述

一、市场细分的概念

现代企业营销面对的是一个十分复杂的市场。在这个市场中,存在着各种不同的需求和爱好。任何一个企业,都不能满足所有的需求和爱好,只有选择其中某一部分需求和爱好,对之加以满足,才不失为上策。

市场细分(Segmenting 或 Market Segmentation)是指企业按照消费者的一定特性,把原有市场分割为两个或两个以上的小市场并以此来确定目标市场的过程。这里的小市场就是消费者群,每一个这样的消费者群都可称为一个细分市场或细分(Market Segment 或 segment),所有细分市场之和是整体市场。在每个消费者群内,大家的需求与爱好大致相同,企业可以用一种产品和一种营销策略加以满足。对于不同的消费者群,企业采取不同的营销策略加以满足,因此市场细分是一种以"求大同存小异"为原则,对消费者需求与爱好进行分类的方法。

二、市场细分的作用

(一)发现市场机会

市场机会是出现于市场但尚未加以满足或还没有得到完全满足的需求,被称为"市场的缝隙"。这种需求往往是潜在的,一般不易发现。运用市场细分的手段,就便于发现这类需求,并从中寻找适合本企业开发的需求,从而抓住市场机会,使企业赢得市场主动权。现代竞争,越来越强调发现市场机会的能力。

(二)据此制订最优营销策略

市场细分是市场营销组合策略运用的前提。任何一个市场营销策略的制订都是针对所要进入的目标市场而进行的。不同的细分市场对产品的要求、价格、促销的反应以及购买渠道不同,应据此来制订合理的优化营销组合策略。营销学中重要的3P(Product,Price,Promotion)的确定,最终以市场细分产生的各个细分市场的特征决定。

(三)提高市场的竞争能力

在企业竞争日益激烈的情况下,市场细分有利于企业发现目标消费者的需求特性,从而调整产品结构,增加产品特色,提高企业的市场竞争能力,有效地与竞争对手相抗衡。

(四)拓展新市场,扩大市场占有率

企业对市场的拓展往往是由小到大,逐步发展。通过对各个细分市场的分析,企业可以先选择最适合自己占领的某个或几个细分市场作为目标市场,待站稳脚跟后,以此为"根据地",逐步向外沿推进,扩大市场面,提高市场占有率。很多创业者都是从发现细分市场的特殊需要开始,逐步走向成功的。

三、市场细分的原则

一般而言,成功、有效的市场细分应遵循以下基本原则:可衡量性、可进入性、有效性、对营销策略反应的差异性、可盈利性。这五个标准是基本的原则。

四、市场细分的要素

市场细分就是按照细分变量和要素,把市场细分为若干个具有不同特征的子市场,每个子市场都有相似的需求。

(一)地理要素

地理要素包括区域、方位、气候、城乡、人口密度等变数。如我国市场按地理方位可分为东北、华北、华东、华南、西南、西北等市场,各地区消费者的生活习惯、观念等均有差异。

(二)人口要素

人口要素包括消费者的年龄、性别、收入、职业、教育、家庭大小、家庭生命周期、宗教、种族、国籍等变数。如按年龄分,市场可分为老年、中年、青年、少年和婴儿市场;按性别分,市场可分为男性、女性市场。

(三)心理要素

心理要素包括社会阶层、生活方式、性格等具体变数。

许多企业按生活方式来细分市场,如设计出经济、安全、污染少的汽车以满足"奉公守法"消费者的需求;设计华丽的、操作灵敏性高的汽车以满足"玩车者"的需求。一些服装公司则将消费者细分为"朴素型"、"时髦型"等类别而分别设计不同的女装和采取不同的营销策略。

(四)行为要素

行为要素包括购买时机、使用状况、消费者对商品的信任度、忠诚程度,准备阶段等变数。按准备阶段可将行为分为不注意、注意、知道、感兴趣、想买、打算购买五类。按照使用场合分为一般场合行为、特殊场合行为两种。

例如袜子在欧美市场消耗量较大,此类商品的包装以半打为宜,便于购买和销售,也节约了包装成本,而手绘真丝手帕只有在正式场合才使用,所以要采用精致包装等。

第二节 选择目标市场策略

市场细分揭示了企业可以利用的市场机会以及这些市场的特征。那么,怎样有效地选择目标市场?企业通常采用以下三种策略,如下图所示。

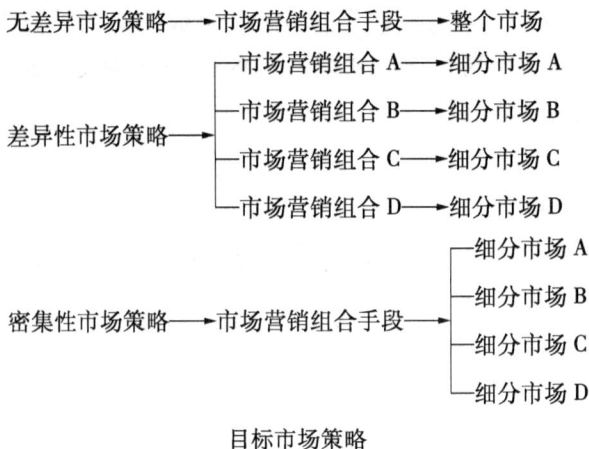

无差异市场策略——市场营销组合手段——整个市场

差异性市场策略——市场营销组合 A——细分市场 A
市场营销组合 B——细分市场 B
市场营销组合 C——细分市场 C
市场营销组合 D——细分市场 D

密集性市场策略——市场营销组合手段——细分市场 A
细分市场 B
细分市场 C
细分市场 D

目标市场策略

一、无差异性市场策略

无差异性市场策略是指企业推出一种产品、采用一种市场营销组合、试图在整个市场上吸引尽可能多的消费者的策略。采用这种策略的企业,主要着眼于消费者需求的同质性而忽略不计其异质性,认为市场上所有消费者对某产品有共同的需求和爱好,因而可以用单一的产品和单一的手段来加以满足。这种策略的优点是通过单一的、大量的生产来降低产品成本,相应节省市场调研和促销等费用,有利于用廉价来争取更多的消费者。例如,在相当长的时间内,可口可乐公司因拥有世界性的专利,仅生产一种口味、一样大小和同一形状瓶装的可口可乐,连广告字句也只有一种。无差异性市场策略不能满足不同消费者之间的差异需求和爱好,难以适应市场的发展变化,因此目前使用这种策略的企业越来越少。该策略主要用于少数需求量较大的产品,如食盐、糖等。

二、差异性市场策略

差异性市场策略是指企业推出多种产品,采用不同的市场营销组合,以满足多个细分市场不同需求的策略。采用这种策略的企业,主要着眼于消费者群需求的异质性,试图把市场按消费者的一定特性进行细分,然后针对各个子市场的不同需求和爱好,生产出相适应的产品和采取相适应的营销手段分别加以满足。由于大市场的竞争者增多,一些稍具规模的企业,都实行了差异性市场策略。例如,可口可乐公司现已采用各种大小不同的瓶装,加上罐装,将产品推销到世界各地。在工业品营销活动中,生产者接受不同买主不同规格的订货日益增多,实行差异性市场策略的趋势正在发展。这种策略的优点是能较好地满足不同消费者的需求与爱好,能适应市场需求的发展变化,有利于扩大产品销售质量,增强企业的市场竞争能力。不足的是,多品种小批量的生产势必导致生产成本和销售费用增加,从而使产品售价更高,此外企业资源将被分散用于各个细分市场,企业产品的变动成本、生产成本、管理费用、存货成本和营销费用,势必随之增加。

三、密集型市场策略

密集型市场策略是企业集中力量推出一种或少数几种产品,采用一种或少数几种市场营销组合手段,对一个或少数几个市场加以满足的策略,因此又称为集中性市场营销。采取这一种策略的企业,主要着眼于消费者群需求的差异性,但重点只放在某一个或几个消费者群上。对这一个或几个消费者群市场,企业能有效地实施市场营销组合手段,有充分的占领条件。这种策略有利于企业发挥特长,增强竞争力;同时,由于实行专业的营销,可大大节省营销费用,相对提高市场占有率。不足的是,这种策略加大了市场风险。由于只选择一个或少数几个小市场作为目标市场,如果一旦未选准,或在进入时突然发生变化,将会给企业带来严重的影响,因而这一策略主要适用于资金短缺、技术较差,但应变能力较强的中小企业。

企业选择目标市场策略时,应综合考虑以上三大策略的优缺点和适应性以及企业内、外部条件等因素,然后权衡无差异市场策略、差异性市场策略和密集型市场策略的利弊,对目标市场策略做出选择。此外,企业在选择目标市场策略时,还应综合考虑以下几点。

(1)企业资源条件。企业资源条件雄厚,可采取差异性策略;反之,如果人力、物力、财力有限,则采取密集性策略更为有利。

(2)产品的同质性。产品的差异性很小或可以忽略,如食盐、大米等,企业可采用无差异型策略;如果产品差异性很大,如服装、纺织品等,企业可采用后面两种策略。

(3)市场的同质性。如果所有的购买者对产品具有相同的购买动机或行为,或者对企业的营销激励的反应类似,这种市场就是同质的,同质的市场宜实施无差异策略。

(4)市场所处的生命周期阶段。新产品刚投入市场往往只投入一两种规格或款式,因而采用无差异性和密集型策略更适宜,无差异性策略可全面试探市场,密集型策略可集中力量攻占一点,然后再扩大战果。

(5)竞争对手策略。若对手采取无差异性策略,企业可用产品营销手段的多样化与之抗争。如果竞争对手很强大,则企业应避其锋芒,寻求生存缝隙,以密集型策略对待。

例如,美国七喜公司以宣传自己产品是"非可乐"饮料来避开可口可乐和百事的锋芒,使顾客在消费饮料时有了更多的选择,在顾客心中牢固树立了"非可乐"的形象,因而从可口可乐,百事等巨头的竞争中争得了饮料市场的一席之地,获得了成功。

第三节　市场定位

一、市场定位的意义

市场定位是指在消费者心目中为某一产品确立相对于竞争产品更清晰、独特和理想的位置。

合理的市场定位有利于企业产品形象的形成,有利于忠诚顾客群的形成,有利于细分市场的策略最终实现并获得成效,有利于提高竞争力,有利于企业战略目标和宗旨具体化,也使所有的营销策略的设计和实施有了明确的逻辑。同样,不合理的定位也会给企业带来损失。

例如,美国历史上,婴儿用的纸尿布刚上市时,定位于方便、一次性。这样的定位使得当时的许多年轻母亲不愿意购买此产品,因为觉得买这种东西会使别人认为自己是个懒妈妈。后来,企业通过调查研究,将产品重新定位于:纸尿布舒适、干爽,能很好保护婴儿屁股。这样定位正确了,销路从此大开。

二、市场定位的前提

市场定位的前提有:

1. 选择目标市场　市场细分之后,选择适合自己企业的目标市场。

2. 认识顾客　定位是从顾客出发、针对其心理的定位。

3. 认识产品　要更多地从顾客认知的角度来看产品的品质。

4. 认识竞争对手　根据对竞争对手的产品定位分析采用适应的定位策略。

三、市场定位策略

1. 顶牛法　顶牛法即与竞争者对着干的策略。百事可乐与可口可乐的竞争体现了这种策略。

2. 避让法　避让法即"大路朝天,各走一方"的策略。

3. 重新定位法　企业发展到一定阶段,要对定位进行重新审查。

通常在企业发展的初期,产品种类较少,企业实力不强,往往倾向于避让法;当企业规模扩大、实力增强、种类繁多、趋于成熟时,往往倾向于顶牛法和重新定位法。

不管采用何种策略,企业都必须明白,在同一目标市场上,竞争者提供何种产品给顾客,顾客需要的又是什么样的产品。

思 考 题

1. 讨论市场细分对企业经营有何现实意义?

2. 如何进行市场的细分？试以你所知道的案例进行阐述。

3. 企业在选择目标市场策略时有几种方法？试举例说明。

4. 企业市场定位有几种方法？试举例阐述你的观点。

课外阅读参考书目

[1]屈云波,高媛. 市场细分[M]. 北京:企业管理出版社,1999.

[2]张学中. 市场定位方略[M]. 广州:广东经济出版社,1999.

[3]吴健安. 市场营销学[M]. 北京:高等教育出版社,2007.

[4]吴友富. 现代市场营销策略与技巧[M]. 上海:上海外语教育出版社,1998.

第十二章　新产品开发

> ●━━━ **本章知识点** ━━━●
>
> 1. 新产品的概念。
> 2. 新产品的类型。
> 3. 开发新产品的意义。
> 4. 新产品开发的程序。

第一节　新产品的概念及其开发方式

科学技术的迅速发展,人民生活水平的日益提高和消费需求的不断变化,使市场上商品更新换代的周期日趋缩短。企业要在剧烈的市场竞争中求得生存和发展,必须以市场为导向,积极开发和推广新产品以适应市场需求。

一、新产品的概念

(一)新产品的含义

从营销角度上讲,新产品是一个广义的概念,一个产品只要对市场、生产者、销售者或者三者的任意组合来说是新的,那么这个产品就可以被称作新产品。对于纺织企业而言,新产品通常采用了新材料、新设备、新设计或者新工艺,而且在性能、结构、外观、用途的某些方面与老产品相比具有显著区别与创新。

(二)新产品的类型

1. 全新产品　全新产品主要是指运用现代科学技术的新原理、新材料、新工艺、新技术制成的前所未有的产品,例如在历史上刚发明的电话、电视机、计算机等。这些产品往往创造了一个全新的市场。氨纶、天丝、无纺布等纺织产品也曾经是全新产品。全新产品的开发需要花费较大的人力、物力,需要具有先进的技术力量。

2. 换代新产品　换代新产品是指在原有产品的基础上采用新技术、新材料制成的,性质或品质有显著提高的产品。如将普通热水瓶改为气压式热水瓶、黑白电视机改为彩色电视机、一般车床改为数控车床等。换代新产品技术含量较高,它是企业提高竞争力的重要创新方式。

3. 改进新产品　改进新产品是指对原有产品在功能、结构、包装、款式等方面做出改进的产品。如加入某种药物的牙膏、加上过滤嘴的香烟、加入阻燃剂的纺织面料、嵌入防皱树脂的织物、加入防蛀剂的毛织物等。这种新产品与原有产品差别不大,技术含量不高,比较容易创新,也易于被接受,有利于减少研发成本,提高经济效益。

4. 企业新产品　企业新产品是指企业对市场上已有的产品进行仿制,换上本企业的厂牌和商标。这类产品对总体市场来说,并非是新产品,但对某一个地区、某一个企业来说,却是以前并未销售或生产过的新产品。这类新产品开发时间短、设计成本低、失败概率低,只要市场有需要,竞争不激烈,企业往往能迅速获得收益,一些知名企业甚至是从仿制起步的。仿制新产品对企业的市场敏感度和反应速度有较高要求,而且容易遭受一些法律法规的惩戒。

二、新产品开发的方式

(一)技术引进方式

利用外国、外地已有的成熟技术直接从事企业新产品的开发,这是一条开发新产品的重要途径。特别是对市场上急需的或供不应求的产品,可以引进先进技术作为企业发展新产品的起点。这种方式可以赢得时间、争取速度、节省费用、快出效益。特别对一些缺乏科技力量的中小型企业,采取技术引进的方式加速新产品开发更具有现实意义。

(二)自行研制方式

企业针对国内外情况和用户需求,或针对现有产品存在的问题,集中力量,自行研究、制造具有本企业特色的新产品。自行研制新产品的好处是,企业能"独树一帜"提高知名度。但需要费用大、时间长、技术要求高,具有较强的技术力量和经济实力的企业实现的可能性较大。

(三)技术综合方式

综合技术方式是把引进技术和自行研制相结合,综合开发新产品的一种方式。如把电子计算机移植到机床上,制造出多功能的自动化机床。这种开发方式花钱少、见效快,产品的新颖程度比一般仿制品高,又易于为消费者接受。

第二节　新产品开发的风险、意义与要求

一、新产品开发的风险

新产品开发存在很大的风险,失败率很高。据统计,包装消费品开发的失败率高达80%,工业品开发的失败率也有30%左右。造成新产品失败的因素很多,如对市场需求把握不准确、产品没有设计好、没有有效的宣传推广措施、竞争对手的激烈反击出乎意料、新产品开发的成本超出预算等诸多企业及市场因素。此外,产品安全、生态保护等政策及社会的要求,也会增加新产品开发的难度。

二、新产品开发的意义

新产品开发风险大,但没有新产品,企业生存就会有风险。新产品开发是竞争性行业的

重要竞争策略,企业开发新产品意义重大。

(一)新产品开发是社会经济发展、人民生活水平和文明程度提高的客观需求

社会经济的发展使人民收入日益提高,购买力增强,人们对产品的性能、款式、质量和使用便利性也不断提出新的要求。消费者需求的变化周期也越来越短,企业只有不断地创造出新产品才能满足消费者的需要。

(二)新产品开发是企业提高竞争能力,谋求生存和发展的需要

在市场经济条件下,竞争十分激烈,产品的竞争不仅在价格方面,还包括产品的质量、功能、外观等方面。企业必须密切注意消费需求的变化趋势,做到生产一代、研制一代、设想一代,不断实现产品的更新换代以适应消费变化的需求,才能增强企业竞争能力,使企业在竞争中立于不败之地。

(三)新产品的开发是提高企业技术水平和经济效益的需要

新产品开发是一个探索、创新的过程。它需要科学的理论指导、先进的技术设备和技术人才。企业在开发新产品的过程中,必然会促进自身技术水平和经营管理水平的提高。一项成功的新产品,被市场接受以后,将会给企业带来良好的经济效益。

三、新产品开发的要求

提高新产品开发成功率的方法之一就是寻找成功产品的共同点,并依此提出对新产品开发的要求。新产品开发需考虑如下5点要求。

(一)优越性

新产品与老产品相比,在质量、功能、款式等方面具有更大的优越性,能给消费者带来更大的使用价值。新产品只有具备了这些优点,才能引起消费者的兴趣,使产品走向市场。

(二)适应性

新产品必须与消费者的价值观念和消费习惯相适应。不同的消费群体有不同的价值观念与消费需求。企业在开发新产品时,必须按照目标市场的消费需要来设计、制造新产品,只有这样才能有效地进入市场、占领市场。

(三)方便性

消费者对新产品的要求是,在产品结构、功能完美的前提下,操作简单、使用方便。如果新产品虽在质量、功能上比老产品先进,但结构复杂,使用麻烦,就不容易被消费者接受。因此新产品必须在提高性能的同时顾及操作方便。

(四)效益性

企业推出新产品,一方面是为了满足消费者需要,另一方面也是为了谋求企业自身的经济利益。因此,当企业开发新产品时,必须考虑其产品的投入和产出,使其既能为市场接受,又能为企业取得利润。否则,就企业而言,新产品就失去了开发的必要性。

(五)方向性

企业开发新产品,一般应尽量使之具有如下特征。

1. 高效化　新产品是具有高效率、高功能、高精度特点的高科技产品。

2. 多能化　新产品一物多用,是具有多种功能的组合型产品。

3. 简易化　新产品结构简单、操作容易、维修方便。

4. 小型化　新产品体积小、重量轻、材料节约,消费者携带、使用方便。

5. 节能化　新产品消耗能源少、污染小,用户费用支出少。

6. 艺术化　新产品与消费者精神文明需求日益提高相适应。产品在造型、色彩、款式等方面新颖别致,具有美、新、奇等特征,能满足不同消费者的心理要求。

7. 低值易耗化　新产品价格低廉,用后就掷,不再需要进行洗涤、整理,可以一次性使用,如纸制的餐巾、桌布、内衣裤等。

第三节　新产品开发的程序和评价

一、新产品开发的程序

在新产品开发过程中,建立一套系统的、科学的新产品开发程序,可以有效降低失败率。

以下 6 个阶段是新产品开发的基本程序,企业必须有计划、有步骤,扎扎实实地进行,才能确保新产品推向市场。

(一)调查研究阶段

在新产品开发之前必须进行广泛深入的调查研究,调查的内容包括市场调查和技术调查。市场调查就是搜集国内外市场及用户对该产品的品种、质量、规格、价格、服务的意见和需求。技术调查就是了解有关产品的技术现状和发展趋势,预测未来可能出现的新技术。调查研究,为制订新产品开发方案提供了依据。

(二)构思创意阶段

在进行新产品构思时,一要以市场需要为目标;二要有创新意识,大胆设想。新产品的构思来源主要有如下几方面:

(1)本企业职工的意见,特别是销售人员和技术服务人员的意见。他们经常与用户接触,不但了解用户和市场需求,也熟悉生产技术条件,企业要鼓励他们提出产品的开发方案。

(2)用户的意见。用户是产品的使用者,他们的意见直接反映了对产品的要求。

(3)竞争者。竞争者也是新产品的创造者。追踪竞争者的新产品信息、分析和研究竞争者的产品,能启发自己的构思。

(4)经销商和供应商。他们直接从事购销,熟悉市场动向,可将市场要求反映给企业。

(5)科技人员。除了本企业的科技人员外,企业还可以聘请外单位专家担任顾问。科技人员具有扎实的专业知识,掌握本专业技术的信息和发展方向,对开发新产品有一定的见解和创意。

(三)评估筛选阶段

新产品开发的评估筛选,就是从多个创意中优选出一个理想的、具备开发条件的产品。这需要对各种创意进行一系列精细的论证评价,包括产品的结构形式、主要参数、目标成本、销售预测、投资费用、期望利润等因素的论证评价。要对外部环境(如市场需求量、质量要求、竞争情况、技术趋向、价格、用户意见等)和内部条件(如资金、设备、技术力量、管理水平、销售能力等)逐项进行技术经济分析,然后决定取舍。

(四)产品设计和工艺准备阶段

产品设计就是要为新产品的制造、装配和使用提供全套生产图纸和技术文件,工艺准备就是要为新产品的试制和生产提供必要的工艺资料和工艺装备等,本阶段是新产品开发实际操作的重要阶段。

(五)产品试制和鉴定阶段

试制和鉴定是新产品正式投入批量生产之前必不可少的步骤。新产品试制可分两步进行。第一步为样品试制,先按设计图纸,生产一些样品并考核它的结构、质量、性能,找出其中的问题,然后改进设计图纸,使产品设计符合要求,基本定型。第二步为小批试制,目的是考核产品的工艺性,检验全部工艺文件和工艺装备是否达到预期的质量标准和规范,为正式投产把好关。对样品试制和小批生产,都要进行严格的鉴定,对产品从技术上、品质上、经济上做出全面评价,以确定该产品是否可以投产,投产后是否能达到预定的目标。

(六)产品推广阶段

新产品试制成功以后,便进入产品推广阶段。这是一项十分复杂的工作,因为人们接受新产品是有一个心理活动过程的。产品推广阶段大体上分以下5个过程。

1. 认识过程　人们从广告、宣传和口头传播中得知某项新产品的信息,但仍对其缺乏较全面的了解,需要有一个认识过程。

2. 兴趣过程　消费者知道了新产品的用途、性能等信息后,产生了兴趣和购买意念,便会积极寻求更多有关该产品的信息。

3. 评价过程　消费者根据已掌握的情况,对该新产品是否值得购买,经济利益是否合算等进行全面评价。

4. 试用过程　经权衡利弊,消费者认为"值得一试",就会少量购买试用。

5. 采用过程　消费者经试用该产品得到满意的效果后,就会正式接受该产品并经常购买使用。

新产品推广工作是一项技术性很强的工作,企业选择什么时间、什么地点、什么价格、提供什么销售服务、采取什么促销手段,都应该在试销前作周密考虑,以取得良好的效果。

二、新产品开发的评价

(一)初期评价

初期评价主要是在构思创意和制订开发方案时进行,目的是协调设计、生产、销售、财务等各部门的联系,评价新产品选择是否合适、是否符合市场需要以及投产后的效益是否良好等。

(二)中期评价

中期评价在新产品设计和试制过程中进行,主要是检验产品设计的正确性、工艺性、经济性和解决产品定型问题。中期评价是新产品开发过程中十分关键的一环,一般应进行多次。

（三）终期评价

终期评价在新产品试制成功、检验合格之后进行,主要是评价新产品的技术经济指标是否符合设计要求和作出能否正式投产的决定。

（四）追踪评价

追踪评价在新产品投放市场以后进行,主要是检验产品的使用效能、经济价值、市场占有率和社会反映等,为进一步改进产品结构和开发更加新颖的产品提供依据。追踪评价通常在新产品投放市场后,每隔一个季度、半年或一年进行一次。

新产品开发评价的方法,主要有定性分析法和定量计算法两大类。具体方法很多,如图表法、对比法、投入产出法、投资回收法等,企业可以根据不同的需要,采取不同的方法。

第四节　产品设计与产品工艺管理

在开发新产品的过程中,企业必须做好产品设计、工艺管理等一系列生产技术工作,这是开发新产品的重要保证。

一、产品设计

（一）产品设计的基本要求

产品设计是指从明确新产品设计任务,规定产品性能到设计产品具体结构的一系列技术工作,它包括设计产品的性能、造型、尺寸、重量、技术参数、加工精度和装配要求等。企业要开发一项有竞争力的新产品,首先要有一个好的产品设计。产品设计的基本要求是:技术有先进性,造型有艺术性,生产有可行性,经济有实效性,结构有合理性,构思有创新性。

（二）产品设计的种类

从设计方式看,产品设计有如下几种分类。

1. 自行设计　自行设计是指企业根据市场需求,经过大量的调查研究后,独立进行产品设计工作。

2. 实物测绘设计　实物测绘设计是指企业吸收外来样品,结合自己的长处设计出新产品,这是仿制产品的一种常用方法。但在实物测绘设计前要慎重选择,力求选用结构先进、商品寿命周期较长、经济效果好、适合本企业生产条件的样品。

3. 外来图纸设计　外来图纸设计是指企业对外部设计单位提供的图纸加以修改补充后,设计出适合本企业使用的生产图纸。在采用外来图纸时,一定要彻底弄清产品的用途、性能、特点和结构,检查图纸和技术文件是否齐全,对一些主要零件的设计和重要数据进行复核。

4. 老产品的改进设计　企业根据用户对老产品提出的意见和生产中存在的问题,对原设计进行改进。在改进设计时,应对改进部分作好详细记录,并进行改前改后的对比,以证明改进设计的必要性和合理性。

(三)产品设计的程序

1. 编制技术任务书　编制技术任务书的目的在于说明产品设计的理由、确定产品的造型和基本结构。技术任务书的内容应包括产品用途、使用范围、性能结构、技术规范、工作原理、特性参数和技术经济指标等。

2. 技术设计　技术设计在技术任务书得到批准之后才能进行,这是产品的定型阶段。技术设计的内容包括绘制产品总图和部件装配图、编制零部件明细表,以及列出加工装配的技术条件、质量标准和检验方法等。

3. 工作图设计　工作图设计即施工设计。工作图设计应按技术设计要求,绘制出全套工作图纸,如产品装配和安装图;制订通用件、标准件、外购件明细表;编写产品说明书和使用、养护、维修说明书等。工作图设计是技术设计的具体化和最后阶段。

以上只是产品设计的一般程序,在实际工作中,可以根据产品结构的简单或复杂程度进行适当选择。

二、产品工艺管理

(一)产品工艺管理的内容

1. 审查产品图纸的工艺性　企业从工艺技术角度,检查产品设计是否合理,包括零部件结构是否合适,选用的材料是否恰当,产品的精密度和光洁度等质量要求是否达到标准,产品是否能够达到预期的技术经济效果。

2. 制订工艺方案　工艺方案是工艺准备工作的总纲,是进行工艺设计工作的指导性文件,其内容包括新产品试制中的关键性工艺及其解决方案、工艺路线的安排及工艺规程、工艺装备系数和设计原则等。

3. 编制工艺规程　工艺规程是企业安排经营计划、生产调度、质量检验、物资供应和劳动组织等各项工作的重要依据,也是指导工人操作的基本技术文件。它通常有4种形式,即工艺路线卡、工艺卡、工序卡、工艺守则。

4. 工艺装备的设计　工艺装备是保证生产正常进行的重要条件,它包括生产中使用的各种工具、刃具、量具、模具和各种辅助工具等。产量大的产品要求有较多的工艺装备,精密度要求高的产品应有专门的工艺装备。工艺装备的设计应根据不同的产品和技术要求来设定。

(二)产品工艺管理的基本要求

1. 保证产品质量　工艺设计应满足产品设计的要求,保证产品的结构、品质、外观等达到规定的指标。

2. 减少消耗,降低成本　工艺设计要在保证质量的前提下,尽量减少各种机物料的消耗和机器设备维修费用等的支出,降低生产成本,增加经济效益。

3. 提高劳动效率　在充分利用现有设备的基础上,应积极进行工艺改革,推广新技术、新工艺,提高机械化、自动化的水平,改善劳动条件,提高劳动生产率。

4. 合理组织生产和加强技术管理　生产工艺应具有连续性、比例性、节奏性,使各个生产环节有秩序地协调进行。

（三）产品工艺日常管理

日常的产品工艺管理包括如下内容,即贯彻工艺文件,进行工艺纪律的宣传教育和监督检查;对老产品的工艺进行整顿改进;检修、补充和更新工艺装备;收集工艺管理的情况;加强对工艺文件的管理,保证工艺文件的完整和统一。

思 考 题

1. 四种类型的新产品各自存在哪些优势和劣势?
2. 成功的新产品开发应符合哪些要求?
3. 新产品构思主要有哪些来源?
4. 如何对新产品开发进行评价?
5. 产品工艺管理有什么要求?

课外阅读参考书目

[1]何永祺,张传忠,蔡新春. 市场营销学[M]. 大连:东北财经大学出版社,2001.

[2]苏亚民. 现代营销学[M]. 4版. 北京:中国对外经济贸易出版社,2003.

[3]张弦. 纺织品与市场开发[M]. 北京:化学工业出版社,2005.

[4]滑均凯. 纺织产品开发学[M]. 北京:中国纺织出版社,2006.

第十三章 营销策略

> **● 本章知识点 ●**
>
> 1. 产品整体概念。
> 2. 产品寿命周期各阶段的市场特点、营销策略以及产品组合策略。
> 3. 产品定价目标和产品定价策略。
> 4. 人员推销策略、广告策略和营业推广策略。
> 5. 销售渠道的分类和影响销售渠道选择的因素。

第一节 产品策略

企业制订经营战略时,首先要考虑的问题就是企业能提供什么样的产品和服务来满足消费者需求,即产品策略问题。产品策略是企业营销活动的支柱和基础,企业和市场之间是通过产品来联系的。因此,产品策略的正确与否直接影响到企业经营活动的全局。

一、产品的整体概念

人们通常理解的产品是指具有某种特定物质形状和用途的物体,如毛巾、衣服、冰箱等都是产品。这只是人们对产品的狭义上的理解。广义上说,产品是指向市场提供的能满足人们某种需要的一切物品和劳务。产品的整体概念,包括三个层次的内容:核心产品、形式产品和延伸产品。

(一) 核心产品

核心产品也称实质产品,它指企业提供给购买者的基本效用或利益,是顾客需求的中心内容,包括产品的品质、功能、效用等。如人们购买化妆品是为了护肤美容,而不是为了买一些化学物质。

(二) 形式产品

形式产品指产品的实体或服务的外观,包括产品的质量、形态、特征、商标、包装等。

(三) 延伸产品

延伸产品指顾客购买一种形式产品时得到的除核心产品以外的其他利益和服务,如送货、安装、使用指导、维修、分期付款等。

随着技术的进步和生活水平的提高,人们的消费需求日益多样化。企业不但要提供消费者需要的核心产品和形式产品,而且要提供更多的延伸产品,才能适应市场的需要。在激烈的市场竞争中,为消费者提供更好的服务已经成为很多企业成功的关键。

二、产品寿命周期

同人的生命一样,任何产品在市场上都有一个发生、发展到最后被淘汰的过程。

(一)产品的自然寿命和市场寿命

产品的自然寿命是指产品从制造出来到不能正常使用而被报废为止所经历的时间。自然寿命是由物质量的多少、使用次数和维修好坏决定的。产品的市场寿命是指产品从进入市场到被市场淘汰所经历的时间。产品的市场寿命是由新的替代产品的出现和人们价值观念的变化决定的。

在本书中,产品的寿命周期指产品的市场寿命周期。

(二)行业产品寿命周期

一般所讲的产品寿命周期,是指一个行业中同一种产品从投入市场到被市场淘汰所经历的全部时间,即行业产品寿命周期。根据销售额和利润额变化情况,可把产品的寿命周期分为四个阶段,如下图所示。

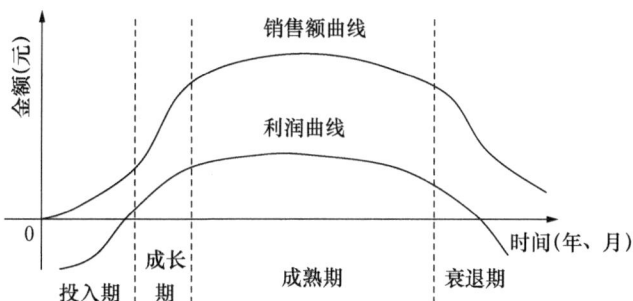

产品寿命周期

1. 投入期 投入期指产品从上市到整个行业有了利润为止的一段时间。

2. 成长期 成长期指产品从投入期尾到销售额迅速上升,利润接近最大值为止的一段时间。

3. 成熟期 成熟期指产品从成长期尾到销售额和利润达到最大值,然后开始下降所经历的时间。

4. 衰退期 衰退期指从商品销售额迅速下降,代替品大量出现到整个行业亏损,产品被市场淘汰所经历的时间。

(三)企业产品寿命周期

企业产品寿命周期隶属于行业产品寿命周期。不同企业生产、销售的同种产品,在市场竞争中,其寿命周期有很大的不同。对于最早推出某种产品,而又是最迟退出市场的企业来说,该企业该产品的寿命周期等于行业产品寿命周期。

三、产品寿命周期各阶段的市场特点及营销策略

(一)投入期的市场特点及营销策略

在投入期,新产品首次投放市场,消费者对其还不了解,企业为了宣传产品,需要进行大量促销活动。

1. 投入期的市场特点　投入期的市场特点为:

(1)生产批量较小,成本较高。

(2)销售量少,基本不能获利。

(3)促销费用较多。

(4)竞争对手较少。

2. 投入期的营销策略　企业应根据具体情况采取如下相应的营销策略。

(1)高价快速推销策略。这种策略是采用产品高价格,花费大量促销费用的办法来迅速扩大销售量。适合该策略的市场环境是:大部分消费者不了解这种产品;已经知道该产品的消费者求购心切,愿出高价;企业面对潜在竞争者,急需开拓市场,赢得更多的消费者。

(2)高价低费用策略。这种策略是采用产品高价格,花费少量促销费用的办法。适合该策略的市场环境是:市场容量有限;大部分消费者已经知道这种新产品;需要购买者愿意出高价;潜在竞争的威胁不大。

(3)低价快速推销策略。这种策略是采用产品低价格,花费大量促销费用的办法,目的在于抢先进入市场、取得高市场占有率。适合该策略的市场环境是:市场容量相当大;消费者不了解该产品,但对价格十分敏感;潜在竞争比较激烈;新产品单位成本可因大批量生产而降低。

(4)低价低费用策略。这种策略是采用产品低价格,花费少量促销费用的办法。适合该策略的市场环境是:市场容量大;消费者比较了解这种产品,因为它通常是原有产品略加改进的新产品;消费者对价格十分敏感;潜在竞争者较多。

(二)成长期的市场特点及营销策略

1. 成长期的市场特点　成长期的市场特点为:

(1)消费者已经了解该产品,销售量迅速增加。

(2)利润迅速上升。

(3)大量竞争者进入市场。

(4)产品成本大幅度下降,广告等促销费用相对减少。

2. 成长期的营销策略　根据成长期的市场特点,企业可以采取以下几种营销策略。

(1)努力提高产品质量,改进或增加产品性能,改变产品的型号、包装、款式等。

(2)改变促销宣传重点,从宣传介绍产品转向树立产品形象和企业形象,争创名牌。

(3)积极寻求新的细分市场,并进入有利的新市场。

(4)在大量生产的基础上,选择适当时机降低售价,以吸引对价格敏感的潜在消费者。

(三)成熟期的市场特点及营销策略

1. 成熟期的市场特点　成熟期的市场特点为:

(1)市场需求量已趋于饱和,销售量达到最高点并开始下降。

(2)利润达到最高点,并开始下降。

(3)竞争十分激烈。

(4)产品品质、性能及价格差异极小。

2. 成熟期的营销策略　企业可以采取以下几种策略。

(1)改变市场策略。改变市场策略并不需要改变产品本身,只是增加产品的用途,开拓新的市场。

例如,美国杜邦公司生产的尼龙,最初用于军需产品,如尼龙降落伞,而二次大战后用尼龙服装、轮胎、包装材料等进入消费品市场和工业品市场。每次进入不同的市场,公司都使尼龙从成熟期重新进入成长期。

(2)改变产品策略。企业提高产品质量,增加产品的性能,改变产品的特色和款式等以提供新的服务。例如,增强汽车的安全性能,降低冰箱的耗电量等。

(3)扩大销售渠道,增加销售网点。

(四)衰退期的市场特点及营销策略

1. 衰退期的市场特点　衰退期的市场特点为:

(1)销售量急剧下降。

(2)较多的竞争者退出市场。

(3)市场竞争主要是价格竞争,利润日益下降。

2. 衰退期的营销策略　企业可以采取以下几种策略。

(1)连续策略。企业继续沿用过去的策略不变,仍然保持原来的细分市场、销售渠道、价格和促销方法,使产品在市场上自然淘汰。

(2)集中策略。企业把人力、物力集中到最有利的细分市场和销售渠道上来,缩短经营路线,从中获得利润。

(3)缩减策略。精减营销人员,降低促销费用,尽可能地取得眼前利益。

四、产品组合策略

任何一个企业,为取得稳定的经济效益,都不应只经营单一的产品,而应该同时经营多种产品以避免风险。因此,研究产品策略,还应对企业经营的全部产品的组合情况进行分析,以有效地分配企业的有限资源,形成最优化的产品组合结构。

产品组合是指一个企业生产和销售的全部产品的结构。产品组合包括产品的广度、深度和关联性三个基本因素。

产品组合的广度是指一个企业生产经营的产品系列的数目。产品系列也叫产品线,是具有相同的使用功能、不同的规格型号的一组类似的产品项目。

产品组合的深度是指在各个产品系列中,不同规格的产品项目数。产品项目是同一产品系列中的价格、型号等属性有别的不同产品。

产品组合的关联性是指各个产品系列之间,在最终用途、生产条件、分配渠道或其他方面存在的相关程度。

产品组合的广度、深度和关联性在市场营销中具有重要意义。企业增加产品组合的广度,可以扩大业务经营范围、实行多样化经营、开拓新市场,既充分利用了企业的资源,又减少了风险;企业增加产品组合的深度,可以扩大产品的式样、规格和型号,以满足消费者的不同需求和爱好,吸引更多的顾客。企业加强产品组合的关联度,可以提高在市场上的地位和声誉,同时提高企业在相关专业上的能力。

产品组合策略一般有以下几种类型。

1. 多系列全面型　这种策略着眼于向任何顾客提供他所需要的一切产品。

2. 市场专业型　市场专业型即企业向某个市场或某类顾客提供所需要的各种产品。

3. 产品专业型　产品专业型即企业专门生产某一类产品,并将产品卖给各类顾客。

4. 有限产品专业型　有限产品专业型即企业集中生产有限的、甚至单一的产品系列,满足有限的或单一的市场需要。如有的汽车厂专门生产大客车。

5. 特殊产品专业型　特殊产品专业型即企业根据自己的专长和拥有的特殊生产条件,生产某些具有特殊性的产品。

第二节　定价策略

定价策略是企业市场营销组合的重要策略之一。企业对产品的定价,关系到产品在市场上的销路和企业的利润,也影响产品在市场上的竞争地位和市场占有率,关系到企业的生存和发展。企业必须十分重视价格决策工作。

一、定价目标及要求

企业在对产品定价时,应考虑到下列定价目标或要求。

(一)使产品利润达到投资额的一定比例

根据投资额期望以得到一定百分比的毛利为定价目标,是各行各业常采取的方法。

(二)使产品保持价格稳定

某些行业在供求与价格方面经常发生变化,为了避免不必要的价格竞争,增加市场的安定性,这些行业中处于领导地位的大企业,往往将价格稳定在一定水平上。

(三)使产品保持或增加市场占有率

市场占有率是企业产品销售量在同类产品市场销售总量中所占的比重。市场占有率是企业的经营状况和企业产品在市场上的竞争能力的直接反映。市场占有率越高,企业在市场竞争中的地位越领先。

(四)使企业应付或避免竞争

很多企业有意识地通过产品定价去应付竞争或避免竞争。这些企业定价时,以有影响的竞争者的价格为基础,以低于、等于或高于竞争者的价格出售产品。

（五）使企业追求最大利润

以追求最大利润作为定价目标的企业数量最多。追求最大利润并不等于追求最高价格，而是指长期目标的总利润。

二、定价策略

（一）心理定价策略

1. 尾数定价　尾数定价是指企业在制订产品价格时以非整数为尾数。心理学家的研究表明，消费者习惯上乐于接受尾数为非整数的价格。例如，把 300 元的一双皮鞋定价为 298 元，会比定价 300 元销路好。消费者会感觉尾数价格是经过精细核算的价格，是对顾客负责的表现；另外，消费者从心理上会认为这是 200 多元范围内的开支，感觉便宜。

2. 整数定价　整数定价是指企业在制订产品价格时取整数，不要零头。整数价格会提高产品的"身价"，使消费者产生"一分价钱一分货"的感觉。

3. 声望定价　声望定价是针对消费者求名的心理动机而采取的定价策略。在顾客中有声望的企业、商店或品牌的商品，可以定价高一些。比如名牌产品，即使价格较高，消费者也乐于接受。

4. 招徕定价　企业有意将少数几种商品的价格降到市价以下，甚至低于成本，以招徕顾客，增加对其他商品的连带性购买，达到扩大销售的目的。

5. 习惯定价　许多商品在市场上已经形成了一种习惯价格。对这类商品适合依照习惯定价，不能轻易改变价格，以免引起消费者不满。

（二）差别定价策略

差别定价策略就是企业按照两种或两种以上，不反映成本费用比例的差异价格销售某种产品或劳务。

1. 对待不同顾客的差别定价　同一产品，对不同顾客定价不同。比如，零售商对某一顾客照价格表所列价格出售汽车，但对另一顾客则可能通过讨价还价，以优惠价成交。

2. 不同产品式样的差别定价　同一产品，由于式样不同，尽管成本没有差异，价格也可以有一定的差别。这对流行式样的产品销售很有作用。

3. 不同地点的差别定价　同一产品，在不同地点，可以有不同的价格。

4. 不同时间的差别定价　不同季节、不同日期（比如工作日和假日），甚至不同钟点，可以规定不同价格。

（三）折扣定价策略

折扣定价策略是通过降低一部分价格以争取顾客的策略。主要有以下几种策略。

1. 现金折扣　现金折扣是对以现金支付或在企业规定的限期内提前支付货款的顾客给予一定的价格减让。采用这种策略，企业能够及时收回货款，加速资金周转，扩大商品经营。

2. 数量折扣　数量折扣是企业为了鼓励顾客大量购买和频繁购买所采取的策略。购买的数量越大,折扣率就越高。

3. 交易折扣　生产企业根据各类批发商、零售商在市场经营活动中的不同功能给予不同的折扣。一般来说,给予批发商折扣较大,给予零售商折扣较少。

4. 季节折扣　生产季节性产品的企业,对销售淡季的买主,给予折扣优待,以增加淡季的销售量。比如,夏季购买冬季使用的东西,可以得到一定的折扣。

(四)新产品定价策略

新产品定价是企业营销的重要问题。初次上市的新产品的价格高低,对于能否及时打开销路,占领市场和企业的获利有很大的影响。常用的定价策略有三种。

1. 高价策略　高价策略又称撇油定价策略。即企业在新产品上市时,把价格定得很高,以尽快收回成本并赚取丰厚利润。这种策略很像一个人把浮在牛奶上面那层最好的奶油一下子撇走的做法,所以又称撇油定价策略。高价策略是一种追求短期最大利润的策略,由于利润率过高,必然会迅速招来竞争对手,而且也不利于迅速开拓市场。

2. 低价策略　低价策略又称渗透定价策略。这种策略与高价策略正相反,是将新产品的价格定得很低,以使企业的产品最大限度地渗入市场,扩大销售量。由于价格低,利润少,因此可以防止竞争者加入。随着销售量的增加,生产成本的下降,企业就可以得到越来越多的利润,并取得很大的市场占有率。

3. 中价策略　中价策略又称满意定价策略。这种策略是把新产品的价格定在高价和低价之间,既能使更多的消费者愿意接受,企业也能有适当的利润。

第三节　促销策略

促销是企业为了激发顾客的购买欲望、影响他们的消费行为、扩大产品的销售而进行的一系列联系、报导、说明等促进工作。促销策略包括人员推销策略、广告策略、营业推广策略和公共关系策略4种。有关公共关系策略的内容请见本书中专门的章节。本节主要介绍前3种促销策略。

一、人员推销策略

人员推销就是由专职推销人员直接向顾客介绍商品以促成购买行为的活动。人员推销是一种行之有效的直接推销方法,它不仅是最古老的促销方式,也是现代商品销售的一种重要方式。

(一)人员推销的特点

同其他促销方式相比,人员推销有自己的特点。

1. 策略灵活多变　推销人员可以根据顾客的各种特殊需求,设计具体的推销策略,并随时加以调整;还可以及时发现和开拓顾客的潜在需求。

2. 容易立即达成交易　由于是面对面的推销,推销人员可以当场为顾客演示产品,强化了说明效果,容易迅速促成购买行为。

3. 可以及时反馈信息　在推销过程中,推销人员可以及时了解顾客的新需求以及顾客对产品的意见、要求等,并及时反馈给企业,作为企业制订和修改市场营销策略的依据。

4. 有利于开展售后服务　推销人员同顾客建立了固定的购销关系,便于提供周到的售后服务,并及时解决产品使用中出现的各种问题。

(二)推销人员应具备的素质

推销人员的素质决定了推销的效果,他们的工作直接关系到企业的声誉。推销员的素质包括以下几方面:

1. 强烈的事业心　推销人员的工作非常重要,又十分辛苦,在推销过程中有时会受到冷遇,甚至遭到挫折。因此,推销人员必须具有强烈的事业心、艰苦踏实的工作作风和持久的工作热忱,这样,才能有效地完成各项推销任务。

2. 丰富的业务技术知识　丰富的业务技术知识是做好推销工作的基础。推销人员应具备企业知识(包括企业的历史、生产能力、技术力量、发展前景等)、商品知识(包括商品性能、使用方法,维修保养等)、顾客知识(包括顾客基本情况、所要求的服务等)以及有关市场方面的知识、有关竞争的知识、有关政策与法律的知识等。

3. 良好的气质　推销人员必须有良好的气质和职业素养,要仪表端庄,态度自然,热情大方,谈吐自如,谦恭有礼,使顾客乐于与他交谈。

4. 熟练的技巧　推销人员要准确地了解顾客的需求、爱好、购买习惯,针对不同的顾客,采用不同的表达方式,随机应变,积极促成交易。

二、广告策略

广告可以分广义和狭义两种。广义广告是指为了达到一定目的而进行的广泛宣传与诱导。它既包括以赢利为目的的商业广告,也包括不以赢利为目的的政府公告,如政党、宗教、教育、文化、市政等机构的启示、声明。狭义广告是指以赢利为目的的广告,即商业广告,其基本特征是:专门传递商品或劳务信息,以推销和获利为最终目的,以诱导或说服的方式来争取顾客。这里所研究的是商业广告。

(一)广告的作用

1. 传递信息,沟通产需环节　传递信息是广告最基本的作用。

2. 刺激需求,促进销售　广告能够诱导消费者的需求,影响他们的心理,使潜在需求变成现实的购买行为,促进企业的销售。

3. 介绍知识,指导消费　企业可以通过广告介绍有关产品的知识,指导消费者如何使用和保养产品,为消费者带来方便和利益。

4. 改善服务,加强竞争　企业要扩大市场、战胜对手、赢得顾客、必须运用各种广告进行宣传。

5. 树立企业信誉和产品形象　广告能够树立企业和产品形象,加强消费者的记忆和好感,提高在市场上的声誉。

(二)广告媒体的类别

广告媒体是广告发布者用来进行广告活动的物质技术手段。被公认的大众化媒体有四种:报纸、杂志、广播、电视。

1. 报纸 报纸是一种与社会具有广泛联系的大众传播工具。其优点是:传播速度快;传播面积广;便于查阅;制作灵活和收费较低。其缺点是:生命力短促;形象表达的手段欠佳;内容繁杂,容易分散注意力。

2. 杂志 杂志的专业性较强,目标对象比较集中,是发布各类专用产品广告的良好媒体。其优点是:读者集中,宣传效率较高;保存时间较长,信息利用充分;印刷精良,配有彩页,能较好地表现产品的外观形态。其缺点是:传播速度慢;发行范围较小,广告覆盖面较低。

3. 广播 广播是一种通过听觉产生效果的广告媒体。其优点是:传播信息迅速,不受交通条件和距离远近的限制;传播空间广泛;安排灵活;制作简单;费用低廉。其缺点是:有声无形;声音稍纵即逝;听众的选择性差;无法存查。

4. 电视 电视是目前最有潜力、最有影响力和拥有最多观众的媒体。其优点是:表现力丰富,形象生动,感染力强;传递迅速;收看面广,覆盖面宽;有利于重复宣传,加深印象。其缺点是:费用昂贵;信息消逝快;观众选择性较差。

随着网络技术的发展,互联网已被人们称为第五大媒体,越来越多的网络广告被人们接触和认识。此外,还有很多户外广告,如:路牌广告、灯箱广告、地铁广告、公交车广告等,已经深入消费者的生活。

(三)广告媒体的选择

广告媒体种类较多,且各有优缺点。正确选择广告媒体是做好广告的关键,选择时应考虑下面一些因素。

1. 产品特性 不同产品适用于不同的媒体。服装、化妆品、食品等适宜在电视、杂志的彩色插页上做广告,以增强美感和吸引力。

2. 目标市场范围 如果目标市场分布范围广,应选择全国性的报纸、电视台、电台等。

3. 消费者的媒体习惯 消费者的媒体习惯即指目标市场的消费者经常接触的媒体。如儿童用品多用电视广告做宣传。

4. 媒体费用 各种广告媒体的费用相差很大。一般来说,电视收费最贵,尤其在收视的黄金时段的广告费比其他时段高许多。全国性媒体的广告费大大高于地方性的媒体。

(四)广告设计的原则

1. 合法性 广告设计要遵守国家有关广告的法律和政策的规定,企业及宣传单位要依法刊登、播放广告,对法律禁止传播的内容要坚决禁止。

2. 真实性 广告的生命在于真实,只有真实,才能赢得消费者的信赖。信誉是企业的命脉,广告作为一种宣传手段,直接影响企业及其产品在消费者心目中的形象。因此广告必须真实,切忌弄虚作假,夸张伪造。

3. 艺术性 设计广告时,应该依据商品或劳务的特点,运用艺术技巧,创造出鲜明生动、绚丽多彩的形象,使广告形象具有强烈的美感,给人以美的享受。

4. 简明性 广告必须简明扼要,在有限的版面、时间内输出尽可能准确、集中的信息,突出主题。

5. 创造性 要想在日趋激烈的广告战中取胜,广告的制作就要有创造性,不落俗套。

三、营业推广策略

营业推广是企业在特定的目标市场中,为迅速刺激需求、鼓励消费、促进购买而采取的促销措施。随着市场经济的发展,市场竞争日趋激烈,营业推广的作用越来越大。营业推广的方式主要有以下两类。

(一)鼓励消费者的推广方式

1. 试用品 企业赠送样本样品给经选择出来的一些用户试用,通过他们的使用和宣传,打开产品的销路。

2. 代价券 消费者凭企业的代价券购买该企业的产品可享受一定优惠。代价券可附在产品中并在包装上明确标明用法。另外,也可邮寄,或印在报纸上。

3. 附带廉价品 企业在消费者购买某些产品时,赠送一些廉价小商品,以刺激其购买欲望。

4. 廉价包装 商品不变,企业降低包装成本,使商品价格降低以吸引消费者。

5. 商品示范 销售人员现场操作商品,展示其性能和使用方法,从而吸引消费者购买。

其他用来鼓励消费者的推广方式还有有奖销售和以旧换新等。

(二)鼓励批发商、零售商的推广方式

1. 购买折扣 企业根据批发商、零售商的购买数量给予相应的价格折扣,购买数量越多,折扣越多。

2. 退货自由 企业接受批发商、零售商的退货,特别是对残次品实行退换自由。

3. 推广津贴 企业发给批发商、零售商做广告的广告津贴,发给零售商陈列商品的陈列津贴。

4. 合作广告 企业与批发商、零售商合作进行产品广告,费用由双方分摊。

第四节 销售渠道策略

企业生产出来的产品,必须通过适当的销售渠道,在适当的时间把产品运到适当的市场,最终到达消费者或用户的手里,实现产品的价值。

销售渠道也叫分配渠道、流通渠道,它是指产品由生产者向消费者或用户转移过程中所经过的路线,在这个过程中,生产者出售产品是销售渠道的起点,消费者或用户购进产品是销售渠道的终点。

一、销售渠道的分类

(一)直接渠道与间接渠道

销售渠道按生产者和消费者及用户发生联系的方式划分为直接渠道和间接渠道。凡是不经过中间商的介入,实行产销直接见面的商品销售渠道称为直接销售渠道,即从生产者到消费者(或用户)。如企业自设销售门市部,与消费者或用户直接签定合同订货以及人员推销均属于直接销售渠道。

间接销售渠道即指生产者不直接向消费者出售商品,而是经过中间商向消费者出售商品。即生产者—中间商—消费者(或用户)。对于消费品来说,其间接销售渠道有下面几种形式:

(1)生产者—零售商—消费者。

(2)生产者—批发商—零售商—消费者。

(3)生产者—代理商—零售商—消费者。

(4)生产者—代理商—批发商—零售商—消费者。

对于工业品来说,其间接销售渠道有下面几种形式:

(1)生产者—经销商—用户。

(2)生产者—代理商—用户。

(3)生产者—代理商—经销商—用户。

(二)长销售渠道和短销售渠道

长销售渠道和短销售渠道是从销售渠道所经过的环节多少来划分的。一般地,长销售渠道指经过两个或两个以上的流通环节。短销售渠道是指只经过一个流通环节的销售渠道。

二、影响销售渠道选择的因素

(一)产品因素

1. 产品的价格　一般来说,产品价格越高,销售渠道越短,反之,销售渠道越长。例如,一些大众化的日用消费品,一般都经过一个或一个以上的批发商,再经过零售商转至消费者手中;而一些价格昂贵的耐用消费品,则不宜经过较多的中间商转手。

2. 产品的体积和重量　体积大而笨重的产品,如建筑机械,应选择较短的销售渠道。

3. 产品的易损性和易腐性　容易损坏和腐败的产品,其销售渠道越短越好,如水果、玻璃器皿等。

4. 产品的技术与服务要求　产品技术性较强,售前、售后服务要求较多的产品,如耐用消费品和多数工业品,其销售渠道应尽量短,最好由生产企业直接销售给用户(或消费者)。

5. 产品的标准化程度　对于标准产品,企业可以选择长渠道,而非标准化产品,宜采用短渠道。

6. 产品的时尚性　具有时尚性,款式、花色容易变化的产品,如时装、玩具,其销售渠道越短越好。

(二)市场因素

1. 市场面的大小 产品销售的市场面大,销售渠道就应长些;反之,销售渠道就应短些。

2. 顾客的集中程度 如果顾客集中在某一地区,则可由企业派人去直接销售;如果顾客比较分散,则宜通过中间商去销售。

3. 用户购买数量的大小 如果用户每次购买的数量大,可采用直接销售渠道或短渠道;反之,则采用长渠道。

4. 竞争者的销售渠道 在选择销售渠道时,应参考竞争者的销售渠道。如果自己的产品比竞争者的好,则可选择同样的销售渠道;如果自己的产品不如竞争者,则应尽量避开。

(三)企业本身的因素

1. 企业的规模和声誉 如果企业规模大、声誉好、资金雄厚,则可自由地选择销售渠道,既可选择中间商,又可采用直接销售。如果企业规模小、资金有限,则必须依赖中间商来推销产品。

2. 企业的销售力量和经验 如果企业的销售力量强,又有足够的销售经验,则可以灵活运用多种销售渠道;反之,应该依靠有经验的中间商。

3. 企业对销售渠道控制的愿望 如果企业有较强的控制渠道的愿望,销售渠道应采用直接销售渠道或短渠道;反之,可选择长渠道。

三、销售渠道的管理

在设计销售渠道后,企业还应对销售渠道进行管理。渠道管理包括对中间商的选择、激励、评估以及在必要时进行渠道调整。

(一)选择渠道成员

选择合格的中间商,必须明确中间商应具备的条件和特点。

一般来说,选择的标准应涉及:中间商的开业年限、信誉等级、经营范围、赢利与发展状况、财务支付能力、协作愿望与能力、业务人员的素质等。

(二)激励渠道成员

企业可通过合同,规定与中间商合作的条件,促使中间商努力扩大销售量。同时,企业还要不断给中间商以鼓励,因为中间商是独立的,在处理同供应商、顾客的关系时,往往偏向顾客,认为自己是顾客的采购代理。而且,多数中间商不仅仅经销一家企业的产品。因此,为使中间商的销售工作达到最佳状态,生产企业应对其进行不断激励。

生产企业激励中间商的方式可分为三种:合作、合伙与经销规划。

大多数生产企业重视与中间商建立的合作关系,常采取积极鼓励与消极对策结合的激励方法。一方面采用正面鼓励,如给予中间商较高的利润、特殊优惠、合作广告资助、陈列津贴等;另一方面采用消极的制裁,如降低利润、推迟交货,甚至终止合作关系等。合作方式的缺点是并没有真正了解中间商的需要以及他们的长处和短处。在这种情况下,显然难以达到理想效果。

比较成熟的企业则努力与中间商建立长期的合伙关系。生产企业明确自己应该为中间商做些什么,双方共同商定在销售区域、产品供应、市场开发、技术指导、售后服务和市场信息等方面的相互要求和有关政策,并达成协议。企业根据协议执行情况给予中间商奖励。

经销规划是一种更先进的方法,即建立一个有计划的实行专业化管理的垂直营销系统,把生产者与经销商双方的需要结合起来。生产企业在市场营销部门设立一个分部,专门负责规划同经销商的关系,了解经销商的需要并制订营销方案以帮助经销商实现最佳经营。企业通过该部与经销商共同规划营销目标、存货水平、产品陈列、广告宣传、员工培训等。

(三)评估渠道成员

企业要对中间商进行有效的管理,还需要以一定的标准检查、衡量中间商的表现。这些标准涉及:销售指标完成情况、平均存货、向顾客交货时间、对损坏和损失商品的处理、促销方面的合作情况及中间商对顾客提供的服务等。对中间商进行检查和评估的目的是及时掌握情况、发现问题,以便更有针对性地对不同类型的中间商开展激励和推动工作。

(四)调整渠道策略

为了适应市场环境的变化,根据企业本身的要求以及中间商的表现,企业需要对销售渠道进行调整。主要有以下三种方式。

1. 增减某一渠道成员 增减某一渠道成员指在某一销售渠道模式里增减个别中间商。进行这种调整前,需要做经济效益分析,考虑增减某个中间商对企业赢利有何影响,还要考虑是否会引起渠道中其他成员的反应。

2. 增减某一销售渠道 增减某一销售渠道是指增减某一渠道模式。比如,某企业在某销售渠道出售其产品,销售情况一直不理想,那么,该企业可以考虑撤销这个渠道,另外增加一条新的渠道。作这种调整前,也要进行经济分析。

3. 调整整个渠道 调整整个渠道是指改变整个销售渠道系统。这是渠道调整决策中难度最大的一种,必须由企业最高管理层作出决定。这样的调整会给企业营销策略带来一系列变动。

思 考 题

1. 如何理解产品整体概念?
2. 简述产品寿命周期各阶段市场特点及其营销策略。
3. 常见的定价策略有哪些?
4. 你认为推销人员应具备什么素质?
5. 针对消费者的营业推广和针对中间商的营业推广有什么不同?
6. 依据不同的分类标准,销售渠道的类型如何划分?
7. 如何加强对销售渠道的管理?

课外阅读参考书目

[1]金永生.市场营销原理[M].北京:机械工业出版社,2003.

[2]吴健安.市场营销学[M].北京:高等教育出版社,2002.

[3]苏亚民.现代营销学[M].北京:对外经济贸易大学出版社,1997.

[4]菲利普·科特勒.营销管理[M].梅汝和,译.10版.北京:中国人民大学出版社,2001.

第四篇 财务管理

第十四章 资金管理

> **●本章知识点●**
>
> 1. 金融市场对企业资金管理的影响以及企业资金管理的内容。
> 2. 一般企业筹资的方式、特点及企业筹资决策的要点。
> 3. 投资决策的一般程序,投资决策的评价方法。
> 4. 营运资金管理的要求,流动资产与流动负债管理的内容。

第一节 金融市场与企业组织形式

企业资金管理、金融环境以及法律对企业组织的约束这三者之间有着密切关系。在金融市场蓬勃发展的今天,企业依赖于金融市场,并根据法律赋予企业的地位进行资金管理,这是当前企业资金管理的基础。

一、金融市场

(一) 金融市场概述

所谓金融市场就是资金供需双方通过某种方式进行资金融通和有价证券交易的场所和机制。和商品市场一样,金融市场可以是一个有形市场,也可以仅仅是一种交易关系或交易过程。它是由金融活动中的各类金融工具及有关交易主体共同组成的。

(二) 金融市场类型

金融市场可按多种标志进行不同的划分。

1. 按资金期限划分 按资金期限划分,金融市场可以分为货币市场和资本市场。

货币市场又称为短期金融市场,是进行短期资金融通的市场,资金的借贷期为一年以内。货币市场主要解决市场主体短期性、临时性的资金需求,所使用的金融工具主要有同业拆借协议、存单、票据、短期国债等。相应地,货币市场中各金融工具的共同特点是期限短、流通性强、交易成本低和风险低。

资本市场是指证券融资和经营一年以上中长期资金的金融市场,包括股票市场、债券市场、基金市场和中长期信贷市场等,其融通的资金主要作为扩大再生产的资本使用,因此称为资本市场。

2. 按金融交易的对象划分 按金融交易的对象划分,金融市场可以分为票据承兑贴现市场、股票市场、债券市场、黄金市场、外汇市场、期货市场等。

票据承兑贴现市场是指银行以现款买进未到期的商业票据,对持票者提供资金或提供承兑服务的市场。股票和债券市场是指股票、债券等发行和买卖的市场。黄金市场与外汇市场是指以黄金与外汇为交易对象的市场。

(三)金融市场对企业资金管理的影响

1. 金融市场是企业筹资的重要平台 企业所需资金可以通过内部积累资金加以解决,但由于积累资金往往无法完全满足企业经营和发展的需要,因此,企业必须从外部筹集生产经营所需的资金,以便进行生产和销售活动。而外部资金的最主要来源就是金融市场。金融市场为企业提供了选择各类资金的平台。可以通过比较各类资金成本、难易程度、期限长短等方面,构成最经济、最合理的资金来源组合,为股东收益的实现奠定基础。

2. 金融市场是企业投资活动的重要方式 在企业有暂时不用的闲余资金时,也可以通过金融市场进行长、中、短期投资。企业投资有两个主要特点。第一,长期投资比较稳定。例如,一个公司购入另一个公司的股票或长期债券,并长期持有,以享受优厚的股东或主要债权人的权益,很少受短期性市场波动的影响;第二,短期有价证券投资机动灵活,可以作为长期资金的临时储备,也可以作为企业库存现金的替代物以便获得一定收益。企业应根据自己的实际情况和外部环境决定最佳的投资策略。

3. 金融市场是提升企业形象的重要场所 企业的业务直接受金融市场规律的制约。金融市场不断对企业的业绩与发展作出评价。一个企业如果经营得法,它的股票价格不断上升,企业声誉提高,可为企业的进一步发展奠定良好基础。

二、企业组织形式

从组织形式上看,企业一般划分为个人独资企业、合伙企业与公司三种形式。

(一)独资企业

个人独资企业又称个体企业,是由一人出资、归个人所有和控制的企业。独资企业不是法人,出资者对企业有绝对控制权,企业的所有利润归个人所有,并向国家交纳个人所得税。

独资企业具有结构简单、组织容易、费用较低、限制较少等优点。但独资企业有三个主要缺点:企业很难筹集到大笔资金,可能会丧失良好的投资机会;独资企业所有人对企业债务负有无限责任,也就是说,当已投入企业的资产不足以还债时,出资人的财产也将被追索抵债;独资企业寿命与企业创建人的组织形式寿命有关。因此,这种形式一般仅限于小型企业或企业初创时期采用。

(二)合伙企业

由两个或两个以上个人出资和联合经营的企业称为合伙企业。合伙企业的主要优点是组建容易、成本较低。它的缺点与独资企业有些类似,即

(1)企业很难筹集到大笔资金。

(2)企业所有人负无限债务责任。

(3)企业的寿命是有限寿命。

(4)企业很难转移所有权。合伙企业不是法人,合伙企业所有的合伙人按出资额共享利益,共担风险。按每个合伙人所负担的责任差别,合伙企业可分为一般合伙和有限合伙两种。前者的合伙人均参与企业经营管理,按比例分享利润和承担无限债务责任;后者是由一名以上一般合伙人与一名以上有限合伙人组成的合伙企业,其中的有限合伙人,不参与企业经营管理,类似于一般投资者,对企业债务承担有限责任,而其中的一般合伙人,参与企业经营管理,并承担企业债务的无限责任。

合伙企业适合于小型企业。一般具有高技术特点的风险投资刚起步时,往往采用合伙形式。会计师事务所和律师事务所一般也以合伙企业形式出现。

(三)公司

公司是由股东出资依法组建的经济实体。公司是法人,具有企业法人财产权,并依法独立承担企业的民事法律责任。公司归全体股东所有,实行管理权和经营权分离,公司股东以其认购的股份为限对公司债务承担有限责任,公司则以其全部资产对公司债务承担有限责任。

在我国,公司的类型主要有三种,即有限责任公司、股份有限公司和国有有限责任公司。

股份有限公司具有以下几个优点:

(1)公司负有限责任,从而减小了股东投资风险。

(2)公司具有大规模筹资能力,能迅速扩大企业规模。

(3)公司所有权转移方便,能提高资本流动性,促使企业提高经济效益。

(4)公司寿命是无限寿命,有利于保持企业的长期生存与发展。

公司组织也有其缺点:

(1)公司组建比较复杂,需要经过一定的批准程序,要有公司章程和细则。

(2)财务上存在双重纳税,公司在经营活动中获得的利润要交公司所得税,股东分红所得必须要交个人所得税。

(3)上市公司要定期向社会公布公司经营情况和财务状况。

(4)公司的所有权与经营权分离,会产生复杂的代理关系、加大企业代理成本。

尽管如此,公司仍然是现代市场经济中最适合大中型企业的组织形式。

有限责任公司由2个以上50个以下的股东共同出资设立,股东以其出资额为限对公司承担责任。它与股份有限公司的区别主要在于有限公司的资本不表现为等额股份,也不公开发行股票,只发给出资证明,股份转让有一定条件和限制。

股份有限公司,应有5人以上为发起人,其全部资本分为等额股份,股东以其所持有股份为限承担公司责任。股份公司可以发行股票,经过法定程序和批准,其股票可以上市交易,公司即成为上市公司。

由于独资企业与合伙企业在法律上不作为独立的法人,企业经营往往由出资者自身负责进行集权控制,一般与金融市场不密切,其资金管理状况完全视个人能力而定。

而公司由于法律赋予其独立地位、是一个独立的经济实体,因此必须在《公司法》的法律要求下进行资金管理,而且在资金管理上具有规范性与制度化要求。

第二节　企业资金管理的目标与内容

一、企业资金管理的目标

现代企业管理将以财务管理为中心,而财务管理的中心是资金管理。资金是企业生产经营的基础,同时是衡量企业发展是否健康的指标。对企业资金管理的目标体现了企业发展的目标。从现代企业发展看,较普遍认同的资金管理目标有以下三种:利润最大化、股东财富最大化和企业价值最大化。

利润最大化目标从盈利的角度对企业进行评价,能够使企业资源进行有效配置,有一定的科学性与合理性。但是,片面强调利润存在着如下方面的不足:

(1)使企业忽略了风险因素。一般来说,利润越高,风险越大,追求利润最大化往往会增加企业风险。

(2)使企业忽略了长远利益,例如那些投资在短期内收益少甚至亏损、但从长远看具有光明前景的项目,可能会得不到应有的重视。

股东财富最大化是指通过财务上的科学经营,企业为股东带来尽可能多的财富。在股份制条件下,股东财富由其拥有的股票数量和股票市场价格两方面所决定,在股票数量一定时,股东财富最大化等同于股价最大化。在此目标下,企业必须提高经营水平,在公共投资者中树立良好声誉。因此股东财富最大化目标有利于企业考虑盈利与风险的关系、短期利益与长期发展的关系,有利于企业克服在利润追求上的短期行为。

现代企业理论认为,企业是多方利益集团的契合体,因此,不应仅仅考虑股东的利益,还应考虑企业债权人、企业员工、消费者、社会等方面的利益。因此相对而言,企业价值最大化就显得较为科学。企业价值最大化是指企业通过财务上的合理经营,充分考虑资金的时间价值和风险与报酬的关系,采用最优化的财务策略,在保证企业长期稳定发展的基础上使企业总价值达到最大。

企业价值最大化的提出,对企业资金管理提出了更高的要求。总体来讲,企业要根据企业长远发展的目标,正确权衡风险与收益的关系,协调各方利益关系,实现资金保值与增值的目标。

二、企业资金管理的内容

企业资金管理的内容主要包括筹资管理、投资管理与营运资金管理。

(一)筹资管理

筹资管理是指企业为了满足投资和用资的需要,筹措和集中资本的过程。无论是新建企业还是经营中的企业,都需要取得一定数量的资本,资本取得是企业存在和发展的基本条件,是资本运作活动的起点,也是资本运用的前提。

　　企业筹集资本有其客观的必然性,即生产的无限性和资本的稀缺性之间的矛盾客观存在,使企业必须进行自我扩充和自我发展,生产更多更好的产品满足社会需要。企业生产规模的扩大是以一定的资本投入为前提的,但是相对于无限发展的生产来说,企业的资本总是有限的。因此,为了协调生产的无限性和资本的有限性之间的矛盾,企业必须广泛开展筹资活动,筹集企业经营发展所需要的资本。应当注意的是,资本的筹集有一个合理的数量界线。筹资不足会影响生产经营活动和投资活动,筹资过剩又会影响资本的使用效益,甚至加重企业的财务负担。资本需要量的确定要以需定量、量力而行,筹资的规模、时机和结构也要适应投资的要求。同时,在确定资本需要量的基础上,要注意控制资本的投放时间,根据产品的生产规模和销售趋势,合理安排不同时期的资本投入量和投入时间,减少不必要的资本占用。

　　筹资是必然的,而筹资的目的是多样的,有为扩大生产经营规模而筹资的扩充性目的;有为偿还债务而筹资的偿债性目的;有为控制其他企业而筹资的控制性目的;有为优化资本结构而筹资的调整性目的等。为了实现筹资的目的,企业筹资必须按照一定的要求进行。总的要求是:研究筹资的影响因素,讲求筹资的综合效益。具体要求是:合理确定资本需要量,控制资本投放的时间;正确选择筹资渠道和筹资方式,努力降低筹资成本;分析筹资对企业控制权的影响,保持企业生产经营的独立性;合理安排资本结构,适度运用负债经营。

　　企业可以从两个方面筹资并形成两种性质的资本:一种是企业权益资本,它通过所有权融资方式取得;另一种是企业债务资本,它通过负债融资方式取得,如向银行借款、发行债券、获得应付款项等。企业在取得资本时,应当科学地安排资本结构,适度运用举债经营。举债经营是现代企业经营的一种重要策略,但举债的数量应与企业的资本结构和偿债能力相适应。如果负债过多,财务风险就会增大。因此,企业不仅要根据个别资本成本正确选择筹资方式,而且要根据综合资本成本合理安排资本结构。既要获得财务杠杆效应,又要努力减少财务风险。

　　(二)投资管理

　　企业投资是指企业以盈利为目的进行资本性支出,即企业预先投入一定数额的资本以获得预期经济收益的财务行为。企业在投资过程中,必须认真安排投资规模、确定投资方向、选择投资方式、确定合理的投资结构以提高投资收益、降低投资风险。

　　企业资本投资按投资对象分为项目投资和金融投资。

　　项目投资是指企业通过购买固定资产和无形资产,直接投资于企业本身生产经营活动的一种投资行为,它是一种对内的直接性投资。项目投资的目的是改善现有的生产经营条件、扩大生产能力以获得更多的经营利润。在项目投资上,财务管理的重点是在投资项目技术性论证的基础上,建立严密的投资程序,运用各种技术分析方法,测算投资项目的财务效益,分析投资项目的财务可行性。

　　金融投资是企业通过购买股票、基金、债权等金融资产,间接投资于其他企业的一种投资行为,它是一种对外的间接性投资。金融投资的目的是通过持有权益性或者债权性证券来控制其他企业的生产经营活动,或者取得长期的高投资收益。在金融投资上,财务管理的重点是在金融资产的流动性、收益性和风险性之间找到一个合理的均衡点。

（三）营运资金管理

在企业日常生产经营过程中,会发生一系列的、经常性的资本收付。企业要采购材料或商品以从事生产和销售活动;企业要支付工资和其他营业费用;当企业把产品或商品售出后,可取得收入,收回资本;如果企业现有资本不能满足企业经营的需要,还要采取短期借款方式来筹集营运资本。这些因企业生产经营而引起的财务活动构成了企业的营运资金活动,也是企业财务管理的重要内容。

第三节　筹资管理

一、企业筹资管理的要求

资金是企业从事生产经营活动所需要的各种生产经营要素的价值表现形式。资金筹措是企业生产经营活动的起点,也是企业活动正常开展的基础。企业通过多种渠道,采用不同方式去取得生产经营所需的资金。企业资金的筹集,是企业资金运动的起点,也是决定企业资金运动规模和生产经营发展的重要环节。

一个企业,对应当筹集多大数量的资金,怎样筹集到所需资金,如何确定外部资金的使用条件等问题,都应该认真地做出正确的决定。筹资过程应按照以下要求进行。

（一）合理确定筹资的数量标准

资金不足,要影响生产经营发展;资金过剩,也会影响资金使用效果。企业在生产经营过程中最低的资金需求可作为筹资的依据。在确定最低的资金需求时,要求在数量方面要考虑投资效益高的项目的需要量,又要准确确定企业现有资金在充分利用基础上的资金需要量;在时间方面,不仅要掌握全年资金平均需求量,还要掌握不同月份资金需求量,甚至对企业近期的货币需求量,也要做出逐日估计,以便合理安排资金投放和回收,减少资金的占用。

（二）保证企业资金来源的结构

企业资金来源结构包括两个方面的内容,一是长期资金与短期资金比例;二是自有资金与借入资金比例,特别是长期资金中自有资金与借入资金的比例关系。

通常,企业自有资金是有限的,而借用外部资金是不可避免的。企业经常会向银行借款,当借入资金利息率低于企业资金利润率时,企业的贷款形成了负债。若负债比例太大,财务风险也就大,当风险超过利益,会给企业带来损失。因此,自有资金与借入资金比例是筹资中应予认真考虑的问题。

在长期资金与短期资金筹资中,若企业生产经营很均衡,应多筹长期资金,以保证企业生产的正常需要;如企业生产具有季节性或周期性,应多筹集一些短期资金为好。

(三)讲求效益,作好筹资方式可行性的具体评价

企业应从效益、风险、可能三方面来判断筹资方式的可行性。

1. 效益　效益即资金成本的高低。资金成本是指企业为取得某种资金使用权而付出的代价,是资金使用者支付给资金所有者的报酬以及有关的筹措费用,如资金占用费(借款利息、债券利息、股息等),资金筹措费(股票发行费、债券注册费等)。由于资金成本是对筹资效益的一种扣除,因此企业在筹资时必须全面考虑这项筹资代价。

2. 风险　风险指筹资风险的大小。筹资风险是指筹资效益的不确定性,包括利息变动风险、无力偿还负债的风险、削弱经营自主权的风险以及长期资金短期使用的风险。筹资金额越大,筹资风险越大,企业必须事先考虑风险大小与企业的承受力。

3. 可能　可能指筹措资金的难易,是指能否及时供应足够资金。由于筹资方式不同,取得资金难易程度也就不同。难易程度还与国家的相关政策有关,如贷款政策、产业政策、股票债券集资政策等,因此要充分加以分析研究。

(四)合理投资,实现最大资金利用效果

资金成本高低和投资效果大小决定筹资的经济效益。这两方面都与资金来源、投资方向、确定资金需要量及投放时间安排密切相关,因此必须全面分析资金成本率和投资收益率,力求以最少的资金成本实现最大的投资收益,在这个前提下合理确定资金需要量和投放期,使资金发挥最大的效能。

(五)确定合理借款偿还方式

筹措借款内容无论是实物还是货币,都要根据资金的使用时间、将来盈利的多少及其使用方向来比较本金和利息,研究偿还方式。一般偿还有以下四种方式。

(1)在规定期限内,每年只偿付利息,本金到期末一次还清。

(2)在规定期限内,本息到期末一次合计偿还。

(3)在规定期限内,本金以每年等额分期偿还,同时,付清当期的利息。

(4)在规定期限内,本金每次以等额偿还,利息按复利计算,到期末一次总付。

企业应根据未来企业经营状况,特别是未来取得现金流的状况、利率变化以及投资机会等因素对偿还方式加以选择。

二、企业的筹资渠道与方式

筹措资金的渠道是指企业取得资金的途径,筹措资金的方式是指企业取得资金的具体方法和形式。一定的筹资方式可能只适用于某一种特定的筹资渠道,也可能适用于不同的筹资渠道,同一渠道的资金可以采取不同的方式取得。因此,应对各种筹资渠道和方式进行深入研究,以便确定最好的资金来源结构、取得良好的财务成果。

(一)筹资渠道

我国企业的筹资渠道通常有如下几种。

1. 国家财政资金　国家财政资金指国家预算拨给企业的资金,主要有财政拨款(有偿、无偿)、财政补贴、周转金以及参与股份制企业的国家股等。

2. 专业银行借贷资金 企业通过多种形式从银行取得的贷款是形成企业资金的重要来源,如基建贷款、流动资金贷款、中短期专项贷款等。用商业信用的单据贴现,也是迂回使用银行信贷资金的一种方式。选择银行借款方式时,企业应考虑经济效益及偿还能力,防止盲目地筹集和使用资金。

3. 非银行金融机构资金 非银行金融机构主要包括信托投资公司、租赁公司、保险公司以及民间金融组织等,这些机构的资金供应比较灵活方便。

4. 社会闲置资金 社会闲置资金指社会民众手中的闲置沉淀货币,这些货币可用来购买各种证券进行投资以求保值或获利。

5. 其他企业资金 随着横向经济联合的开展,企业向资金联合和资金流通方面加强和发展,通过联营入股、债券以及商业信用等方式从其他企业获得资金的筹措方式既可使企业获得长期稳定的资金使用,又可使企业获得短期临时的资金调剂。企业间资金的流转,可以促进企业优势的发挥和经济效益的提高。

6. 企业自留资金 企业自留资金主要有企业税后留利和一种被称为视同自有资金的定额负债,它是根据国家有关政策法令,经财务结算制度允许,保留在企业内部的一部分经常性的延期专付的款项,尽管这些资金不是企业所有,但总有一部分可供企业稳定有规律地长期使用,成为企业的一种固定负债,构成企业的一种资金来源,如应付工资、应付税金、应付费用等等。从理财角度看,企业应充分利用这笔定额负债。

7. 国外资金 利用外资的方式很多,可归结为吸收外资和借用外资两大类。吸收外资主要是用于中外合营或独资办企业。另外,补偿贸易和国际租赁也是吸收外资的重要方式。借用外资主要是企业间采用的形式。如外商提供货物,允许买方延期付款,或通过进出口在两国银行间提供信贷等。

(二)筹资方式

我国企业筹资方式主要有以下几种:投入资本;发行股票;发行债券;银行或非银行金融结构借款;商业信用筹资;商业票据;租赁;留存收益;利用其他金融性衍生工具。

投入资本筹资是企业以协议形式取得政府、法人、自然人等直接投入资本以形成企业投入资本的一种筹资方式。投入资本筹资方式不以股票为媒介,适用于非股份制企业,是非股份制企业取得权益资本的基本方式。

发行股票筹资是股份制企业取得权益资本的一种基本筹资方式。发行股票是企业通过金融市场直接筹资的一种有效方式。通过股票发行可以把社会上的零散闲置资金纳入生产资金领域,扩大了生产资金的来源。其中企业向境外发行股票是吸收外资的重要手段。

企业通过发行债券、银行长期借款和融资租赁等筹资方式构成债务资本。但债务资本会受到诸如企业规模、国家有关法规等方面较多的限制。

商业信用筹资、银行短期借款、商业票据等是企业获取短期生产经营资金的筹资方式;其中商业信用筹资是企业通过赊购商品、预收货款等商品交易行为筹措短期资金的一种筹资方式,是一种免费使用资金的来源。

金融工具的不断创新为企业筹资提供更多的新型筹资方式,诸如认股权证、可转换债权、回购协议等也逐渐为我国企业筹集资金所用。

三、企业筹资决策

企业筹资决策是在投资项目确定后,在现有法律的要求下,分析筹资渠道与方式的可能性,在满足企业价值最大化的前提下,降低企业资本成本、控制财务风险、合理负债经营以实现最优的资本结构。

筹资决策的核心问题实际就是如何进行合理的负债经营。成功的企业源于负债经营,失败的企业也源于负债经营。因此合理负债是使企业经营成功的重要决策内容。负债经营的比例没有统一的标准。高负债可能会增加企业的利润,最终会提高股东投资收益水平;但也可能会降低企业利润,最终不仅会降低股东投资收益水平,而且会导致企业偿债能力下降、企业破产。

进行负债经营水平的决策时,企业要根据本企业资产利润水平的状况以及发展趋势,分析外部金融市场利率的走势,在确保企业基本支付能力的基础上,为提高企业盈利水平而确定合理负债水平。

第四节　投资管理

一、企业投资管理的重要性及特点

(一)企业投资管理的重要性

对企业投资项目的决策可能是财务管理中最重要的决策,因为企业的生产、经营等所有部门几乎都直接受到投资决策的影响,而且,企业投资项目决策对企业的获利能力、资金结构、偿债能力以及长远发展和日常财务管理也都有着直接影响。

(二)企业投资决策的程序

企业投资决策是一个综合性的分析过程,一般包括以下几个步骤。

1. 投资项目的提出 企业各级领导者都可以提出新的投资项目。一般而言,企业高级领导提出的投资大多数是战略性的投资,其方案一般由生产、市场、财务等各方面专家组成的专门小组做出。基层或中级人员提出的主要是战术性投资项目,其方案由主管部门组织人员拟订。

2. 投资项目的评价 投资项目的评价工作主要涉及以下几项工作:一是把提出的投资项目进行分类,为分析评价做好准备;二是计算有关项目的预计收入和成本,预测投资项目的现金流量;三是运用各种投资评价指标,把各项投资按可行性的顺序进行排队;最后写出评价报告,请上级批准。

3. 投资项目的决策 进行投资项目评价后,企业领导者要作最后决策。对于投资额较小的项目,有时中层管理者就有决策权;投资额较大的投资项目一般由总经理决策;投资额

特别大的投资项目要由董事会甚至股东大会投票表决。不管由谁作最后决策,一般决策意见都可分成以下三种:

(1)接受这个项目,可以进行投资。

(2)拒绝这个项目,不能进行投资。

(3)发还给项目的提出部门,要求进行重新调查后再做处理。

4. 投资项目的执行 决定对某项目进行投资之后,要积极筹措资金,实施投资。由于投资涉及大笔资金,因此在动用大笔资金以前,必须事先做好计划。在投资项目的执行过程中,要对工程进度、工程质量、施工成本进行控制,以便使投资按计划保质、按期完成。

5. 投资项目的再评价 在投资项目的执行过程中,应注意分析原来作出的决策是否合理、正确。一旦出现新的情况,就要随时根据变化的情况作出新的评价。如果情况发生重大变化,原来的投资决策已经变得不合理,那么就要对投资是否中途停止作出决策,以避免更大的损失。

(三)企业投资决策的特点

企业投资决策对企业影响深远。良好的投资项目可以促进企业发展,提高企业的获利能力和竞争能力。同样,不恰当的投资项目,会使企业面临困境,甚至导致破产。企业投资决策一般应具有如下特点。

1. 资金量大 由于投资额一般较大,因此合理确定投资规模非常重要。如果投资太大,会造成投资过剩,导致资产收益率下降,获利能力下降;如果投资规模太小,会产生两种后果,一是导致设备陈旧,使企业失去竞争能力;二是导致生产量不足,企业将失去一部分市场份额。

2. 周期长 投资项目从开始投资到取得投资成果往往需要几年甚至更长时间,由于具有不可逆转性,投资决策一定要慎重。如果决策失误,将使企业蒙受巨大损失,造成投入资金的浪费,而且影响企业战略目标。

3. 风险大 由于投资项目时间长,而且有关投资决策的数据,特别是对有关市场状况、销售、成本、价格、竞争对手和政治经济环境等的预测具有很大的不确定性。所以投资决策的风险较大。

二、投资方案与现金流量分析

(一)投资方案

按照对企业影响的程度不同,企业投资项目大体可以划分为如下两类。

第一类是扩建项目,这类项目一般会引起企业产生新的收入,同时会发生相关的成本,分析这类投资项目需要了解由项目产生的全部现金流量。

第二类是资产更新项目,这类项目一般只是企业设备等的更新,不会产生新的收入,但是资产更新会导致运行成本节约等结果,因此分析这类投资项目往往只需取得有关成本等数据。

(二) 现金流量分析

在长期投资项目决策中,为保证项目实施的客观性与可行性,以及考虑到时间价值等因素,项目决策采用的基础数据是现金流量。

现金流量是指由一个项目引起的现金流入量和流出量的总称。现金流量包括现金流入量、现金流出量以及现金净流量。

现金流入量一般是某项目在投资与实施过程中所能获得的全部实际现金收入,通常包括项目投产后每年的营业现金收入、固定资产报废或中途转让时的变价收入以及项目结束时回收的流动资金。

现金流出量是指项目投资及实施过程中所发生的全部现金支出,通常包括固定资产投资、除折旧以外的全部营运成本与费用以及税金等。

现金净流量是指在相应的一定期间内的现金流入量与现金流出量的差额,通常以年为单位,称为"年现金净流量",其计算公式如下。

$$现金净流量 = 现金流入量 - 现金流出量$$

估算项目现金流量必须符合两个原则,一是实际现金流原则,即按实际发生时间测量;二是相关性原则,即必须是与投资决策相关的现金流。

在投资决策中,最重要也是最难的工作就是估算一个项目的未来现金流量。对于不同的投资项目,对现金流量的估算有不同的方法。对现金流量的估算要注意以下两点:

(1)为使其具有同一的比较基础,现金流量应建立在税后的基础上。

(2)投资项目的现金流量应是企业增量现金流量。

三、投资决策的评价方法

投资决策的评价方法有多种,主要有投资回收期法、平均会计收益率法、净现值法和内含报酬率法。前两种方法是静态方法,没有考虑货币的时间价值;后两种考虑了货币的时间价值,属于贴现现金流量的评价方法。

(一) 投资回收期法

投资回收期是指企业期望用净现金流量来回收全部原始投资所需的年限。一般来说,投资回收期越短,收回投资的速度越快,投资方案承担的风险越小,因此,可以根据投资回收期的长短评估有关投资方案的优劣。

投资回收期法操作简单,但存在两个缺点。一是不能考虑项目的整体效益;二是忽略了货币的时间价值。因此,投资回收期法只能作为投资方案评价的辅助方法。

(二) 平均会计收益率法

平均会计收益率是指项目在正常生产年份的平均税后利润与平均投资额的比率,记为ARR。当ARR≥企业目标收益率时,项目可行。

平均会计收益率法简单明了,数据易取得,但存在两个缺点:一是数据来源不客观,没有考虑货币的时间价值;二是未能提出如何确定一个合理的目标收益率,因此,也只能作为投资方案评价的辅助方法。

(三)净现值法

净现值是指投资方案在项目的有效期内,其未来的期望现金净流量按一定的贴现率折算的总现值与初始投资额之间的差额。

使用净现值法评估项目的准则是:若净现值为正数,说明该项目在经济上有利,该投资项目可行,若净现值为负数,说明该项目在经济上不利,该投资项目不可行。若有两个以上投资方案比较时,净现值最大的方案在经济上最有利,该方案最优。由于净现值法考虑货币的时间价值,而且建立在项目的整体效益基础上,因此,该方法是投资决策评价方法的核心方法。

(四)内含报酬率法

内含报酬率法是指投资方案在项目有效期内,使投资项目的净现值等于零的贴现率。

采用内含报酬率的决策准则是:如果计算出的内含报酬率大于资金成本或企业期望达到的投资报酬率,则有关方案可行;反之,则不可行。在多个备选方案的互斥选择中,选用内含报酬率最高且超过资本成本或期望报酬率的投资项目。

内含报酬率法考虑货币的时间价值,反映了项目能实现的报酬水平。但当与净现值法决策结果不一致时,要考虑到该方法基础的不真实性,而以净现值法为主。

第五节　营运资金管理

一、企业营运资金管理的要求

(一)营运资金的概念

营运资金是企业对全部流动资产的投资,也就是指企业投放在流动资产上的资本。净营运资金是流动资产总额减去流动负债总额后的余额。营运资金的管理既包括流动资产的管理,也包括流动负债的管理,体现为整个资产负债表的上半部。营运资金几乎关系到企业日常生产经营的各个方面,因此,营运资金管理成为一般企业日常处理最多的一组理财活动。

(二)营运资金管理的重要性

营运资金管理在整个财务管理乃至企业管理中具有重要的地位。

1. 营运资金周转是整个企业资金周转的依托　企业整个资金包括在流动资产上投入的营运资金和在固定资产上投入的长期性资金。固定资产投入资金的周转是通过资产价值分次转移到产品价值中去并在销售收入实现之后予以补偿的重复进行而实现的。营运资金周转才能带动固定资金周转,从而使企业的整个资金实现周转。

2. 营运资金周转是企业生存和发展的基础　营运资金是企业资金总体中最具活力的组成部分,企业生存与发展在很大程度上、甚至可以说在根本上是维系于营运资金的管理和运转基础之上的。只有营运资金正常运转,企业才能保证供产销各个阶段的正常运行,才能实现收入并补偿生产经营中的耗费,才能获得收益,并进而促进企业的发展。显然,没有营运资金的良好运转,企业的生存和发展是不可能的。

3. 营运资金在企业资金总额中占有很大的比重　相当多的资料表明,一般企业流动资产占企业资产总额的40%之多,有些企业甚至能占到50%以上,而且一直处于不断变化之中。因此,如果营运资金管理不善,会导致企业资金周转不灵,企业停工停料,乃至破产倒闭。企业的财务经理往往把大量的精力用在营运资金管理,在中小型企业中尤为如此。

4. 营运资金管理的质量决定财务报表所披露的企业形象　企业的资产负债表、利润表以及现金流量表中的大部分项目都与营运资金项目相伴而生。营运资金管理的质量将直接影响到企业的财务状况和企业经营成果,尤其对现金流量有更直接的影响。

(三)营运资金管理的要求

营运资金尽管只是企业资金总体的一部分,但其运转的特点与内容说明,营运资金管理的质量直接决定企业财务管理的成效。

营运资金管理的总体要求就是,在满足偿债性要求前提下,不断加速资金周转,提高资金使用效率,从而实现企业良好的资金利润水平。

例如,某企业原有现金周期为90天,经过加强企业的经营管理,现金周期缩短为60天。

(1)如企业的销售收入为1 200万元,请计算营运资金的绝对节约额。

(2)如保持原有的销售收入下的营运资金,那么按加强经营管理后的现金周期取得的销售收入,比原来能增加多少?

$$绝对节约额 = \frac{1\,200}{360/90} - \frac{1\,200}{360/60} = 100(万元)$$

$$增加的销售收入 = \frac{300 \times 360}{60} - 1\,200 = 600(万元)$$

二、流动资产管理

流动资产是指可以在一年内或者趋过一年的一个营运周期内变现或者运用的资产,包括持有现金、短期投资、应收账款和存货等。

流动资产具有期限短、周转快、易变现等特点。只要企业的流动资产超过流动负债,它就有净营运资本,大多数企业都有一定数量的净营运资本。企业拥有流动资产的目的是维持正常的生产经营秩序和预防一定的意外风险,但流动资产过大意味着企业资金积压,会造成利润的下降。

(一)现金

现金概念有狭义和广义之分。狭义的现金通常仅指企业财务部门的库存现金;广义的现金则是指所有可以即时使用的支付手段,包括库存现金和银行存款,有时也将即期或到期的票据看作现金。现金在流动资产中流动性最强,可直接支用或投入流通,过去人们习惯上将其称为货币资金。

(二)短期投资

短期投资又称短期有价证券,是指各种可随时变现或转卖的有价证券以及期限不超过一年的其他投资。企业进行有价证券投资,一方面可以带来一定的投资收益;另一方面可以作为现金的补充物。既提高现金使用权益,又增加资产的流动性。

(三)应收账款

应收账款是指企业由于生产经营或者其他活动所导致的应收款项。应收账款的具体项目很多,包括应收销货款项、应收票据和其他应收款。其中应收销货款项是应收账款中的主体部分。应收账款的产生的主要原因是为了适应市场竞争的需要,但持有应收账款会产生相应的成本,甚至产生坏账,因此对应收款项的管理是流动资产管理中的一项重要内容。

(四)存货

存货是指企业在生产经营过程中为销售或耗用而储存的资产,包括产成品、在产品、原材料以及辅助材料、低值易耗品和包装物等。存货是企业生产经营过程得以维系的支撑,但存货储备会发生库存费用和储存损耗,同时也会占用大量资金。因此,使存货保持在最佳水平,加强存货的控制和管理,也是企业财务管理的一项重要内容。

三、流动负债管理

流动负债是指需要在一年内或者超过一年的一个营运周期内偿还的债务,包括应付账款、应付票据和预收款项、短期借款以及应计项目等短期债务。企业应严格管理每一流动负债项目,以保证这些资金的及时获得和合理的使用。

(一)应付账款、应付票据和预收款项

上述三种流动负债项目是在商品购销过程中由于使用商业信用而产生的延期付款或预收货款而形成的流动负债。其中,应付账款是一种欠债式的信用,是指企业因购买商品或劳务而结欠应付供货商的货款;应付票据则属于票据信用,是指企业在购买商品过程中采用商业汇票等结算方式而向供货方承兑或委托银行承兑的票款。上述流动负债项目是商品交易过程中自然形成的一种直接融资,是一种免费使用资金。

(二)短期借款

短期借款是指企业为解决短期资金周转的要求,向银行或其他金融机构借入的期限在一年以内的各种款项。

(三)应计项目

应计项目又称应计未付项目,是指企业在生产经营过程中以及组织利润分配时所产生的、已经计提而尚未以现金支付的各种债务项目。通常包括应计工资、应计税金、应计红利以及其他应付款等。应计项目数额一般不大,期限也不长,它也是一种免费使用资金。

思 考 题

1. 金融市场与组织形式对企业资金管理有什么影响?

2. 企业常见的筹资方式有哪些?

3. 企业负债经营的利弊有哪些?

4. 企业投资决策评价的方法有哪些?

5. 企业营运资金管理的要求是什么? 营运资金管理具体包括哪些内容?

课外阅读参考书目

[1]葛文雷. 财务管理[M]. 上海:东华大学出版社,2003.

[2]赵德武. 财务管理[M]. 北京:高等教育出版社,2000.

[3]杰斯汀·隆内克. 小企业财务管理[M]. 郭武文,译.北京:华夏出版社,2002.

[4]卢家仪. 财务管理[M]. 北京:清华大学出版社,2006.

[5]姚海鑫. 财务管理[M]. 北京:清华大学出版社,2006.

[6]张丹等. 会计学[M]. 上海:东华大学出版社,2004.

第十五章　成本与盈利管理

● 本章知识点 ●

1. 变动成本、固定成本、半变动成本的概念和内容。
2. 可控成本和不可控成本的概念和内容。
3. 直接成本和间接成本的概念和内容。
4. 成本核算的基本要求。
5. 完全成本法、制造成本法和变动成本法在成本核算范围上的主要区别。
6. 品种法的特点、适用范围和运用方法。
7. 分步法的特点、种类和计算方法。
8. 分批法的特点、适用范围。
9. 收入的定义及其分类。
10. 利润的定义及其计算。
11. 目标成本和目标利润的计算方法。
12. 战略成本的概念及其内容。
13. 战略成本管理的内容。

第一节　成本的概念及其分类

一、成本的概念

成本作为一个经济范畴的概念,它随着产品交换而产生,又随着商品经济发展而不断改变其表现形式。众所周知,马克思曾从耗费和补偿两方面对成本进行了论述。成本从耗费角度看,是商品生产中所消耗的物化劳动和活劳动中必要劳动的价值,它是成本最基本的经济内涵;成本从补偿角度看,是补偿商品生产中资本消耗的价值尺度,即成本价格,它是成本最直接的表现。成本是已耗费而又必须在价值或实物上得以补偿的支出。

成本概念中最为典型的是产品成本。产品成本通常是指企业为生产一定种类和数量的产品所消耗而又必须补偿的物化劳动和活劳动中必要劳动的货币表现。

随着商品经济的不断发展,成本概念的内涵和外延都处于不断的变化发展之中。美国会计学会(AAA)在1951年对成本做了如下定义:"成本是为了一定目的而付出的(或所能付出的)用货币测定的价值牺牲。"这个定义的外延相当广泛,远远超出了产品成本的概念。按这个定义,劳务成本、工程成本、开发成本、资产成本、质量成本、资金成本等都可包括于其中。

基于成本管理的不同目的形成的对成本信息的不同需求,使成本有各种各样的组合。同时对于成本的各种特性以及影响成本的复杂因素,人们的认识也日趋深化。于是,变动成本、固定成本、期间成本、可控成本、目标成本、标准成本、责任成本、机会成本、战略成本等新的成本概念不断涌现,组成多元化的成本概念体系,仅用"成本"一词已很难使人确切理解其含义,只有在"成本"一词前加上定语,说明指的是什么成本,才有可能给予比较科学的回答。可以这样理解:在成本管理中,只有当成本以特定目标和特定问题来表示时,成本才有意义。

二、成本的分类

(一)按经济用途划分

在生产性企业中,成本按其经济用途可分为制造成本和非制造成本两大类。

1. 制造成本　制造成本是指在产品生产(制造)过程中发生的各项耗费,包括直接材料费、直接人工费和制造费用三部分。

(1)直接材料费是用以形成产品实体或构成产品主要部分的材料成本。

(2)直接人工费是在产品生产中直接改变原材料的性质或形态所耗用的人工成本。

(3)制造费用是在产品生产过程中发生的,除了直接材料、直接人工以外的其他全部耗费。

2. 非制造成本　非制造成本是指企业在行政管理方面和在产品销售过程中发生的各项耗费,包括管理费用、销售费用和财务费用三部分。

(1)管理费用是为保证企业日常行政管理工作的正常进行而发生的各项耗费,如办公费、通讯费和行政管理人员的工资等。

(2)销售费用是为推销产品而发生的各项耗费,如广告费、公关费、销售渠道建设和维护费、销售佣金和销售人员的工资等。

(3)财务费用是企业为筹集资金而发生的各项费用,如利息支出、汇兑损失、金融机构手续费等。

(二)按成本的性态划分

从成本的性态上说,成本可分为变动成本、固定成本、半变动成本三种。

1. 变动成本　变动成本是指在一定业务量范围内,其总额随业务量的变动而发生正比例变动的成本。企业生产过程中发生的直接材料、直接人工、制造费用中的产品包装费、按工作量计算的固定资产折旧费,以及按销量多少支付的推销佣金都属变动成本。这些成本的总额将随产量或销量的变动而呈正比例变动。但从单位业务量观察,单位产品的直接材料、直接人工等都是等量的,即单位变动成本不随业务量变动的影响而保持不变。

2. 固定成本　固定成本是指在一定时期和在一定业务量范围内,其总额不受业务量变动的影响而保持不变的成本。企业按直线法计提的固定资产折旧费、管理人员的工资、财产保险费等即为固定成本。固定成本总额不受业务量变动的影响而保持不变,因此单位固定成本随业务量的增加或减少而呈反比例的增减变化。

3. 半变动成本　并非所有的成本都能够直接归入变动成本或固定成本,还有一类成本,其总额随业务量的变动而呈非正比例的变动,这类成本称为半变动成本,如企业的公用事业费支出(电费、水费等)、设备维修费等。半变动成本的总额由两部分组成,一部分即为固定成本部分,无论是否有业务量发生,这部分成本总会发生,并不受业务量变动影响;另一部分随业务量的变动而发生正比例变动,为变动成本部分。由于半变动成本的一部分是固定不变的,其总额尽管随业务量的增减变动而相应增减变动,但与业务量之间并不具有同等变动比例关系。

(三)按可控性划分

从可控性上看,成本可分为可控成本和不可控成本。

1. 可控成本　可控成本是指企业内部特定的责任部门在其经济活动的区域内能直接确定和掌握、并对此负责的有关成本。这类成本必须同时满足三个条件:

(1)企业能预知其耗费性质。

(2)企业能准确计量其发生额。

(3)企业能调节其大小。

2. 不可控成本　不可控成本是指企业内部特定的责任部门在其经济活动区域内无法直接掌握、不能加以控制、因此也不必负责的成本。

(四)按成本与特定产品的关系划分

从与特定产品的关系上看,成本可分为直接成本和间接成本两类。

1. 直接成本　直接成本又称专属成本,是指能直接归属于某一特定产品的成本。在同时产销多种产品情况下,这类成本与特定产品的产销活动密切相关,并随着特定产品的产销量的变动而相应变动,此时,产品的变动成本即为直接成本。如产品的直接材料、直接人工、变动性制造费用以及按销售量支付的佣金等。如果只产销一种产品,则产品的全部生产费用都由该产品负担,这时无论变动成本还是固定成本,都是直接成本。

2. 间接成本　间接成本是指不能直接计入而需按一定标准分摊后才能归属于某种产品的成本。这类成本通常与特定产品的生产和销售无直接联系,往往由几种产品共同负担并按一定标准分摊以后计入产品成本,如间接材料、间接人工、间接销售和管理费用等。

第二节　成本核算的基本要求

一、划分会计期间,分期核算

为了充分发挥会计对生产经营活动过程的控制作用,满足决策者对短期信息的需求,企业需要人为地把持续不断的生产经营活动划分成一个个首尾相接、间隔相等的会计期间。成本核算的分期与会计期月、季、年的划分一致,有利于经营成果的确定。但是产品成本的分期核算,与产品成本计算期是有区别的。产品成本计算期是对产品成本负担生产费用所规定的起讫期,它受产品生产类型的影响,可以按会计期定期进行,也可以按各批或各件产品生产的周期不定期进行。

二、以权责发生制为会计核算基础

权责发生制是在会计核算期间假设的基础上,根据经济权利和责任的发生与转移确定收入与费用的归属。对于产品成本计算来说,凡应当由本期产品成本负担的费用,不管其是否支付,均应计入本期产品成本。例如预提机器修理费用,虽未支付,但与机器将来的修理和目前的使用有关,所以应将预计修理费的一部分计入本期产品成本。

三、收入与其相关的成本、费用配比

为了正确计算各个会计期的管理成果,必须将特定时期的收入与同一时期的费用相配比。权责发生制是根据权利、责任的发生或转移确定收入、费用的归属;而配比原则是根据收入与费用之间的内在联系确定它们的归属。收入与费用应根据具体情况采用不同方式配比。例如:围绕产品进行直接配比,按照受益期进行间接配比等,对于那些与具体产品无直接因果关系,又无法确认受益期或不能明显提供未来利益的费用支出,则在发生时立即从当期收入中扣除。

四、划分收益性支出与资本性支出

进行产品成本核算,必须划分收益性支出和资本性支出。凡支出的效益仅限于本会计年度的,属于收益性支出。收益性支出中,与产品生产存在明显因果关系的计入产品成本,无明显因果关系的作为期间成本。凡支出的效益涉及几个会计年度的,属于资本性支出。

五、合法性

产品成本是计算盈亏和确定应纳所得税款的重要依据,其核算应该体现合法性的原则,应符合国家经济管理的要求。例如企业的下列支出不能列入成本:购置和建造固定资产的支出,购入无形资产的支出,对外投资的支出,被没收的财物,各项罚款、滞纳金、违约金、赔偿金,企业赞助、捐赠支出以及国家规定不得列入成本的其他支出。

六、一致性

与成本核算有关的会计处理方法应保持前后期的一致,使前后期的核算资料便于衔接,也便于相互比较,避免通过任意改变核算方法以调节各期成本和利润。与成本核算有关的会计处理方法包括:计提折旧的方法、发出材料的计价方法、辅助生产费用的分配方法、间接制造费用的分配方法、在产品的计价方法和产品成本的计算方法等。

七、按实际成本计价

在企业对外的会计报表中,必须按实际成本对产成品、自制半成品和劳务计价。按实际成本计价,可以减少成本计算的随意性,有利于成本信息的客观性和可验证性。

第三节　成本计算方法

成本计算方法有很多,这里将分别从管理会计和成本会计的角度,介绍几种主要的计算方法。

一、完全成本法、制造成本法、变动成本法

从管理会计角度来讲,产品成本计算根据成本核算的范围不同分为完全成本法、制造成本法和变动成本法。三者对产品成本核算范围的主要区别如表15-1所示。

表15-1　产品成本核算范围的比较

项　　目	完全成本法	制造成本法	变动成本法
直接材料	√	√	√
直接人工	√	√	√
间接制造费用:			
变动费用部分	√	√	√
固定费用部分	√	√	—
管理费用	√	—	—
销售费用	√	—	—
财务费用	√	—	—

从表15-1中可以看出,完全成本法将企业全部生产、管理、销售、财务费用都计入产品成本;制造成本法将生产过程中的全部费用作为产品成本,而把管理费用、销售费用和财务费用作为期间成本;变动成本法只是将生产过程中的变动费用,包括直接材料、直接人工和变动性间接制造费用作为产品成本,至于固定性间接制造费用、管理、销售和财务费用,则都作为期间成本,使期间成本的外延进一步扩大。

以上三种成本计算方法对期间成本有不同的处理,这不仅影响产品成本的构成,还涉及对损益的计量。从长远看,不论产品成本还是期间成本,都会使企业减少收入,但从某一特定时期看,如果产品存货有波动,则期间成本计入产品成本与否和计入多少,都会影响损益的确定。

制造成本法与变动成本法在现阶段两者并存,分别在企业经营管理中发挥不同的作用。

在企业对外报告中广泛地运用制造成本法计量提供的信息,例如在资产负债表上对产成品、在产品等存货的计价,在损益表上对销货成本的计算等。取得会计报告的合法性和对企业外部提供公认的会计资料,是制造成本法最大的作用。

在企业内部经营管理中,如对于接受追加订货的决策,最优生产批量的决策等,则越来越多地运用变动成本法计量提供的信息,为企业内部各级管理人员提供有助于他们对生产

经营活动进行预测、决策和控制的成本信息,是变动成本法的重要作用。

本章在进行成本核算时,均采用制造成本法。

二、品种法

成本计算的品种法是以产品品种(不分批次,不分步骤)作为成本计算对象,用以归集生产费用和计算产品成本的一种方法。

(一)品种法的特点

成本计算的品种法有如下特点。

(1)品种法在整个企业范围内,以企业最终产品的品种作为成本计算对象,据以开设生产成本明细账归集费用和计算成本。

(2)成本计算期按日历月份划分,成本计算期与会计期间一致,而与产品生产周期不一致。

(3)生产费用计入产品成本的程序如下图所示。

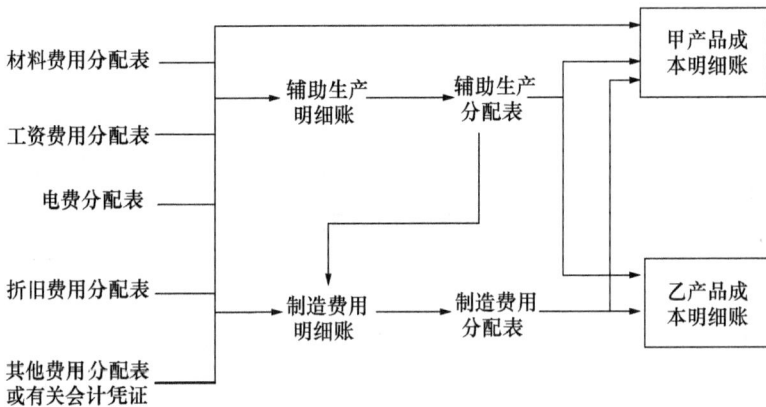

材料费用分配表
工资费用分配表
电费分配表
折旧费用分配表
其他费用分配表或有关会计凭证

辅助生产明细账 → 辅助生产分配表

制造费用明细账 → 制造费用分配表

甲产品成本明细账

乙产品成本明细账

品种法生产费用归集与分配示意图

(4)一般情况下企业都存在着在产品计价问题,即需将生产成本在完工产品与在产品之间划分,如果在产品成本在全部生产费用中所占比重很小,可以不计。

(二)品种法的适用范围

品种法适用于大量、大批的单步骤所生产产品的成本计算;还适用于大量、大批的多步骤生产而管理上不要求分步计算产品成本的企业。

三、分步法

产品成本计算的分步法是以各加工步骤的产品为成本计算对象,据以归集生产费用计算产品成本的一种方法。

（一）分步法的特点

成本计算的分步法有如下特点。

（1）分步法以各个加工步骤的各种产品作为成本计算对象，据以开设生产成本明细账。在大量、大批的多步骤生产中，从原材料投入到产品产出的生产过程是由若干加工步骤所组成的，每经过一个加工步骤，便会产生出不同的半成品，它们是后面有关步骤的加工对象，所以，分步法中成本计算对象应该是各加工步骤的产品。但是成本计算划分的步骤与实际加工步骤不一定完全一致，应根据实际加工步骤结合管理要求加以确定。

（2）成本计算期与产品生产周期不一致。在大量、大批生产条件下，产品重复不断地投入与产出，成本计算期无法与产品生产周期保持一致，只能定期按月计算产品成本。

（3）需要采用适当方法划分完工产品成本与在产品成本。由于多步骤生产的产品需经若干步骤加工才能完工，月末通常都有较大数量的在产品，而大量、大批生产又使成本计算期无法与产品生产周期一致，因此按加工步骤所归集的生产费用，必须用适当的方法在完工产品与在产品之间进行分配。

（二）分步法的种类

用分步法计算产品成本时，生产费用是按各加工步骤进行归集的，然后再汇总计算产品成本，所以需要将各步骤费用按一定方式进行结转，结转的方式有两种：逐步结转分步法，又称计列半成品成本法或顺序结转分步法；平行结转分步法，又称不计列半成品成本法。

下面以逐步结转分步法为例，说明用分步法计算成本的具体方法。

设某企业生产甲产品，该产品顺序经过第一、第二、第三加工步骤，第一步骤投入原材料后生产 A 半成品，进入第二步骤生产 B 半成品，再进入第三步骤加工成甲产品。企业自制半成品通过半成品仓库收发，发出自制半成品的计价采用加权平均法。该企业 2008 年 4 月份有关成本计算资料如下。

（1）产量资料如表 15 - 2 所示。

表 15 - 2　甲产品的产量　　　　　　　（单位：件）

项　　目	月初在产品	本月投入	本月完工	月末在产品
第一步骤	50	300	240	110
第二步骤	30	250	200	80
第三步骤	80	190	250	20

设材料在第一步骤开始加工时一次投入，工费随加工程度逐步发生，月末在产品完工程度均为 50%。

（2）期初在产品成本资料如表 15 - 3 所示。

表15-3　甲产品期初在产品的成本　　　　（单位:元）

项　目	月初在产品	自制半成品	直接人工	间接制造费用	合　计
第一步骤	3 500	—	690	1 400	5 590
第二步骤	—	4 190	430	1 380	6 000
第三步骤	—	17 550	7 100	3 950	28 600
合计	3 500	21 740	8 220	6 730	40 190

（3）期初库存A半成品的资料:A半成品仓库月初结存60件,实际成本8 700元。

（4）本月生产费用发生额如表15-4所示。

表15-4　甲产品本月的生产费用　　　　（单位:元）

项　目	直接材料	直接人工	间接制造费用	合　计
第一步骤	28 000	5 800	9 810	43 610
第二步骤	—	10 850	10 620	21 470
第三步骤	—	21 500	19 450	40 950
合计	28 000	38 150	39 880	106 030

（5）各步骤成本计算

第一步骤:A半成品成本计算,如表15-5所示。

表15-5　第一步骤生产成本明细账

产品名称:A半成品　　　　　　　2008年4月　　　　　　　（单位:元）

项　目	直接材料	直接人工	间接制造费用	合　计
期初在产品	3 500	690	1 400	5 590
本月费用	28 000	5 800	9 810	43 610
合计	31 500	6 490	11 210	49 200
半成品成本	21 600	5 280	9 120	36 000
期末在产品	9 900	1 210	2 090	13 200

表15-5中,A半成品的单位成本计算如下。

$$单位产品直接材料成本 = \frac{31\ 500}{240 + 110} = 90(元)$$

$$单位产品直接人工成本 = \frac{6\ 490}{240 + 110 \times 50\%} = 22(元)$$

$$单位产品间接制造费用成本 = \frac{11\,210}{240 + 110 \times 50\%} = 38(元)$$

根据第一步骤完工半成品交库单和第二步骤领用半成品领用单,登记 A 自制半成品明细分类账如表 15－6 所示。

表 15－6　半成品明细分类账

产品名称:A 半成品　　　　　　　　　2008 年 4 月

摘　　要	收　　入			支　　出			结　　存		
	数量	单价	金额	数量	单价	金额	数量	单价	金额
期初余额							60 件	145 元	8 700 元
第一步骤交库	240 件	150 元	36 000 元				300 件	149 元	44 700 元
第二步骤领用				250 件	149 元	37 250 元	50 件	149 元	7 450 元

表 15－6 中,本月发出 A 半成品的单位成本采用加权平均法计算。

$$单位成本 = \frac{8\,700 + 36\,000}{60 + 240} = 149(元)$$

第二步骤:B 半成品成本计算,如表 15－7 所示。

表 15－7　第二步骤生产成本明细账

产品名称:B 半成品　　　　　　　　　2007 年 4 月　　　　　　　　　(单位:元)

项　　目	直接材料	直接人工	间接制造费用	合　　计
期初在产品	4 190	430	1 380	6 000
本月费用	37 250	10 850	10 620	58 720
合计	41 440	11 280	12 000	64 720
半成品成本	29 600	9 400	10 000	49 000
期末在产品	11 840	1 880	2 000	15 720

表 15－7 中,B 半成品的单位成本计算如下。

$$单位产品自制半成品成本 = \frac{41\,440}{200 + 80} = 148(元)$$

$$单位产品直接人工成本 = \frac{11\,280}{200 + 80 \times 50\%} = 47(元)$$

$$单位产品间接制造费用成本 = \frac{12\,000}{200 + 80 \times 50\%} = 50(元)$$

根据第二步骤完工半成品交库单和第三步骤半成品领用单,登记 B 自制半成品明细分类账,登记方法同表 15－6,故不再重复。设第三步骤领用半成品 B 的实际成本为 47 250 元。

第三步骤:产品成本计算,如表15-8所示。

表15-8 第三步骤生产成本明细账

产品名称:甲产成品 　　　　　　　　　　2008年4月 　　　　　　　　　　(单位:元)

项 目	自制半成品	直接人工	间接制造费用	合 计
期初在产品	17 550	7 100	3 950	28 600
本月费用	47 250	21 500	19 450	88 200
合 计	64 800	28 600	23 400	116 800
产成品成本	60 000	27 500	22 500	110 000
期末在产品	4 800	1 100	900	6 800

表15-8中,甲产成品的单位成本计算如下。

$$单位产品自制半成品成本 = \frac{64\ 800}{250 + 20} = 240(元)$$

$$单位产品直接人工成本 = \frac{28\ 600}{250 + 20 \times 50\%} = 110(元)$$

$$单位产品间接制造费用成本 = \frac{23\ 400}{250 + 20 \times 50\%} = 90(元)$$

四、分批法

成本计算的分批法是按产品的批别或订单归集生产费用,据以计算产品成本的一种方法。在单件小批生产企业中,有些是按订单组织生产的,所谓按批别计算成本,通常也就是按订单计算成本,因此分批法往往又被称为订单法。

(一)分批法的特点

成本计算的分批法有如下特点。

(1)成本计算对象是购买者的订单或企业事先规定的产品批别。企业一般根据订单开设生产通知单,车间则根据生产通知单组织生产,仓库根据生产通知单准备材料,会计部门根据生产通知单开设生产成本明细账、计算产品成本。

(2)产品成本负担的起讫期是从订单开工至订单完工,因此成本计算是非定期的,其成本计算期与生产周期相同,而与会计报告期不一致。

(3)某份订单完工以后,把成本明细账上所归集的生产费用累计,就是该订单的完工产成品成本;月终未完工订单所归集的生产费用则是在产品成本。所以,从理论上说,这种方法在月末不存在将生产费用在完工产品与在产品之间分配的问题。

(二)分批法的适用范围

分批法适用的范围有:单件、小批量生产、修理生产以及新产品试制及工程项目。

第四节　收入及其核算

一、收入的定义及其分类

收入是指企业在日常活动中形成的、会导致所有者权益增加的、与所有者投入资本无关的经济利益的总流入。

收入可以有不同的分类。按照企业从事日常活动的性质,可将收入分为:销售商品收入、提供劳务收入、让渡资产所有权收入、建造合同收入等。其中,销售商品收入是指企业通过销售商品实现的收入,如工业企业制造并销售产品、商业企业销售商品等实现的收入;提供劳务收入是指企业通过提供劳务实现的收入;让渡资产所有权收入是指企业通过让渡资产所有权实现的收入;建造合同收入是指企业承担建造合同所形成的收入。

二、销售商品收入

(一)销售商品收入的确认

商品包括企业为销售而生产的产品和为转售而购进的商品,如工业企业生产的产品、商业企业购进的商品等,企业销售的其他存货,如:原材料、包装物等,也视同企业的商品。

同时满足下列条件的收入,才能予以确认为销售商品收入:

(1)企业已将商品所有权上的主要风险和报酬转移给购货方。

(2)企业既没有保留通常与私有权相联系的继续管理权,也没有对已售出的商品实施有效控制。

(3)收入的金额能够可靠地计量。

(4)相关的经济利益可能流入企业。

(5)相关的已发生或将发生的成本能够可靠地计量。

(二)销售商品收入的会计处理

在通常情况下,在确认销售商品收入时,企业应按已收或应收的合同或协议议价,加上应收取的增值税额,借记"银行存款"、"应收账款"、"应收票据"等科目;按确定的收入金额,贷记"主营业务收入"、"其他业务收入"等科目;按应收取的增值税额,贷记"应交税费－应交增值税(销项税额)"科目;同时或在资产负债表上,按应缴纳的消费税、资源税、城市维护建设税、教育费附加等税费金额,借记"营业税金及附加"科目,贷记"应交税费－应交消费税(应交资源税、应交城市维护建设税等)"科目。

如果售出商品不符合收入确认条件,则不应确认收入;已经发出的商品,应当通过"发出商品"科目进行核算。

第五节　利润及其计算

一、利润的构成

企业作为独立的经济实体,应当以自己的经营收入抵补其成本费用,并且实现盈利。企业盈利的大小在很大程度上反映企业生产经营的经济效益,表明企业在每一会计期间的最终经营成果。

利润是指企业在一定会计期间的经营成果。利润包括收入减去费用后的净额、直接计入当期利润的利得和损失等。

二、利润的计算

(一)营业利润

营业利润 = 营业收入 - 营业成本 - 营业税金及附加 - 销售费用 - 管理费用 -
　　　　　财务费用 - 资产减值损失 + 公允价值变动收益(- 公允价值变动损失) +
　　　　　投资收益(- 投资损失)

其中:营业收入反映企业主要业务和其他业务所确认的收入总额;营业成本反映企业经营主要业务和其他业务所发生的实际成本总额;营业税金及附加是指企业日常活动应负担的税金及附加,包括营业税、消费税、城市维护建设税、资源税、土地增值税和教育费附加等;资产减值损失是指企业计提各项资产减值准备所形成的损失;公允价值变动收益(或损失)是指企业交易性金融资产等公允价值变动形成的应计入当期损益的利得(或损失);投资收益(或损失)是指企业以各种方式对外投资所取得的收益(或发生的损失)。

(二)利润总额

利润总额 = 营业利润 + 营业外收入 - 营业外支出

其中:营业外收入(或支出)是指企业发生的与日常活动无直接关系的各项利得(或损失)。

(三)净总额

净总额 = 利润总额 - 所得税费用

其中:所得税费用是指企业确认的应从当期利润总额中扣除的所得税费用。

第六节　成本管理与目标成本、目标利润

一、成本管理

成本管理通常包括如下内容。

1. 开展成本预测,确定目标成本,编制成本计划　在认真分析研究现有技术经济条

件、发展前景和采取各种相应措施的基础上,根据有关数据,对未来成本水平及其变动趋势,作出科学的估计。

2. 进行成本控制　成本控制是在成本形成过程中,事先对成本进行严格控制,切实限制各种费用的发生,及时发现和解决在成本形成过程中产生的问题。不仅在生产过程中要控制成本的发生,使成本不超过目标规定,在产品投产前就要注意工艺设计的经济效益。

3. 准确及时地核算成本　成本核算是指企业对生产经营过程中实际发生的各项费用,按照合理、科学的方法进行汇集与分配,从而确定当期的产品实际总成本和单位产品成本,并及时提供各种有关的、准确的成本信息。

4. 开展成本分析与考核　成本分析是通过对成本形成过程的评价与总结,找出影响成本完成情况的各种因素,为未来的成本管理和降低成本途径提出改进决策和措施,以便为下期预测目标成本与编制成本计划提供方向和依据。

以上四个方面周而复始地形成一个成本管理系统,这就是 PDCA 循环在全面成本管理中的运用。

二、目标成本

按照全面成本管理的要求缩短成本的循环周期,是成本管理的一项改革,也是改事后核算分析为事先预测和控制的主要环节。事先确定整个生产过程中成本支出的标准范围,可以随时了解实际成本脱离目标成本的情况,在发生差额时及时加以纠正,达到控制成本的目的,保证企业目标利润的实现。

目标成本是指为了实现目标利润而需要达到的成本水平,其计算公式如下。

$$目标营业成本 = 预测营业收入 - 目标销售利润 - 应纳税金$$

上式中,首先预测营业收入,再规划目标利润,扣除应纳税金,剩下的部分就是可供经营使用的成本,也就是成本必须控制的范围。

三、目标利润

目标利润是指一定时期内能实现的利润,是经营目标的一个重要组成部分。

通过规划目标利润来综合平衡企业的生产经营活动,这是企业从生产型转变为生产经营型的一个重要步骤。规划目标利润要以预测销售量和销售额作为依据,这就要求企业做好市场调查与预测,进行市场分析,并在此基础上制订各种可行方案,尽可能地使企业的生产量与销售量保持一致,使产品价值能及时实现,并减少库存和积压产品。

目标成本与目标利润之间的关系是很密切的,可以通过如下公式来表示。

$$单位产品目标成本 = 单位产品销售价格 \times (1 - 税率) - \frac{目标利润}{预测销售量}$$

$$目标成本总额 = \sum [预测销售量 \times 单位产品销售价格 \times (1 - 税率) - 目标利润总额]$$

第七节　战略成本与战略成本管理

一、战略成本的概念

企业战略成本的概念一般包括以下几方面内容:时间和先机成本、市场成本、信息化成本、学习成本、创新成本、智力成本。

1. 时间和先机成本　在价值链的各个阶段,时间都是一个非常重要的资源。技术的发展变革速度已经加快,产品的生命周期变得很短,在竞争激烈的市场上,企业要获得更多的市场份额,确立在行业中的优势地位,就要尽快抢占市场。某项研究开发项目如果被竞争对手抢先,即使后期本企业投入大量资源,都可能无法改变战略上的劣势。因此企业用于缩短设计、开发时间以加快新产品上市而投入的更多成本构成了时间和先机成本。

2. 市场成本　市场成本包括两方面内容,即渠道成本和顾客成本。

(1)渠道成本反映在企业与供应商及销售渠道之间的相互联系方面。影响供应商的价值链结构或者改善和供应商价值链之间的关系,常常使企业与供应商双方受益。进行协调和综合优化销售渠道也能够带来竞争优势。企业在这些方面的价值投入则构成了渠道成本。

(2)一个企业的竞争力归根到底是通过对顾客价值链施加影响并在为顾客创造价值的过程中形成的。为顾客创造价值体现在降低顾客成本和增加顾客效益两个方面。如何做到这两方面则取决于企业的产品(或服务)被顾客使用的方式,即企业价值链与顾客价值链之间的各种可能的联系。无论是企业还是顾客都应认识到,若要做到让关键的信息在企业与顾客之间共享,使双方皆大欢喜,必须付出比往常更多的努力。企业要让顾客主动参与价值链的各个阶段或各项业务活动,由顾客参与创造的信息就会变成企业所拥有的资产,企业为此而付出的"努力"就构成了顾客成本。

3. 信息化成本　在信息时代,信息管理也是企业发展的关键。例如,利用电子数据交换系统进行市场交易,降低交易成本,缩短交易时间等。企业利用计算机集成制造系统(CIMS),将全部生产经营活动所需的信息(市场需求信息、资源信息、管理信息等)以及整个生产经营过程(产品设计、物资采购、生产计划、制造、销售和服务)进行系统的管理和控制,在可视化管理、市场响应能力、共享资产(包括数据、信息和知识)和建立新型顾客关系等方面来增加价值,由此而发生的支出构成了信息化成本。

4. 学习成本　企业价值链具有学习和经验曲线效应。例如,通过来自外部的信息积累,企业将表现出对市场的敏感程度和驾驭能力的增强;通过劳动熟练程度的增强,某项活动的成本可能因经验和学习的经济性而下降。经验性成本节约的来源不仅仅是公司的职员学会了如何完成他们的任务和使用新的技术,学习及经验的经济性还有其他的一些源泉,例如,找到了改善工厂布置和工作流程的新方式,找到了修改产品设计以提高制造效率、改进零配件以简化装配的新途径。公司内外部经验的利用程度说明学习因素起到了相应的作用。因此,培养、造就学习型组织也就成为当今企业管理者最关心的一个问题,由此所花费的费用则归为学习成本。

5. 创新成本　创新是企业发展的动力,企业只有创新才会发展。而企业核心竞争力的培育过程实际上也是一个创新能力的形成过程,当然,这个过程是伴随着技术创新、产品创新、市场营销创新和管理创新等一系列的创新而逐步形成的。但只有具备了创新能力,才能在不断变化的市场经济中运用动态的观点来看问题,才能不断开发新产品、开拓新市场,从而找到新的利润增长点,实现公司的可持续发展。创新能力培养所发生的耗费就可称为创新成本。

6. 智力成本　一般来讲,企业可持续性的竞争优势主要来源于市场资源、技术资源、人力资源、组织管理资源四个方面的智力资源,智力资源的培育支出构成了智力成本。

(1)市场资源即企业所拥有的与市场相关联的、可以获得潜在利益的无形资产,包括企业品牌、商誉、顾客信任度、营销网络和渠道等。

(2)技术资源即企业的生产技术原理、专利权、商标、知识产权以及技术诀窍和商业秘密等。

(3)人力资源即企业成员的优秀品德和能力的总和,包括领导和员工的技术专长、创造性解决问题的能力、开拓能力、管理技巧和团队精神等。

(4)组织管理资源即企业采用的用来保证企业正常运转的管理方法,如企业的激励机制、协调和控制水平等。

战略成本和传统成本最大的区别就是,战略成本是柔性的,传统成本则是刚性的。在微利时代,企业必须要面临对柔性成本进行有效管理的问题,即:战略成本管理。

二、战略成本管理

战略成本管理最早始于 20 世纪 80 年代,由英国学者肯尼斯·西蒙兹(Kenneth simmonds)提出,他从企业在市场中的竞争地位这一视角对战略管理理论进行探讨,认为战略成本管理就是"通过对企业自身以及竞争对手的有关成本资料进行分析,为管理者提供战略决策所需的信息"。

后来,美国哈佛商学院的迈克尔·波特(Michael Porter)教授在《竞争优势》和《竞争战略》两本书中提出了运用价值链进行战略成本分析的一般方法。美国管理会计学者杰克·桑克(Jack Shank)和戈文德瑞亚(V. Govindarajan)等人在迈克尔·波特研究成果的基础上,于1993 年出版了《战略成本管理》一书,通过对成本信息在战略管理的四个阶段(战略的简单表述、战略的交流、战略的推行、战略的控制)所起的作用进行研究,将战略成本管理定义为"在战略管理的一个或多个阶段对成本信息的管理性运用。"

1998 年,英国教授罗宾·库珀(Robin Gooperand)提出了以作业成本制度为核心的战略成本管理模式,这种模式的实质是在传统的成本管理体系中全面引入作业成本法,关注企业竞争地位和竞争对手动向的变化,从而构成了一种崭新的会计岗位——战略管理会计(Strategic Management Accounting,简称 SMA)。

20 世纪 90 年代以后,日本成本管理的理论界和企业界也开始加强对战略成本管理及其竞争情报的应用等研究,提出了具有代表意义的战略成本管理模式——成本企划。这种战略成本管理模式是从事物的最初点开始,实施充分透彻的成本信息分析,以减少或者消除非增值作业;应用反求工程(Reverse Engineering)方法,在设计产品的同时,与竞争对手的产品比较,也设计产品的成本,从而使成本达到最低。成本企划的本质是一种对企业未来的利润进行战略性管理的情报研究过程。

综上所述,战略成本管理可以理解为在既定的企业战略方针下,在成本管理方面进行的战略性设计与选择,它将导致企业最终交付的产品和服务成本的降低,而不是在每一个环节上都追求成本最低。战略成本管理的终极目标是提高收益水平,提高成本效率,而非单纯地降低成本。对不同环节的成本管理设定不同的目标并进行适当的取舍是战略成本管理的思想,它是一个决策过程,而非一个执行和作业过程。战略成本管理是对传统成本管理的补充和发展。

思 考 题

1. 什么是制造成本? 什么是非制造成本?
2. 什么是变动成本? 什么是固定成本? 什么是半变动成本?
3. 成本核算的基本要求是什么?
4. 完全成本法、制造成本法、变动成本法在成本的核算范围方面的主要区别是什么?
5. 品种法和分步法的主要区别是什么?
6. 成本管理的主要内容是什么? 什么是战略成本? 其所包含的主要内容是什么?

课外阅读参考书目

[1]林万祥. 现代成本管理会计研究[M]. 成都:西南财经大学出版社,2005.
[2]全介. 实用成本管理[M]. 北京:中国人民大学出版社,1999.
[3]王淑慧,魏索艳. 会计学.[M].2 版. 北京:机械工业出版社,2007.
[4]乐艳芬. 战略成本管理与企业竞争优势[M]. 上海:复旦大学出版社,2006.

第十六章 企业财务分析

本章知识点

1. 财务分析的基本内涵。
2. 财务分析的对象。
3. 短期偿债能力的分析指标。
4. 资本结构对长期偿债能力的影响。
5. 长期偿债能力的分析指标。
6. 营运能力的分析以及影响企业营运能力的主要因素。
7. 盈利能力的分析以及影响企业盈利能力的主要因素。
8. 现金流量分析的作用。
9. 现金流量表的主要项目构成。
10. 主要的现金流量比率。

第一节 企业财务分析的基本内涵

一、财务分析的定义

关于财务分析的定义,有学者认为,财务分析的本质是收集与决策有关的各种财务信息并加以分析与解释的一种技术。还有学者认为,财务分析是以审慎选择财务信息为起点,将其作为探讨的根据;以分析信息为重心,揭示其相关性;以研究信息的相关性为手段,用以评价其结果。

本文认为,企业财务分析是以会计核算和报表资料及其他相关资料为依据,采用一系列专门的分析技术与方法,对企业等经济组织过去和现在的有关筹资活动、投资活动、经营活动的偿债能力、盈利能力和营运能力状况等进行分析与评价,为企业的投资人、债权人、经营者及其他关心企业的组织和个人了解企业过去、评价企业现状、预测企业未来、作出正确决策提供准确的信息或依据的经济应用学科。

二、财务分析的作用

1. 正确评价企业过去 财务分析通过对实际会计报表等资料的分析,能够准确地说明企业过去的业绩状况,指出企业的成绩和问题及其产生的原因。

2. 全面反映企业现状 财务报表等资料是企业各项生产经营活动的综合反映,财务分析根据不同分析主体的分析目的,采用不同的分析手段和方法,可得出反映企业在该方面现状的指标,如反映企业资产结构、权益结构的指标,企业支付能力和偿债能力、营运状况、盈利能力的指标等。

3. 预测企业未来 通过财务分析对企业过去与现状的分析与评价,可估计企业的未来发展状况与趋势。

三、财务分析的对象

财务分析的对象是企业的财务活动,包括资金的筹集、投放、运用、消耗、回收、分配等。财务分析的依据主要是企业会计报表资料及其有关的市场利率、股市行情等信息。企业的各项财务活动都直接或间接地通过财务报表来体现,如下图所示。

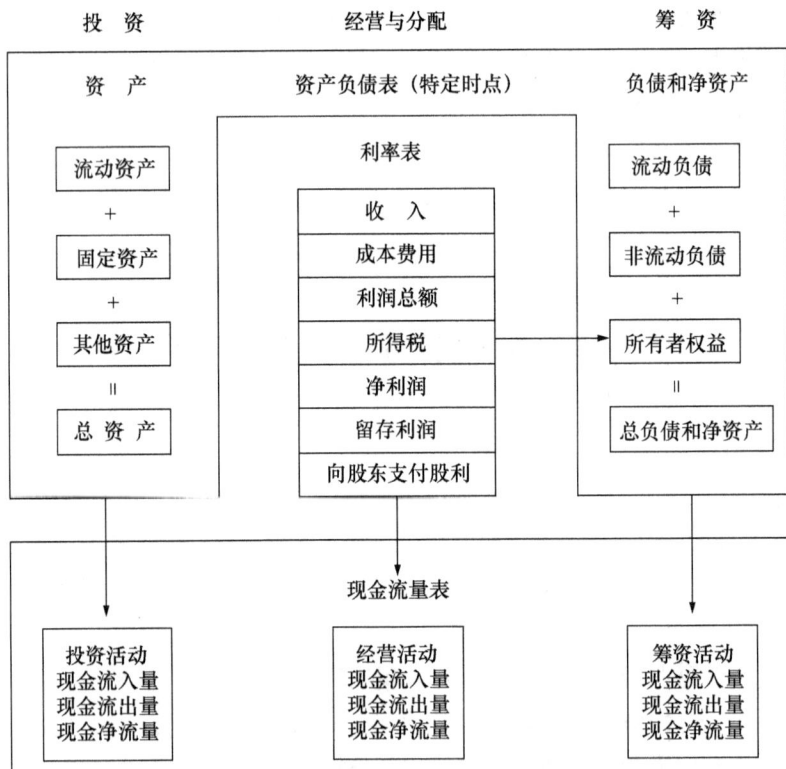

财务活动与财务报表形式图

财务活动贯穿企业生产经营活动的全过程。一个完整的财务分析报告应当由科学的指标体系、准确的图表分析和严密的文字论述三方面组成。本章立足于适应现代企业制度、与国际惯例接轨的新企业会计准则,着重从以下几个方面进行分析。

1. 企业财务状况分析 企业财务状况分析是指在资产负债表的基础上,对包括短期偿债能力、资本结构及长期偿债能力和企业营运用能力等内容的分析。

2. 企业盈利能力分析　企业盈利能力分析是指在利润表的基础上,对包括盈利能力、成本和投资回报、资本保值增值能力等内容的分析。

3. 企业现金流量分析　企业现金流量分析是在现金流量表的基础上,对包括企业在一定会计期间产生净现金流量的能力、影响净流量的因素、企业的收益质量等内容的分析。

第二节　企业财务状况分析

财务分析的基础是财务报表。财务报表是对企业财务状况、经营成果和现金流量的结构性表述。

资产负债表又称财务状况表,是反映企业某一特定日期财务状况的会计报表。它是以"资产＝负债＋所有者权益"的会计等式为基础编制的,以企业的资产、负债和所有者权益的静态状况来说明某一日期企业资产状况和资金筹措方面的信息。企业财务状况分析主要是以资产负债表为依据,具体分析以下几个财务问题。本章分析以 E 公司财务报表为例。E 公司 2007 年资产负债表如表 16 - 1 所示。

表 16 - 1　资产负债表

编制单位：　　　　　　　　　　2007 年 12 月 31 日　　　　　　　　　　会企 01 表
（单位:元）

资　　产	期末余额	年初余额	负债和所有者权益 （或股东权益）	期末余额	年初余额
流动资产:			流动负债:		
货币资金	32 849 000	32 849 670	短期借款	15 000 000	11 000 000
交易性金融资产	2 980 000	2 970 000	交易性金融负债	—	—
应收票据	—	—	应付票据	3 560 000	3 470 000
应收账款	32 036 000	32 035 300	应付账款	56 775 000	56 772 000
预付款项	145 000	150 000	预收账款	352 000	351 000
应收利息	580 000	595 000	应付职工薪酬	3 340 500	3 340 000
应收股利	70 000	80 000	应交税费	—	—
其他应收款	20 000	25 000	应付利息	2 165 000	2 160 000
存货	62 500 000	62 005 000	应付股利	5 500 000	6 500 000
一年内到期的非流动性资产	3 500 000	3 500 000	其他应付款	621 100	630 520
流动资产合计	134 680 000	134 209 970	一年内到期的非流动负债	13 000 000	15 000 000
非流动性资产:			其他流动负债:		
可供出售金融资产	4 735 000	4 735 950	流动负债合计	100 313 600	99 223 520
持有至到期投资	4 770 000	4 776 100	非流动负债:		
长期应收款	—	—	长期借款	6 500 000	7 058 600

续表

资　产	期末余额	年初余额	负债和所有者权益 （或股东权益）	期末余额	年初余额
长期股权投资	42 068 000	42 069 000	应付债券	5 950 000	5 850 000
投资性房地产	13 500 000	13 000 000	长期应付款	—	—
固定资产	49 830 200	49 832 830	专项应付款	—	—
在建工程	750 000	850 000	预计负债	350 000	300 000
工程物资	734 600	734 620	递延所得税负债	215 500	216 250
固定资产清理	—	—	其他非流动负债：		
生产性生物资产	—	—	非流动负债合计	13 015 500	13 424 850
油气资产	—	—	负债合计	113 329 100	112 648 370
无形资产	15 123 000	15 141 000	所有者权益（或股东权益）：		
开发支出	—	—	实收资本（或股本）	100 000 000	100 000 000
商誉	—	—	资本公积	41 980 980	39 920 000
长期待摊费用	—	—	减：库存股	—	—
递延所得税资产	5 565 000	5 675 600	盈余公积	5 555 300	5 692 050
其他非流动资产：			未分配利润	10 890 420	12 764 650
非流动资产合计	137 075 800	136 815 100	所有者权益（或股东权益）合计	158 426 700	158 376 700
资产总计	271 755 800	271 025 070	负债和所有者权益（或股东权益）总计	271 755 800	271 025 070

一、短期偿债能力分析

所谓短期偿债能力是指企业以流动资产偿还流动负债的能力，即资产负债结构中流动资产、速动资产与流动负债的比例关系，它反映流动资产在短期内的变现能力及周转情况，从而反映了一个企业的短期偿还债务的能力。衡量短期偿债能力主要有以下几个指标。

（一）流动比率和速动比率

$$流动比率 = \frac{流动资产总额}{流动负债总额}$$

$$E 公司流动比率 = \frac{134\,680\,000}{100\,313\,600} = 1.34$$

以上计算结果说明 E 公司的短期偿债能力不强，可以考虑在不影响经营的情况下适当增加流动资产数量。

$$速动比率 = \frac{速动资产总额}{流动负债总额}$$

$$速动资产 = 流动资产 - 存货$$

速动资产比流动资产有更强的变现能力。

$$E\text{公司速动比率} = \frac{134\,680\,000 - 62\,500\,000}{100\,313\,600} \approx 0.72$$

以上计算结果说明E公司的短期偿债能力较差,可以考虑适当增加速动资产的比重以增强短期偿债能力。

流动比率、速动比率应保持在适当的水平,比率太小,企业短期偿债能力较差,影响企业的信誉和银行的借贷信心;比率太大,又会影响企业资金的使用效率。从理论上讲,流动比率保持在2比较合理,传统经验认为速动比率维持在1较为正常。具体的比率确定因行业而异,一般情况下,企业营运周期越短,应收款项周转率越高,此时流动、速动比率就可低一些。如电力、旅馆业等企业,账款回收较快,可以保持较低的流动、速动比率。反之,企业营运周期越长,流动、速动比率就越应高一些,如百货、机械制造等企业。

(二)现金比率

$$\text{现金比率} = \frac{\text{现金类资产}}{\text{流动负债总额}}$$

现金类资产包括企业所拥有的货币资金和有价证券。

$$E\text{公司现金比率} = \frac{32\,849\,000 + 2\,980\,000}{100\,313\,600} \approx 0.36$$

以上计算结果说明若需要用现金立即偿还短期负债,则E公司对偿还每一元负债,可以提供约0.36元现金作为保障,短期偿债能力一般。

现金比率是最严格、最稳健的短期偿债能力衡量指标,可以准确地反映企业的直接偿付能力,该比率越高,表示企业可立即用于支付债务的现金类资产越多,企业即期偿付债务的能力越强;该比率过低,说明企业即期偿付债务存在困难。但由于现金类资产的盈利水平较低,企业不可能也没必要保留过多的现金类资产。这一比率过高,表明企业通过负债方式所筹集的流动资金未得到充分利用,缺乏投资机会。

流动比率、速动比率和现金比率是反映短期偿债能力的基本指标,反映了企业某一时点的静态财务状况。在分析一个企业的短期偿债能力时,应将这三个指标结合起来,才能比较客观地评价出企业的短期偿债能力。

二、资本结构和长期偿债能力分析

资本结构是指企业各项资本的构成比例关系。广义的资本结构指企业全部资本的构成。狭义的资本结构是指长期资本的结构,主要内容是长期债务资本与所有者权益资本的比例关系。资本结构是否合理,在很大程度上影响着企业的财务和经营状况,影响着企业对经营风险的抵抗力和长期偿债能力。

衡量资本结构的指标主要有:资产负债率、权益比率、权益乘数和产权比率等指标。

(一)资产负债率

资产负债率也称负债比率或举债经营比率,它表示企业的资金总额中债权人提供资金所占的比重,以及企业资产对债权人权益的保障程度。其计算公式为:

$$资产负债率 = \frac{负债总额}{资产总额} \times 100\%$$

$$E\ 公司资产负债率 = \frac{113\ 329\ 100}{271\ 755\ 800} \times 100\% \approx 41.70\%$$

以上计算结果说明 E 公司的资产负债率居中,长期偿债能力一般。

负债比率可以反映偿还债务的保障程度,企业负债经营规模应控制在合理水平,负债比率应掌握在一定标准内。该比率越高,则偿还债务的能力越差。反之,则偿还能力越强。如果负债率过高,企业经营风险将越来越大,对债权人和所有者都会产生不利影响。一般认为资产负债率的适宜水平是40%～60%,如果资产负债率超过100%,说明企业资不抵债,有濒临倒闭的风险。

(二)权益比率

权益比率也称资产权益率,是指所有者权益(或股东权益)总额与资产总额间的关系,是财务指标是否稳健的标志。其计算公式为:

$$权益比率 = \frac{所有者权益总额}{资产总额} \times 100\%$$

$$E\ 公司权益比率 = \frac{158\ 426\ 700}{271\ 755\ 800} \times 100\% \approx 58.30\%$$

以上计算结果说明 E 公司的资本较充足,所有者对企业的控制权较稳固。

该比率越高,说明所有者对企业的控制权越稳固,而债权人的债权越有保证,对市场秩序的稳定也越有利,企业还可面临较低的偿还本息的压力。

负债总额对资产总额比率和所有者权益对资产总额比率两项指标是两个变化趋势相反的比率,两者之和为1。这两个比率从不同的侧面反映企业的长期财务状况,负债对资产总额比率越小,股东权益比率越大,表明所有者权益在资产总额中所占的比率越大,企业的财务风险也越小,企业债权有保障,偿还长期债务的能力越强,对债权人越有利,从另一个角度而言,越有利于企业扩大负债经营的能力;所有者权益对资产总额比率越小,表明负债在资产总额中的比率越大,企业获利能力越强,股东只需用较少的资金就能控制企业,对企业所有者(股东)有利。

(三)权益乘数

权益乘数是总资产与所有者权益的比率,它是权益比率的倒数,说明企业资产总额是股东权益的多少倍,一般情况下,权益乘数是大于1的数值。权益乘数越大,表明股东投入的资本在资产总额中所占的比重越小,对负债经营利用得越充分。其计算公式为:

$$权益乘数 = \frac{资产总额}{所有者权益总额}$$

$$E\ 公司权益乘数 = \frac{271\ 755\ 800}{158\ 426\ 700} \approx 1.72$$

以上计算结果说明 E 公司企业资产总额主要是由股东投资形成。

(四)产权比率

产权比率是负债总额与所有者权益总额之间的比率,也称为净资产负债率、债务股权比率。它是衡量企业资本结构和偿债能力的指标。其计算公式为：

$$产权比率 = \frac{负债总额}{所有者权益总额} \times 100\%$$

$$E\,公司产权比率 = \frac{113\,329\,100}{158\,426\,700} \times 100\% \approx 71.53\%$$

以上计算结果说明 E 公司的债务比重较大，企业存在一定的风险，长期偿债能力较弱。

产权比率反映了企业债务与净资产之间的结构对比关系，产权比率越大，表明债务比重越大，企业存在的风险越大，长期偿债能力较弱；产权比率越低，表明长期偿债能力越强，债权人承担的风险越小，债权人也愿意向企业增加借款。

对于公司的长期债权人和所有者来说，更关心的是长期偿债能力。长期负债的特点是金额大、偿还期长、企业使用成本高。长期偿债能力是企业偿还长期负债的本息的能力。反映长期偿债能力的财务指标除了上述四个指标外还有：有形净值债务率、利息保障倍数和长期负债与营运资金比率。

（五）有形净值债务率

有形净值债务率是企业负债总额与有形净值的比率。有形净值是所有者权益总额减去无形资产净值后的净值。有形净值债务率用于衡量企业经营的风险程度和对债务的偿还能力。其计算公式为：

$$有形净值债务率 = \frac{负债总额}{所有者权益总额 - 无形资产净值} \times 100\%$$

$$E\,公司有形净值债务率 = \frac{113\,329\,100}{158\,426\,700 - 15\,123\,000} \times 100\% \approx 79.08\%$$

以上计算结果说明 E 公司的债务负担较重，企业存在一定的财务风险，长期偿债能力偏弱。

在可用于偿还债务的净资产中扣除了无形资产，主要是因为对无形资产的计量缺乏可靠的基础，无法作为偿还债务的实质性来源。从长期偿债能力来讲，有形净值债务率越大，表明企业对债权人的保障程度越低，企业风险越大，长期偿债能力越弱；有形净值债务率越低，说明企业的长期偿债能力越强，从稳健的财务角度看，企业负债总额与有形资产净值应至少维持在 1:1 的比例关系。

（六）利息保障倍数

利息保障倍数是指企业经营收益与利息费用的比率，它表明企业经营的收益相当于利息费用的若干倍，也称为已获利息倍数或利息偿付倍数。它用来衡量企业偿付借款利息的能力，其数额越大，企业支付利息的能力越强，企业对到期债务偿还的保障程度越高；相反，则表明企业没有足够资金来源偿还利息，企业偿债能力较弱。一般情况下，利息保障倍数不能低于 1，因为低于 1，表明企业连借款利息的偿还都无法保障，更不用说偿还本金了。其计算公式为：

$$利息保障倍数 = \frac{息税前利润}{利息费用}$$

$$息税前利润 = 净利润 + 所得税 + 利息费用$$

公式中的分母"利息费用"是指本期发生的全部应付利息,不仅包括利润表中财务费用项目中的利息费用,还包括计入固定资产成本的资本化利息。假设 E 公司计入固定资产成本的资本化利息为 0,则财务费用即为利息费用。E 公司利润指标的相关数值参见第十六章第三节表 16 – 2"利润表"。

$$E 公司利息保障倍数 = \frac{17\ 996\ 750 + 6\ 373\ 500 + 2\ 055\ 300}{2\ 055\ 300} \approx 12.857\ 2$$

以上计算结果说明 E 公司支付利息费用的能力非常强。

(七)长期负债与营运资金比率

长期负债与营运资金比率是指企业的长期负债与营运资金的比例关系,营运资金是流动资产减去流动负债后的净值。由于长期负债会随着时间的推移不断地转化为流动负债,因此流动资产除了要满足偿还流动负债的要求外,还必须有能力偿还即将到期的长期负债。一般来说,如果长期负债不超过营运资金,长期债权人和短期债权人都将有安全保障。长期负债与营运资金比率低,不仅表明企业的短期偿债能力较强,而且预示着企业未来偿还长期债务的保障程度也较强。其计算公式为:

$$长期负债与营运资金比率 = \frac{长期负债}{营运资金} = \frac{长期负债}{流动资产 - 流动负债}$$

$$E 公司长期负债与营运资金比率 = \frac{13\ 015\ 500}{134\ 680\ 000 - 100\ 313\ 600} \approx 0.378\ 7$$

以上计算结果说明 E 公司的实际长期偿债能力并不理想。

三、营运能力分析

企业的营运能力是指企业充分利用现有资源创造价值的能力。就是以尽可能少的资产占用,尽可能短的时间周转,生产尽可能多的产品,创造尽可能多的收入。因此,企业的营运能力是影响企业财务状况稳定与否以及获利能力强弱的关键。

反映企业营运能力的指标主要有:总资产周转率、固定资产周转率、流动资产周转率、应收账款周转率、存货周转率。

(一)总资产周转率

总资产周转率是指企业一定时期的主营业务收入与总资产平均余额的比率,也称总资产周转次数。它反映全部资产的周转速度,用于衡量全部资产的管理质量和利用效率。其相关计算公式为:

$$总资产周转率(次数) = \frac{主营业务收入}{总资产平均余额}$$

$$总资产平均余额 = \frac{年初资产总额 + 期末资产总额}{2}$$

$$总资产周转天数 = \frac{计算期天数}{总资产周转率(次数)}$$

公式中的主营业务收入是指企业销售商品、提供劳务等主要经营业务实现的收入。销售退回是指企业售出的商品,由于质量、品种不符合合同要求等原因而发生的退货。销售折让是指企业售出的商品,由于质量等不符合合同要求而在售价上给予的减免。收入确认后发生的销售退回和折让,应当作为销售收入的扣除数。

假设 E 公司主营业务收入为 100 500 500 元,没有发生销售退回和折让,则 E 公司总资产周转率和周转天数如下。

$$E 公司总资产周转率 = \frac{100\ 500\ 500}{(271\ 025\ 070 + 271\ 755\ 800)/2} = \frac{100\ 500\ 500}{271\ 390\ 435} \approx 0.370\ 3$$

$$E 公司总资产周转天数 = \frac{360}{0.370\ 3} \approx 972(天)$$

以上计算结果说明 E 公司总资产每年可以周转约 0.370 3 次,约每 972 天(约 2.7 年)总资产可以周转一次。应将 E 公司总资产周转率与同行业的竞争对手进行对比,才能判断其优劣。

总资产周转率高或周转天数少,说明企业全部资产经营效率好,资产的有效使用程度也越高,销售能力较强。但是,分析时应注意总资产周转率的异常变化,如果总资产周转率突然上升,而企业的销售收入与以往持平,则有可能是企业本期报废了大量的固定资产造成的,并不能说明企业资产利用率提高。

(二)固定资产周转率

固定资产周转率是指企业一定时期的主营业务收入与固定资产平均净值的比率,也称固定资产周转次数,它反映固定资产的运用状况,用于衡量固定资产的利用效率。其相关计算公式为:

$$固定资产周转率(次数) = \frac{主营业务收入}{固定资产平均净值}$$

$$固定资产平均净值 = \frac{年初固定资产净值 + 期末固定资产净值}{2}$$

$$固定资产周转天数 = \frac{计算期天数}{固定资产周转率(次数)}$$

$$E 公司固定资产周转率 = \frac{100\ 500\ 500}{(49\ 832\ 830 + 49\ 830\ 200)/2} = \frac{100\ 500\ 500}{49\ 831\ 515} \approx 2.016\ 8$$

$$E 公司固定资产周转天数 = \frac{360}{2.016\ 8} \approx 178.5\ 天$$

以上计算结果说明 E 公司固定资产每年可以周转约 2.016 8 次,约每 178.5 天固定资产可以周转一次,E 公司固定资产利用效率较好。

固定资产周转率高或周转天数少,说明企业固定资产周转速度快,固定资产的利用较充分,也即说明企业固定资产投资得当,结构分布合理,营运能力较强。由于固定资产周转率的计算采用的是固定资产净值,而企业的固定资产一般采用历史成本入账,有可能产生由于通货膨胀的影响导致物价上涨,使销售收入增加,导致固定资产周转率上升,而实际上企业资产利用率并没有增加的状况,因此,对固定资产周转率的比较会受到折旧方法和折旧年限影响,分析时应注意其可比性。

(三) 流动资产周转率

流动资产周转率是指企业一定时期的主营业务收入与流动资产平均余额的比率,也称流动资产周转次数,它反映流动资产的周转速度,用于衡量流动资产的利用效率。其相关计算公式为:

$$流动资产周转率(次数) = \frac{主营业务收入}{流动资产平均余额}$$

$$流动资产平均余额 = \frac{年初流动资产总额 + 期末流动资产总额}{2}$$

$$流动资产周转天数 = \frac{计算期天数}{流动资产周转率(次数)}$$

$$E\,公司流动资产周转率 = \frac{100\ 500\ 500}{(134\ 209\ 970 + 134\ 680\ 000)/2}$$

$$= \frac{100\ 500\ 500}{134\ 444\ 985} = 0.747\ 5$$

$$E\,公司流动资产周转天数 = \frac{360}{0.747\ 5} \approx 481.61\ 天$$

以上计算结果说明 E 公司流动资产每年可以周转约0.747 5次,约每481.61 天流动资产可以周转一次。与 E 公司固定资产周转率2.016 8次相比,流动资产周转较慢,公司存在期末存货过多、产品积压或原材料库存过多的可能,流动资产的期末占用金额太大。

流动资产周转率高或周转天数少,说明企业流动资产周转速度快,资金利用效果好,等于相对扩大了资产投入,能增强企业盈利能力;反之,则需要补充流动资产参加周转,会形成资金浪费,降低企业盈利能力。由于流动资产是企业短期偿债能力的基础,企业应有一个比较稳定的流动资产数额,并提高其使用效率,应防止企业以大幅降低流动资产为代价追求高周转率。

(四) 应收账款周转率

应收账款周转率是指企业一定时期(通常为一年)赊销收入与应收账款平均余额的比率,也称应收账款周转次数,它反映应收账款的变现速度,用于衡量企业管理应收账款方面的效率。其相关计算公式为:

$$应收账款周转率(次数) = \frac{商品赊销净额}{应收账款平均余额}$$

$$应收账款平均余额 = \frac{年初应收账款余额 + 期末应收账款余额}{2}$$

$$应收账款周转天数 = \frac{计算期天数}{应收账款周转率(次数)}$$

假设 E 公司商品赊销净额为89 800 000元,则:

$$E 公司应收账款周转率 = \frac{89\ 800\ 000}{(32\ 035\ 300 + 32\ 036\ 000)/2}$$

$$= \frac{89\ 800\ 000}{32\ 035\ 650} \approx 2.803\ 1$$

$$E 公司应收账款周转天数 = \frac{360}{2.803\ 1} \approx 128.43\ 天$$

以上计算结果说明 E 公司每年应收账款可以周转约 2.803 1 次,约每 128.43 天应收账款可以周转一次。

一般来说,应收账款周转率越高,平均收现期限越短,说明企业收回应收账款的速度越快,资产管理水平越高。较高的应收账款周转率可有效减少收款费用和坏账损失,从而相对增加企业流动资产的收益能力。评价企业的应收账款周转率要结合企业的经营特点,并与企业前期指标和行业平均水平或其他类似企业的指标相对比,以得出比较准确的分析结论。

(五)存货周转率

存货在流动资产中占较大比重,尤其是在商业和一般制造业中,存货比例更大。存货周转率是指企业一定时期(通常为一年)主营业务成本(销售成本)与存货平均余额的比率,或称存货周转次数,它是反映企业销售能力强弱和存货周转速度,用于衡量企业生产经营各环节中存货营运效率的一个综合性指标。其相关计算公式为:

$$存货周转率(次数) = \frac{销售成本}{存货平均余额}$$

$$存货平均余额 = \frac{年初存货 + 期末存货}{2}$$

$$存货周转天数 = \frac{计算期天数}{存货周转率(次数)}$$

假设 E 公司销售成本为 64 500 000 元,则:

$$E 公司存货周转率(次数) = \frac{64\ 500\ 000}{(62\ 005\ 000 + 62\ 500\ 000)/2}$$

$$= \frac{64\ 500\ 000}{62\ 252\ 500} \approx 1.036\ 1$$

$$E 公司存货周转天数 = \frac{360}{1.036\ 1} \approx 347.46\ 天$$

以上计算结果说明 E 公司每年存货可以周转约 1.036 1 次,每周转一次需要约 347.46 天,存货管理效能很差。经分析可看出该公司存货年初余额和期末余额均过大,存在产品积压和原材料储存过多的可能,应适当降低存货数量。

一般来说,存货周转率越高,说明企业存货周转速度越快,存货变现能力越强,资金占用水平越低,资产管理水平越高。但不能盲目追求高存货周转率,因为该指标过高也可能是如下问题所致:存货水平太低,采购过于频繁,批量太小,可能出现停工待料现象。

第三节 盈利能力分析

对增值的不断追求是企业经营的动力源泉和直接目的。盈利能力就是企业赚取利润获取资金增值的能力。反映企业盈利能力的指标很多,利润表可以从动态反映企业某一时期的经营成果。企业获利能力分析主要是以利润表为依据,通常分析销售净利率、成本费用利润率、主营业务利润率、总资产报酬率、长期资本收益率、净资产收益率等指标。以下以 E 公司利润表(表 16 - 2)为例进行具体分析。

表 16 - 2 利润表

会企 02 表

编制单位: 2007 年度 (单位:元)

项　　目	本期金额	上期金额	项　　目	本期金额	上期金额
一、营业收入	105 410 000	100 910 000	二、营业利润(亏损以"－"号填列)	22 972 250	29 029 640
减:营业成本	69 500 000	59 250 000	加:营业外收入	2 356 000	2 265 000
营业税金及附加	256 000	246 365	减:营业外支出	958 000	959 000
销售费用	3 181 100	3 171 170	其中:非流动资产处置损失	820 000	825 000
管理费用	5 617 000	5 270 170	三、利润总额(亏损总额以"－"号填列)	24 370 250	30 335 640
财务费用	2 055 300	2 058 310	减:所得税费用	6 373 500	7 373 200
资产减值损失	3 560 450	3 590 445	四、净利润(净亏损以"－"号填列)	17 996 750	22 962 440
加:公允价值变动收益(损失以"－"号填列)	−120 000	−135 000	五、每股收益		
投资收益(损失以"－"号填列)	1 852 100	1 841 100	(一)基本每股收益	0. 120 1	0. 130 3
其中:对联营企业和合营企业的投资收益	0	0	(二)稀释每股收益	0. 120 1	0. 130 3

一、销售盈利能力分析

销售盈利能力分析主要是以企业的盈利与营业收入的比率为指标,考察企业利润实现情况,进而分析利润增减变化的原因。

(一)销售净利率

销售净利率是分析企业获利能力中使用最广的一项评价指标,也称销售净收益率、纯益率,是指企业净利润与营业收入的比值。其计算公式为:

$$销售净利率 = \frac{净利润}{营业收入} \times 100\%$$

$$E公司销售净利率 = \frac{17\,996\,750}{105\,410\,000} \times 100\% \approx 17.07\%$$

销售净利率反映了企业每单位营业收入中所获得的净利润的数额,该指标值越大,说明企业销售获利能力越高。采用销售净利率判断企业的盈利能力时,要考虑会计处理的谨慎程度对净利润的影响,还要考虑投资收益和营业外收支对净利润的影响,这些因素影响净利润但是并不代表企业的盈利能力。

(二) 成本费用利润率

成本费用利润率是企业利润总额与成本费用总额比率。其计算公式为:

$$成本费用利润率 = \frac{利润总额}{成本费用总额} \times 100\%$$

$$= \frac{利润总额}{营业成本 + 销售费用 + 管理费用 + 财务费用} \times 100\%$$

$$E公司成本费用利润率 = \frac{24\,370\,250}{69\,500\,000 + 3\,181\,100 + 5\,617\,000 + 2\,055\,300}$$

$$\approx 30.33\%$$

成本费用利润率反映的是企业成本费用与利润总额之间的关系,是从企业耗费角度考核企业获利情况的指标。在企业盈利数额一定的情况下,成本费用总额越小,成本费用利润率就越高,说明企业盈利能力越强;反之成本费用总额越大,成本费用利润率就越低,说明企业盈利能力越差。

(三) 资本保值增值率

资本保值增值率是期末所有者权益总额与年初所有者权益总额的比率。其计算公式为:

$$资本保值增值率 = \frac{期末所有者权益总额}{年初所有者权益总额}$$

$$E公司资本保值增值率 = \frac{158\,426\,700}{158\,376\,700} \approx 1.000\,32$$

一般情况下,资本保值增值率大于1,表明企业资本增值能力较强,但在实际分析时应考虑企业利润分配情况和通货膨胀的影响。

二、投资报酬率分析

投资报酬率是指企业的税后利润与投资基数之比,投资基数依据投资的范围、投资的时间和投资者分为三种类型:资产总额、长期资本和所有者权益。投资报酬率是用于分析投资回报的指标,可以据此计算投资回收期,反映投资效益。对企业而言,投资报酬率是衡量企业综合盈利能力的一个十分有效的指标。

(一) 以资产总额为基数的投资报酬率

以资产总额为基数计算的投资报酬率也称总资产报酬率或总资产收益率,它是指企业一定时期实现的净利润与该时期企业平均资产总额的比率,它是反映企业资产综合利用效果的核心指标,也是衡量企业总资产盈利能力的重要指标。其相关计算公式为:

$$总资产报酬率 = \frac{净利润}{平均资产总额} \times 100\%$$

$$平均资产余额 = \frac{年初资产总额 + 期末资产总额}{2}$$

$$E\,公司总资产报酬率 = \frac{17\,996\,750}{(271\,025\,070 + 271\,755\,800)/2} = \frac{17\,996\,750}{271\,390\,435} \approx 6.63\%$$

总资产报酬率越高,说明企业的投资回报能力越强,其资产的利用程度越高。

(二) 以长期资本为基数的投资报酬率

以长期资本为基数的投资报酬率也称长期资本收益率或长期资本报酬率,是利润总额加上长期负债利息与平均长期资本之比,其中长期资本是企业长期负债(非流动负债)和所有者权益之和。其计算公式为:

$$长期资本报酬率 = \frac{利润总额 + 长期负债利息}{平均长期资本} \times 100\%$$

假设 E 公司长期负债利息为390 000元,则:

$$平均长期资本 = \frac{13\,015\,500 + 13\,424\,850}{2} + \frac{158\,426\,700 + 158\,376\,700}{2} = 171\,621\,875$$

$$E\,公司长期资本报酬率 = \frac{24\,370\,250 + 390\,000}{171\,621\,875} \times 100\% = 14.43\%$$

长期资本报酬率反映的是每单位长期资本能够获得多少盈利,该指标是从长期资本的提供者的角度来分析其投资报酬率。要提高长期资本报酬率,一方面要增强企业的获利能力;另一方面要尽可能减少长期资本的占用。

(三) 以所有者权益为基数的投资报酬率

以所有者权益为基数的投资报酬率也称净资产报酬率、净资产收益率、净值报酬率,指企业一定时期实现的净利润与平均净资产(所有者权益)的比率,它是反映企业所有者获取报酬的大小的核心指标,也是衡量企业总资产盈利能力的重要指标。其计算公式为:

$$净资产报酬率 = \frac{净利润}{平均净资产总额} \times 100\%$$

$$E\,公司净资产报酬率 = \frac{17\,996\,750}{(158\,376\,700 + 158\,426\,700)/2} \times 100\%$$

$$= \frac{17\,996\,750}{158\,401\,700} \times 100\% \approx 11.36\%$$

净资产报酬率越高,说明净资产的使用效率越高,投资人的收益越高。通过分析净资产报酬率,一方面可以判断企业的投资效益;另一方面可以了解企业管理水平的高低。

第四节　现金流量分析

现金流量表是反映企业现金的来源和使用的报表,它按照企业的主要活动——经营活动、投资活动和筹资活动来反映现金收支,如表16－3所示。现金流量是某一时期企业现金流入流出的数量,现金流量表对于企业经营活动收益的反映是以收付实现制为基础的,相对以权责发生制为基础的利润表来说,能够提供更加准确的企业财务信息。现金流量表中的"现金",是指库存现金、可以随时用于支付的存款和现金等价物。以下以E公司现金流量表为例来分析。

表16－3　一般企业的现金流量表格式

会企03表
（单位:元）

编制单位：　　　　　　　　　　　2007年度

项　　目	本期金额	上期金额
一、经营活动产生的现金流量:		
销售商品、提供劳务收到的现金	100 950 000	100 954 300
收到的税费返还	2 135 000	2 130 000
收到其他与经营活动有关的现金	100 000	100 000
经营活动现金流入小计	103 185 000	103 184 300
购买商品、接受劳务支付的现金	55 000 000	54 410 000
支付给职工以及为职工支付的现金	8 150 000	8 350 000
支付的各项税费	16 216 000	16 416 450
支付其他与经营活动有关的现金	5 285 700	5 287 750
经营活动现金流出小计	84 651 700	84 464 200
经营活动产生的现金流量净额	18 533 300	18 720 100
二、投资活动产生的现金流量:		
收回投资收到的现金	3 000 000	3 000 000
取得投资收益收到的现金	1 980 000	1 890 000
处置固定资产、无形资产和其他长期资产收回的现金净额	450 000	460 000
处置子公司及其他营业单位收到的现金净额	—	—
收到其他与投资活动有关的现金	930 000	950 000
投资活动现金流入小计	6 360 000	6 300 000
购建固定资产、无形资产和其他长期资产支付的现金	18 185 000	18 180 000
投资支付的现金	950 000	950 000
取得子公司及其他营业单位支付的现金净额	—	—
支付其他与投资活动有关的现金	—	—
投资活动现金流出小计	19 135 000	19 130 000
投资活动产生的现金流量净额	－ 12 775 000	－ 12 830 000
三、筹资活动产生的现金流量:		
吸收投资收到的现金	—	—
取得借款收到的现金	15 800 000	14 700 000

续表

项　目	本期金额	上期金额
收到其他与筹资活动有关的现金	—	—
筹资活动现金流入小计	15 800 000	14 700 000
偿还债务支付的现金	25 100 000	24 200 000
分配股利、利润或偿付利息支付的现金	824 000	824 000
支付其他与筹资活动有关的现金	—	—
筹资活动现金流出小计	25 924 000	25 024 000
筹资活动产生的现金流量净额	− 10 124 000	− 10 324 000
四、汇率变动对现金及现金等价物的影响:		
五、现金及现金等价物净增加额:	− 4 365 700	− 4 433 900
加:期初现金及现金等价物余额	36 280 900	37 288 980
六、期末现金及现金等价物余额:	31 915 200	32 855 080

一、现金流量表的结构分析

现金流量表的结构分析一般分为现金流入结构分析、现金流出结构分析、现金余额结构分析。

(一)现金流入结构分析

现金流入结构分析主要是为了揭示企业各种来源的现金的比例关系,以及如果需要增加现金流入可以在哪些方面采取措施。一般来说,经营活动现金流入占现金总流入量比例较大的企业,经营状况较好,财务风险较低,现金流入结构较为合理。现金流入结构表如表16－4所示。

表16－4　现金流入结构表

项　目	金额(元)	结构百分比(%)
经营活动的现金流入	103 185 000	82.32
投资活动的现金流入	6 360 000	5.07
筹资活动的现金流入	15 800 000	12.61
现金流入合计	125 345 000	100

由表16－4可见,该公司经营活动现金流入占现金总流入量比例最大,说明企业经营状况较好,财务风险较低,现金流入结构比较合理。

(二)现金流出结构分析

分析比较现金流出中各项目的结构比例,可发现企业的现金流出用于哪些业务活动。一般来说,在企业正常经营活动中,经营活动的现金流出具有一定的稳定性,各期变化差异不是很大,如表16－5所示。

表16-5 现金流出结构表

项　　目	金额(元)	结构百分比(%)
经营活动的现金流出	84 651 700	65.26
投资活动的现金流出	19 135 000	14.75
筹资活动的现金流出	25 924 000	19.99
现金流出合计	129 710 700	100

由表16-5可见,该公司经营活动现金流出占现金总流出量比例较大,经营状况正常,财务风险较低,现金流出结构较为合理。

(三)现金余额结构分析

为了平衡企业的财务决策,还需要进行现金余额结构分析,如表16-6所示。

表16-6 现金余额结构表

项　　目	金额(元)	结构百分比(%)
经营活动的现金净流量	18 533 300	-424.52
投资活动的现金净流量	-12 775 000	292.62
筹资活动的现金净流量	-10 124 000	231.90
现金净流量合计	-4 365 700	100

由表16-6所知,该公司经营活动现金净流量较好,但投资活动和筹资活动的现金净流量为负,说明该会计期间投资活动和筹资活动产生的现金流出大于现金流入,应结合实际查明具体原因判断是否正常、合理。

二、现金偿债能力分析

现金偿债能力分析是现金流量分析中最重要的内容之一,也称为现金流动性分析,常用的指标有:现金流动负债比率、现金债务总额比、利息现金保障倍数。

(一)现金流动负债比率

现金流动负债比率是经营活动产生的现金流量与流动负债的比值,企业最安全可靠的偿债办法是利用经营活动产生的现金偿债,而不是依赖变卖资产或借新债还旧债。现金流动负债比率越高,表明企业的短期还债能力越强。其计算公式为:

$$现金流动负债比率 = \frac{经营现金净流量}{流动负债} \times 100\%$$

$$E公司的经营现金净流量 = \frac{18\,533\,300}{100\,313\,600} \times 100\% \approx 18.48\%$$

以上计算结果说明E公司只依靠经营活动现金流量还不能够偿还流动负债。

(二)现金债务总额比

现金债务总额比是经营活动现金净流量与债务总额的比值,也称为债务保障率,该指标越高,表明企业的偿债能力越强。其计算公式为:

$$现金债务总额比 = \frac{经营现金净流量}{总负债} \times 100\%$$

$$E公司的经营现金净流量 = \frac{18\,533\,300}{113\,329\,100} \times 100\% = 16.35\%$$

以上计算结果说明 E 公司的每一元负债有 16.35 元经营活动现金流量作保障。

(三)利息现金保障倍数

利息现金保障倍数是以经营活动现金净流量为基础分析长期偿债能力常用的指标,该指标反映了企业以现金来偿还债务利息的能力,用于衡量企业债务本息可由经营活动创造的现金支付的程度。利息现金保障倍数越大,说明企业偿债能力越强。其计算公式为:

$$利息现金保障倍数 = \frac{经营活动现金净流量}{债务利息}$$

$$E公司的利息现金保障倍数 = \frac{18\,533\,300}{2\,055\,300} \approx 9.02$$

说明 E 公司可以为每一元债务利息提供 9.02 元的经营活动现金净流量作为保障。该企业的经营活动对偿还债务利息是有很好的保障的。

三、现金盈利能力分析

如果企业获取现金的能力比较强,就用不着大量筹资弥补现金缺口,因此企业需要提高现金盈利能力。现金盈利能力分析的指标主要有销售现金比率、全部资产现金回收率、经营现金流量净利率。

(一)销售现金比率

销售现金比率是经营活动现金净流量与主营业务收入的比值,该指标越高,表明企业通过销售获取现金的能力越强。其计算公式为:

$$销售现金比率 = \frac{经营活动现金净流量}{主营业务收入} \times 100\%$$

$$E公司的经营现金净流量 = \frac{18\,533\,300}{100\,500\,500} \times 100\% \approx 18.44\%$$

以上计算结果说明 E 公司每一元的主营业务收入可以为其带来约0.184 4元的现金净流量。

(二)全部资产现金回收率

全部资产现金回收率是经营现金净流量与全部资产的比值,该指标反映了企业运用全部资产获取现金的能力。其计算公式为:

$$全部资产现金回收率 = \frac{经营活动现金净流量}{资产总额} \times 100\%$$

$$E\ 公司的经营现金净流量 = \frac{18\ 533\ 300}{271\ 755\ 800} \times 100\% \approx 6.82\%$$

以上计算结果说明 E 公司每一元的资产可以取得约0.068 2元的经营现金净流量。

(三)经营现金流量净利率

经营现金流量净利率是净利润与经营活动现金净流量的比值,该指标反映了企业每单位经营活动现金净流量创造净利润的水平,其指标值越大,表明企业经营活动现金获利能力越强。其计算公式为:

$$经营现金流量净利率 = \frac{净利润}{经营活动现金净流量} \times 100\%$$

$$E\ 公司的经营现金净利率 = \frac{17\ 996\ 750}{18\ 533\ 300} \times 100\% \approx 97.11\%$$

以上计算结果说明该企业每一元的经营活动现金净流量资产可以取得约0.971 1元的净利润。企业经营现金获利能力较好。

企业在进行财务分析时,除了对本企业财务数据作分析,还应与同行业平均数据、同行业先进数据进行对比,以发现企业在财务管理中存在的差距与不足,以便及时采取措施,赶超先进水平;另外,企业除了对本年度财务数据进行分析,还应对企业不同时期的数据进行对比分析,以便判断企业财务状况、盈利能力、现金流量的变化和发展趋势。

思　考　题

1. 反映企业短期偿债能力的指标有哪些? 如何计算与分析?
2. 反映企业长期偿债能力的指标有哪些? 如何计算与分析?
3. 衡量企业资本结构的指标主要有哪些? 如何计算与分析?
4. 企业营运能力分析的指标有哪些? 如何计算?
5. 企业盈利能力分析的指标有哪些? 如何计算?
6. 如何进行现金流量表的结构分析?

课外阅读参考书目

[1]斯蒂克尼·布朗. 财务报告与报表分析——战略的观点[M]. 张志强,译. 北京:中信出版社,2004.

[2]张先治. 财务分析[M]. 北京:中国财政经济出版社,2004.

[3]黄世忠. 财务报表分析——理论、框架、方法与案例[M]. 北京:中国财政经济出版社,2007.

[4]陆正飞. 财务报表分析[M]. 北京:中信出版社,2006.

[5]何韧. 财务报表分析[M]. 上海:上海财经大学出版社,2007.

[6]黄小玉. 上市公司财务分析[M]. 大连:东北财经大学出版社,2007.

第五篇　企业形象

第十七章　企业品牌形象管理

```
●━━━ 本章知识点 ━━━●

1. 品牌的定义和特征。
2. 影响品牌形象的因素。
3. 塑造品牌形象的主要手段。
4. 品牌形象管理。
```

第一节　品牌的概念内涵与特征

一、品牌的概念

品牌是使自己的产品在竞争中与众不同并保持其在市场中的地位所采用的一种竞争方式,品牌是企业争夺和占领市场的重要工具。但是,对于"品牌是什么"这个问题,可谓是"仁者见仁,智者见智"。

美国市场营销协会(AMA)认为,品牌(BRAND)是一种名称、术语、标记、符号、设计或是它们的组合运用,其目的是使消费者借以辨认某个或某群销售者的产品或服务,并使之与其竞争者的产品或服务区别开来。

英国学者德·彻纳车尼和麦克唐纳给品牌下了这样一个定义:一个成功的品牌是一个可辨认的产品、服务、个人或场所以某种方式增加自己的意义,使得买方或用户觉察到相关的、独特的、可持续的附加价值,这些价值最可能满足买方或用户的需要。

广告专家约翰·菲利普·琼斯将品牌作为一种物品来看待,认为品牌是企业行为的产物,即企业在营销过程中造就的、能为顾客提供功能利益及附加价值的东西。

著名广告公司O&M认为,品牌是一个商品透过消费者的认知、体验、信任及感情,在消费者生活中挣到一席之地后与之所建立的一种关系。

广告权威大卫·奥格威认为,品牌是一个综合、复杂的概念,它是商标、包装、价格、历史、信誉、广告风格、公司实力、经营理念等要素的抽象的总和,它亦是产品与消费者的关系。

虽然上述观点存在不同之处,但是可以看到,识别功能、沟通功能是品牌的两大功能,因此,紧紧把握这两种功能是回答"品牌是什么"这个问题的前提与关键,由此可以得到下列回答。

194

（1）品牌能够区分企业与其竞争对手的产品或服务。

（2）品牌能为顾客提供是否购买某物的理由。

（3）品牌是一种综合的无形资产。

（4）品牌是企业在营销过程中与顾客的一种关系属性。

二、品牌的内涵

从本质上说,品牌是向消费者传递的一种信息,一个品牌内涵有如下6种含义。

1. 属性 一个品牌首先代表特定产品的属性,不同品牌的产品表现为不同的属性差异。顾客可以根据不同的品牌代表的同类产品的属性差异而选择产品。

2. 利益 顾客购买利益而不是购买属性。从顾客视角看,品牌属性就是品牌功能和情感利益。

3. 价值 品牌的价值是品牌向顾客承诺的功能性、情感性及自我表现型利益,体现了企业的某种价值感。品牌的价值是一种超越企业和产品实体以外的价值,是与品牌的知名度、认同度、美誉度、忠诚度等顾客对品牌的印象紧密相关的、能给企业和顾客带来效用的价值,是产品属性的升华。品牌价值需要通过企业的长期努力在顾客心目中建立起一定的框架、再通过企业与顾客之间保持稳固的联系加以体现。

4. 文化 品牌属于文化价值的范畴,是社会物质形态和精神形态的统一体,是现代社会的消费心理和文化价值取向的结合。因此,一个品牌往往体现一种文化。例如:服装品牌"七匹狼"体现的是一种"狼文化",这种文化的本质就是对男人阳刚和团队精神的精彩表达。

5. 个性 品牌的个性是品牌存在的灵魂,它是品牌与顾客沟通的心理基础。从深层次来看,顾客对品牌的喜爱是源于对品牌个性的认同。例如,"七匹狼"通过表现自己独有的男性族群文化理念,折射出现代男性在纷纭复杂的社会环境和强大的竞争压力下急流勇进、坚忍不拔、奋斗不息的进取精神和成功形象。

6. 用户 品牌暗示了购买或使用产品的顾客类型。品牌将顾客区分开来,这种区分不仅从收入、年龄等表象特征体现出来,更多地体现在心理特征上。

品牌的内涵在于,除了向顾客传递品牌的属性和利益外,它还向顾客传递品牌价值、品牌个性以及在此基础上形成的品牌文化。品牌的属性、利益、价值、用户、个性及文化这六个要素紧密联系,共同构成品牌的内涵。

三、品牌的基本特征

1. 品牌是企业的无形资产 品牌拥有者可以凭借品牌的优势不断获取利益,可以利用品牌的市场开拓力、形象扩张力、资本内蓄力不断发展。品牌价值并不能像物质资产那样用实物的形式表述,但它能使企业的无形资产迅速增大,并且可以作为商品在市场上进行交易。例如,2006年西班牙著名服装品牌ZARA的价值达到423.5亿美元,成为全球第一服装品牌,并成为当年全球 100 个最有价值品牌之一。

2. 品牌转化具有一定的风险及不确定性　品牌创立后,在其成长的过程中,由于市场和需求的不断变化,企业的品牌资本可能壮大,也可能缩小,甚至会使企业在竞争中退出市场。

3. 品牌具有表象性　品牌是企业的无形资产,不具有独立的实体,不占有空间,但它最原始的目的就是让人们通过一个比较容易记忆的形式来记住某一产品或企业。因此,品牌必须通过一系列的物质载体来表现自己而实现有形化。例如,一说到"金利来",人们就能够想起领带,领带就成了金利来品牌的物质载体之一。

4. 品牌具有唯一性　品牌是用以识别生产者或销售者的产品或服务的,品牌拥有者经过法律程序的认定享有品牌的专有权,有权要求其他企业或个人不得仿冒、伪造。

5. 品牌具有一定的扩张性　品牌具有识别功能,代表一种产品、一个企业,企业可以利用品牌资本进行扩张。例如,皮尔·卡丹品牌旗下有服装、领带、皮具等产品,每种产品都是皮尔·卡丹品牌发展到一定阶段而逐步出现的。又如,法国梦特娇品牌自创立至今已经有 100 多年的历史,其产品已经涵盖服装、配饰、床上用品等大部分生活用纺织品种类。

第二节　品牌形象概述

一、品牌形象的含义

品牌形象的概念一直在随着品牌管理理论体系的发展而向纵深方向发展,其过程大体上经历了如下四个阶段。

(1)20 世纪 50 年代。这一时期对于品牌形象的概念只有初步探讨,并没有具体定义。比如学者纽曼认为,品牌形象可能包括功能的、经济的、社会的、心理的等方面。

(2)20 世纪 50 年代～70 年代末。在这一时期,心理学观点与方法的引入推动了人们对于品牌形象的认识。到 20 世纪 70 年代末,关于品牌形象的明确定义就被提出来了。学者莱威认为:"品牌形象是存在于人们心智中的图像和概念的群集,是关于品牌知识和对品牌主要态度的总和。"

(3)20 世纪 80 年代。在这一时期,战略管理与系统论的理念也在品牌形象的概念中得到体现。有学者将品牌形象定义为:"在竞争中使一种产品或服务差别化的含义和联想的集合。"还有人提出,品牌形象产生于营销者在品牌管理中的理念,任何产品在理论上都可以用功能的、符号的或经验的形象定位。此时,品牌形象已经被当作一种品牌管理的方法。

(4)20 世纪 90 年代至今。自 20 世纪 90 年代以来,品牌形象概念得到了丰富的发展,几乎品牌理论体系的每一个新概念的提出都会在品牌形象概念中有所反映。比如当品牌产权概念被提出之后,品牌形象又成为品牌资产的一个组成部分。

综合前人观点,可以将品牌形象定义为:消费者依据对商标、包装、价格、历史、信誉、广告风格、公司实力等品牌要素的感知而形成的对某品牌的总体感知、联想和评价及其总和。例如,服装品牌"利郎"所体现出来的从容与充满智慧的男人形象,与服装本身没有任何关系,而是人为渲染出来的一种抽象概念。

二、品牌形象的特征

品牌形象一般具有综合性、心理性、独特性和发展性四个特征。

(一)综合性

品牌形象是内在含义与外在表现的综合。从字面上看,品牌形象很容易被理解成一些表面化的东西,比如名称、标志、商标、包装等这些可视的内容。实际上,品牌形象有其内在基础,它必须诠释品牌精髓,传达品牌定位,忠实于品牌个性。

(二)心理性

品牌形象的树立是基于受众心理的。品牌形象的塑造是要通过传播使品牌在消费者心目中形成一定的印象。品牌形象的心理性特征体现在两个方面:象征性和联想性。一旦一个品牌形象塑造成功,其内在价值就作用于消费者的思想和情感,引起消费者一定的心理反应。

(三)独特性

独特性可以理解为可识别性。品牌形象的独特性意味着该品牌形象由于某一方面或某些方面的与众不同,比如独树一帜的标志设计、先进的理念、有创意的广告等,能让顾客一眼识别。

(四)发展性

即使是一流品牌,其品牌形象也必须是形式不断丰富内涵不断发展的,既要继承品牌形象一贯的传统,又要兼顾市场、消费者以及竞争等变量提出的新要求。因此,品牌形象的塑造是一个长期的过程,永远没有完结,它必须不断地发展,顺应时代、顺应潮流。

三、品牌形象的构成层次

品牌形象不是一个单层面概念,而是一个内容丰富的多层面立体式概念。品牌形象的构成主要包括三个层面:核心层面的品牌形象内涵、中观层面的品牌形象载体和外在层面的品牌形象符号系统(如右图所示)。

(一)品牌形象的载体

品牌形象需要一定的承载物,这一承载物主要包括企业的产品或服务、产品或服务的提供者、使用者以及各类品牌推广活动等。

品牌形象最核心的载体是企业的产品与服务。消费者更多的是通过体验品牌所代表的产品或服务来对

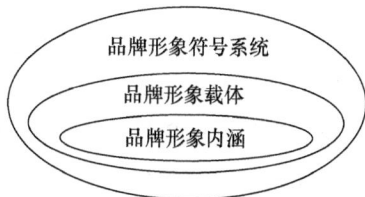

品牌形象构成层次图

品牌形象进行评价与感知的。没有产品,没有服务,品牌形象就难以在消费者头脑中留下深刻印象,更不用说能被立即识别或产生情感联系了。另外,品牌形象的丰富与发展也依赖于新的产品与服务的推出,没有产品的推陈出新和服务的不断创新,品牌形象难以维护和进一步发展。

品牌形象的第二个重要载体是产品或服务的提供者,这包括两个层面:作为整体的企业层面和作为个体的员工层面。对消费者而言,企业整体就是其所购买品牌的提供者,比如"李宁"运动鞋的提供者首先是李宁公司,而非某一个李宁零售商。这一层面的载体带给顾客的是一种无形的影响,企业形象在这一层面发挥了重要作用。企业带给消费者的一贯印象会影响消费者对其品牌的形象的认知。另外,企业内部所有能跟消费者进行一线接触的微观个体,如销售人员、维修人员、零售点等都是企业产品或服务的直接提供者。这一层面的载体带给消费者的是一种有形的影响,消费者通过实实在在地与这些直接提供者的接触来认识、理解并诠释企业的品牌形象。

产品或服务的使用者是品牌形象的第三个载体。如果给消费者一幅图片,图片上是一套西服,让他进行品牌形象联想,他可能会根据西服的外形、构造等来进行联想;如果仍然是这幅图片,不同的是多了一行字"成功男人的标志",再来进行品牌形象联想,他会联想到身份、地位、品质……这说明,产品或服务的使用者对于品牌形象塑造有重要意义。营销大师菲利普·科特勒认为,一个好的品牌应该能向消费者传达出其使用者的特质。由此引申,产品或服务的使用者也能体现企业产品或服务的品牌形象,是品牌形象的重要载体,即产品或服务的使用者的身份、特点等可以影响他人对该品牌形象的认知。

(二)品牌形象符号系统

品牌形象符号系统是品牌形象内涵的外在表现形式,是品牌形象传播的基本内容,也是品牌接触消费者的第一线。在传播过程中,这些形象符号会率先到达消费者,给消费者第一线的冲击与影响。

品牌形象符号系统包括语言符号系统和非语言符号系统,具体而言,主要包括品牌名称、品牌象征物、品牌标志、品牌标志语和品牌包装等。

品牌名称在品牌形象符号系统中具有战略地位。从长远来看,对于一个品牌而言,最重要的形象符号是名字。在短期内,一个品牌形象的塑造可能需要一个独特的概念或创意,但一旦时间扩大到长期,这种概念或创意就会逐渐消失,起作用的将是品牌名称与竞争者品牌名称之间的差别。

品牌标志作为一种特定的视觉象征性符号,是视觉识别的重要元素,是消费者接触并感知品牌形象最直接、最视觉性的内存。很多知名品牌就因为其简单的品牌标志设计或鲜明的色调的运用而牢牢吸引了消费者的眼球,比如耐克的"✔"标志。事实上,成功的品牌标志是一种精神的象征、一种企业价值的体现。

品牌包装是品牌形象符号系统所有元素的综合表现。如何合理利用包装,将品牌形象符号系统艺术地运用于品牌包装是品牌形象塑造过程中的重要决策。与产品包装相比,品牌包装是一个更为广泛的概念。产品包装主要指承载产品或服务的容器或包扎物;而品牌包装则包含了更多的内容,应用范围更为广泛,除了产品或服务的容器或包扎物之外,还有产品的展台、服务人员的着装等。

四、品牌形象的类型

按表现形式分类,品牌形象可分为内在形象和外在形象,内在形象主要包括产品形象及文化形象;外在形象则包括品牌标志系统形象与品牌在市场和消费者中表现的信誉。

产品形象是品牌形象的基础,是和品牌的功能性特征相联系的形象。潜在消费者对品牌的认知首先是通过对其产品功能的认知来产生的,消费者的物质或心理需求的满足和产品息息相关。

品牌文化形象是指社会公众、消费者对品牌所体现的品牌文化或企业整体文化的认知和评价。企业文化是企业经营理念、价值观、道德规范、行为准则等企业行为的集中体现,对其消费者群和员工产生着潜移默化的熏陶作用,每个成功品牌的背后都有其深厚的文化土壤。

品牌标志系统形象是指消费者及社会公众对品牌标志系统的认知与评价。品牌标志系统包括品牌名、商标图案、标志字体、标准色以及包装装潢等产品和品牌的外观。品牌标志系统是把品牌形象传递给消费者最直接和快速的途径。

品牌信誉是指消费者及社会公众对一个品牌信任度的认知和评价,其实质来源于产品的信誉。品牌信誉的建立需要企业各方面的共同努力,产品、服务、技术一样都不能少,并注重按合同规定的交货期交货以及及时结转应付账款等。

第三节　品牌形象塑造与管理

一、品牌形象塑造的基本问题

(一)品牌形象塑造常见误区

1. 品牌形象的塑造求大求全　想要尽可能满足消费者的所有意愿是不现实的。每个品牌必须挖掘出消费者感兴趣的某一点,使顾客一旦产生这一方面的需求,就会立即想到它。因此,一个品牌要让消费者接受,完全不必把它塑造成全能形象,只要有一方面胜出就已具有优势。品牌的个性越突出,给消费者留下的印象就越深刻,也越容易在他们心中占有一席之地。

2. 对精心塑造起来的品牌形象随意改变　品牌形象是消费者当前对品牌的整体感觉。坚持统一的品牌形象是知名品牌成功的重要原则之一。拥有百年辉煌历史的可口可乐,无论什么时期,始终贯彻"美味的、欢乐的"这条主线,从而在消费者心目中树立了鲜明的品牌形象。不能否认有时改变是必须的,重要的是不要盲目变动,随意更改,并且要坚持最能体现企业经营理念的那条主线。

(二)品牌形象塑造的原则

1. 民族化原则　任何一个品牌都无法摆脱其民族文化的影响。民族性深深植根于每个人心中,具有民族特色的品牌形象常常更容易扣开消费者的心。

2. 立足于品牌精髓　很多企业凭借非科学的"想当然"或者经验主义给自己要推出的品牌一个形象概念,再大力对这一个凭空提出的缺少品牌内涵的形象进行传播与运作,因而未收到树立品牌形象的效果。实际上,品牌形象有其内在价值底蕴,塑造品牌形象必须立足于品牌精髓,包括理解和传达品牌定位与品牌个性。

3. 个性化原则　品牌形象的独特性和心理性等特点决定了营销者要合理运用形象思维、艺术手法和创意来创造和维护个性化品牌形象。品牌形象塑造的目的就是要使该品牌具有独特的个性,以在众多同类品牌中脱颖而出,迅速抓住消费者的心理。因此,个性化原则是品牌形象塑造的重要原则。

(三) 品牌形象塑造的程序

1. 市场调查　市场调查的目的就是,充分掌握市场第一手信息,确定品牌形象定位,为品牌形象设计和实施提供依据。市场调查的内容包括对企业现状的调查、对竞争企业的调查、对公众的调查等几个方面,可根据企业规模和行业、市场特点灵活掌握。市场调查是品牌定位的前提,调查分析的结果直接影响着品牌形象,决定着品牌形象的树立。

2. 选择品牌形象策略　一般而言,品牌形象策略主要有定势策略、强化策略和迁移策略。定势策略是指根据现有品牌形象特色和未来市场变化趋势尤其是消费者需求,不断确定与完善品牌形象的策略。这种策略灵活性较强,一般适合新创企业确定品牌形象。强化策略是指不断丰富完善现有品牌形象,以强化其在消费者中的印象。迁移策略是指企业通过一系列活动,逐渐改变原有品牌形象而转移到新的品牌形象上。

3. 进行品牌形象设计　品牌形象设计是品牌形象塑造的重点,包括产品设计、服务设计、商标设计、价格设计、包装设计等多个方面。品牌形象设计是一个系统工程,需要专业人士进行操作。企业可以选择由企业内部设计人员实施或者委托专业的公司实施或者二者共同协作完成。目前我国的大多数企业倾向于把品牌形象的设计工作委托给专业的设计公司。

4. 品牌形象传播　品牌形象是消费者对品牌的认知和评价,因此,只有通过销售或宣传活动将其传给消费者才具有意义。一方面,企业要通过电视、报纸、杂志等媒介有意识地向公众介绍品牌形象;另一方面要做好公共关系工作,尽快形成品牌的良好形象。

二、品牌形象设计

(一) 品牌形象基本设计

1. 品牌名称设计　品牌名称是使某品牌与其他品牌差异化的重要手段,是商品信息和消费者心理之间的第一触点。品牌名称的设计必须遵循以下几个基本原则:

(1)突出品牌个性,以便避免不必要的牵连。

(2)突出情感,情感因素能引起消费者共鸣,引发他们正面的美好的联想,从而促进商品的销售。

(3)品牌名称符合产品的定位及目标消费群体。

（4）品牌名称符合消费者认知及欣赏的心理偏好。

（5）品牌名称,简洁醒目、易读、易认、易记,能加速与消费者的沟通。

（6）为产品未来发展留下空间。

2. 品牌产品设计　品牌产品设计是指产品工业设计,即以实用、美观、经济为基本设计原则,按照行为学、社会学、消费心理学与艺术学等学科的原理创造性地设计产品的使用,并在材料、结构、构造、形态、色彩、表面加工以及装饰等方面给予产品以新的品质与资格。产品工业设计就是设定人与产品关系的设计。

品牌形象中的产品设计,必须从系统的角度把握产品形象与品牌形象系统的关联,以形成产品与品牌形态风格的统一、色彩的统一、人文意义和形式的统一、品质与档次的统一。

把握了产品设计的统一性之后,就要确定产品设计的具体定位,如造型风格、时代感、与同类品牌产品比较的超前感和装饰档次等。

3. 品牌服务设计　品牌服务设计包括对服务内容、服务方式、服务形象、服务设施的设计等。无论是对企业自身还是对消费者,服务在营销过程中的重要性日益提升。品牌服务设计的基本原则是尽可能满足消费者需要,进而提升品牌价值。

服务内容的设计可以分为售前、售中、售后服务设计三个层面,解决的问题是"应该向顾客提供什么服务";服务方式的设计解决的问题是"应该怎样向顾客提供服务",其设计原则就是体现人性化。

服务是企业一线员工提供给消费者的,因此,服务形象设计的主体就是设计一线服务人员的形象。服务人员的形象包括仪容仪表、言行举止、服务态度、服务技能以及综合表现出来的服务品质。

4. 品牌标准色设计　设定品牌标准色的目的,一是加强品牌形象识别,使之一目了然;二是形成品牌要素之间的联系,统一各应用媒体;三是运用色彩本身的特性,提升品牌形象的综合力,即运用色彩视觉的生理和心理效应,通过色彩环境来形成品牌整体传播的感染力度;四是利用标准色形成品牌系统划分。

标准色设计,要充分反映品牌性质,避免色彩错位。与流行色的配合,也是设计应考虑的。在设计品牌标准色时,还要考虑标准色数目与标准色色相是否有利于降低传播成本,是否能够运用到所有的传媒上,是否能够通过现有的生产制作技术实现标准色的应用。

5. 品牌标准字设计　不同的文字视觉形象会引起不同的心理感受,因此品牌名称、广告语及传播品牌形象的常用规范性文本等都能通过文字语言塑造品牌形象。一般需要应用标准字体的情况有:品牌名称、企业名称、品牌广告语、品牌理念表达、品牌相关的说明书、票据、包装、广告印刷品等中的文本。

品牌标准字的设计可分为几种方法:一是通过文字设计完成品牌形象中常用的、规范性文字的字体,这种设计基于美术字体的改造。二是从印刷字体中选出中文、英文、数字的专用字体作为品牌标准字体。

6. 品牌象征物设计　设计品牌象征物的目的是,进一步诉求品牌理念,增强抽象性品牌的形象图解功能,塑造人性化的品牌形象。品牌象征物应用到传媒中,亲近了受众与品牌的关系,强化了品牌在趣味、沟通、形象化方面的传播效能。海尔品牌中的"海尔男孩"、全聚德中的"鸭先生"、法国米其林品牌中的"轮胎男子汉",有力地配合了品牌各要素,并为各种应用传媒的形象设计提供有益的资源。

品牌象征物通常以平面图形定案并应用到品牌形象系统各种传媒中,立体的品牌象征物可用于户外广告和营销活动。设计或运用象征物要达到以下目的:

(1)强化品牌形象的视觉冲击力。

(2)增强产品形象的生动性。

(3)诉求品牌及产品特性。

(4)沟通形象各要素关系,开发情节化的传播内容。

(5)提高行销现场活动的渲染力。

7. 品牌标志语设计 品牌标志语具有广告和品牌标志的双重作用,是目前进行品牌战略、经营品牌无形资产、强化品牌形象的一个利器。这方面成功的例子如:"我有我的一套"、"我运动,我存在"等。

品牌标志语在塑造品牌形象中的具体作用有:

(1)强化品牌名称或产品、服务的名称。

(2)强化品牌形象识别。

(3)增强视觉装饰与辅助作用。在品牌形象二维传媒中,标志语的文字形式会丰富传播形象的表情,能够装饰各类品牌展示,并对展示内容起到辅助性说明作用。

品牌标志语设计原则有:

(1)语言内容要真实诚恳。

(2)语言要有鲜明的识别性与独创性。

(3)寓意深刻、结构巧妙,富哲理性、趣味性、幽默性。

(4)语言精练准确,具有"一字千金"的作用,同时还要有"一语道破天机"的妙用。

(二)品牌形象传播设计

1. 产品包装设计 产品包装的范围包括包装盒、包装箱、包装袋、包装容器等。品牌产品包装除了对产品从生产、运输到销售的安全保护作用外,还要起到促销指示、传播及广告作用。

品牌包装的设计原则有:

(1)包装要体现品牌形象的基本要素,如商标、名称、产品形象、标准色等。

(2)包装要强化产品形象,补足产品形象展示的不足。

(3)包装造型设计要有利于市场促销。

(4)包装形象要与品牌形象策划及整体设计系统协调。

(5)包装的品位档次、体现的价值情感要超过或等同于产品的品位档次。

在处理产品形象与包装形象的关系时,应该注意几个设计关注点:一是品牌形象基本要素数目与产品及包装上的一致;二是产品形象与包装传播形象的一致;三是包装造型与产品造型的对应关系。

2. 品牌展示设计　空间传播媒介,像各种展览会、博览会、订货会、陈列和宣传传播会等,统称为展示。品牌展示是一项艺术设计和工程技术相结合的工程,在这样一个特定空间里,汇聚了各种传媒,使得工业企业及其品牌系统,在特定的空间,能得到充分展示。

品牌展示设计之前,首先应对品牌展示规定的空间有所了解,落实展示场内空间范围、条件、设施和场外环境。开始总体设计时,要设计人流控制方式,从场外的人流指引到入口处的信息导向都应充分考虑到。场外资讯指引通过展示牌、标幅、旗帜、海报、招贴、指示牌等体现。场内人流导向通过展示设施构成、展示空间划分、展示道具和陈列等设置来控制。场内人流的控制应形成有序流动,使参观者、用户通过场内资讯系统,能按照展示顺序参观浏览。

在布置展位之前,事先制作的展示物件应留有余地,在布展时可根据实际情况做临时变更设计。为了在展示会上能面对同行参展商有针对性地做竞争性展示,对某些易制作的设计及易配备的内容可放到现场进行布置,如品牌象征物、指引牌及标签的运用、充气模型和音响设备设置等。

3. 品牌销售点设计　在销售场地,产品直接面对消费者,为了让消费者更方便地了解购物资讯,企业必须运用材料、结构造型与色彩等要素创造出可支撑的、展示产品的销售空间。创造销售空间的过程称为品牌销售点设计。

品牌销售点的作用有:

(1)使消费者通过观察与接触认识产品的性能及使用方法,也可以避免销售人员的强行推销给消费者带来的压力。

(2)销售点的设计风格和材质结构,使品牌形象显眼突出。

(3)销售点的形象及风格、可充分诉求品牌形象理念,体现企业对品质的追求和对销售方式的重视。

设计销售点的重点是:

(1)配置传媒体充分展示品牌产品所有内容,比如在销售点上放置印刷材料,供顾客自由获取,配置小型电视作演播说明等。

(2)在销售点增设可进行产品测试的装置。

(3)可考虑组合设计方式来配合系列规格的产品展示。

(4)销售点造型应尽可能模拟产品使用状态和产品使用环境及其背景。

(5)销售点结构设计要方便购物者自行取货。

4. 品牌店铺设计　任何一种品牌产品或服务,都要通过特定的小规模的场所(店铺或卖场)来为顾客提供服务,进行这样的店铺设计,被称之为品牌店铺设计。

品牌店铺设计的内容主要有:

(1)店铺、卖场品牌形象基本要素的确定和组合设计,如名称、商标、专用字体、象征物、标准色等组合成的店铺、卖场形象设计。

(2)店铺、卖场展示传播配置设计,如灯箱、招牌、展架、旗帜等。

（3）店铺、卖场办公用品与礼品的设计,如信纸、名片、产品宣传册、产品说明书、印刷材料、手提袋、工作人员服装、卡牌、公文夹、礼品衫、笔、杯以及礼品伞、台历等。

进行品牌的店铺设计,要考虑以下几方面问题:

（1）店铺或卖场的风格,如经典传统风格、简洁现代风格、严谨规整风格、自由活泼风格、女性风格与男性风格,无论哪种,都要体现品牌形象。

（2）应将品牌形象要素的展示重点放在店铺上部的空间上。

（3）店铺或卖场入口处传播设计内容相当重要应注意门窗上方、入口及入口导入牌等的设计制作。

（4）入口场地处要进行导引设计。一般有一定入口面积的店铺或卖场,都要设置导引物,如导引指示牌、旗帜、立体模型或品牌产品模型等,导引物的设计在总体形象上要与店铺、卖场形象形成呼应。

（5）店铺、卖场形象的装饰风格、材料与工艺所体现的品位与档次,隐含着品牌的理念内容,其品质、形象要与品牌形象风格一致。

（6）品牌店铺、卖场的色彩。一般使用品牌形象标准色系,如因材料及环境色彩的特殊性,可适当使用辅助色来配合店铺、卖场总体色彩设计。

三、品牌形象管理

（一）品牌形象导入

1. 选择导入时机　导入品牌形象,并快速有效地树立品牌形象的时机主要有如下几种。

（1）企业开始进行经营之际,将品牌形象导入与品牌产品开发生产同时实施,可避免中途品牌变革引来的各种矛盾。

（2）企业联合之际导入品牌形象,为联合经营带来积极的促进作用,加速联合后的机制进入轨道。

（3）企业股票上市之际导入品牌形象,由此树立品牌在股东中的形象,创造良好的金融环境。

（4）企业经营战略重大变革之际导入品牌形象,有利于加大变革力度,推动变革朝既定目标进行。

（5）企业管理机制变革之际导入品牌形象,创造良好的企业管理机制,变革新的人际环境。

（6）推出新产品或新型服务之际导入品牌形象,使企业更有利地转入品牌经营轨道,对新产品或服务的营销起促进作用。

（7）利用特殊（节）日导入品牌形象,如利用企业创建周年日、领导题词日等。

2. 导入实施　确定导入时机后,企业需要为品牌形象实施做一个计划,要确定实施项目、实施时间、投入的人力和财力等。企业负责执行实施品牌形象的部门,要为推行品牌形象做年度、月份计划,要提前落实人、财物,提前寻求合适的外协单位。

品牌形象导入有两个层次:一是企业内部导入,如企业内部发行导入文件或企业内部导入宣布大会。二是企业外部导入,如采用新闻发布会,电视台广告,报纸大版面刊出,杂志封面、封底广告,大型促销、公关活动方式导入,或利用赞助大型社会活动之际导入。

导入实施程序一般有三种。

(1)按照从内到外的顺序导入,即企业内建筑设施、设备、办公用品或印刷材料先进行品牌形象实施。

(2)按照从外到内的顺序,即先从广告媒体着手进行导入。

(3)按照产品推入市场的顺序,即从产品到包装到展示传媒依次导入。在实施品牌形象导入前,企业执行部门要制订各类传播媒体实施工程的规范标准。传媒工程实施规范标准制订的一般方式是在品牌形象管理手册上规定,在传媒工程项目任务书或合同中规定。

(二)品牌形象实施体系

1. 企业内部保障　在引入品牌形象战略时,首先应使企业全员达到认识的统一。企业主要领导人和中高层领导应组织和参与战略研究、讨论和决策活动,管理者应认识到推行品牌形象战略的作用和价值。企业员工的认识统一要通过宣传、培训、报告会、企业宣传刊物等实现。其次是要有企业人力和财力的保障。在实施品牌形象战略的过程中,企业应成立专门负责实施品牌形象战略的部门,并且要给予这个部门相关的权利。企业对推行品牌形象战略要有近期与中长期的财务计划,将资金合理分配到品牌形象推行的各个环节。

2. 企外协作　在企业外开展的品牌形象系统工程,需要得到相关单位在人力、物力和财力方面的服务与合作,更需要专业性强、有经验的单位及专家的协作。有些特别的品牌推广活动需要由专业策划公司来策划运作,比如新产品上市推广策划。将一些品牌形象实施项目的设计工作委托给专业公司,能取得更好的效果,比如将产品形象设计委托给工业设计公司。推行品牌形象战略时,经常需要的协作单位是广告公司。

(三)品牌形象推广

品牌形象推广包括品牌新闻推广、品牌公关活动、品牌广告活动、品牌促销活动等。

1. 品牌新闻推广　新闻传播力比广告等其他传媒传播力更强,以新闻传播作为树立品牌形象的突破口,是品牌宣传常用方法之一。实施品牌新闻传播的要领如下。

(1)要准确地掌握各大新闻传媒的现状,包括传媒的覆盖面、影响程度、价格等。

(2)根据新闻传媒现状以及品牌经营战略、经济实力、产品经营方向选择主体新闻传媒和辅助新闻传媒,确定在各传媒中的投入量、配合战术、传播形式与传播时间等。

(3)策划好导入品牌形象战略的新闻发布活动,即确定品牌形象新闻发布会的主题,选择合适的新闻发布会场所,设计制作好场外标幅、印刷材料、礼品等。

(4)给各大新闻机构的相关部门提供设计制作好的符合品牌形象规范的图、文、声传播材料,保证新闻传播统一无误。

2. 品牌公关活动　要使公关活动在品牌形象塑造过程中充分发挥其功效,关键是把握以下几点。

（1）广泛获取各项大型活动的信息，从中选择适合本企业的有利于树立品牌形象的活动。

（2）大型企业或经济实力强的经营实体，还可根据品牌战略的需要，独立进行有规模的公关活动。

（3）在视觉传达方面，整个公关活动的策划应符合品牌形象统一视觉识别作用。

（4）在公关活动中应始终贯彻体现品牌形象的社会理念。

（5）按照公关方案，对所有参与公关活动的人员进行培训，在展开公关活动前就保证公关人员的言行一致。

（6）对要参加的大型活动，应及时预定并了解有关情况，为策划公关活动提供充足信息。

3. 品牌广告活动　成功有效的品牌广告活动应注意以下几点。

（1）对品牌广告活动进行准确的定位。

（2）进行高水平品牌广告策划设计。高水平的广告策划善于审时度势，创造天时、地利、人和的氛围，把握消费者心理，改变传统广告的传播方式，容易让人认知和接受。

（3）进行有力的品牌广告操作。在选择传媒、确定传播发生时间、采用的传播通道和制造传播冲击力等方面下功夫。

4. 品牌促销活动　在策划品牌促销活动时，要把握如下几个原则。

（1）整个品牌促销活动具有统一识别的视觉形象。

（2）整个品牌促销活动要充分体现品牌经营者与品牌消费者互利的品牌经营理念。

（3）让品牌消费者在参与促销活动后感觉可受惠得利。

（4）品牌促销活动应该是软性促销，而不应采取强行促销，注重眼前利益的强行促销可能会影响整个品牌形象战略的顺利实施。

（5）策划品牌促销活动方式时应注意让消费者直接参与，尊重消费者意愿，要让"上帝"成为活动主角，使消费者变被动为主动。

（6）整个品牌促销活动的组织人员要具有统一的良好的服务形象，以服务行为活化促销活动全过程。

（四）品牌形象维护

品牌形象维护有主动维护和被动维护。主动维护是：制订品牌形象维护措施，一贯坚持并形成制度；定期对品牌形象传媒体进行检查，对每个受损传媒及时修补；注意有效的品牌形象项目防伪。被动维护是：当品牌受到侵权以后，企业及时打击侵权者，彻底消灭危害源，以警示社会；在推行品牌形象过程中，若出现有损于品牌形象的过失，要做及时修正，比如立即通过新闻传媒等公关宣传手段，有效地补救过失，维护品牌形象。

（五）品牌形象诊断与发展

品牌形象战略实施过程中，品牌形象自然要受到企业或产品的发展变化及其他变化的影响。为此，企业应该分阶段诊断品牌形象的现状和趋势，分析品牌形象系统与企业战略、产品战略、同类品牌变化情况、市场和消费者变化等诸方面的关系，检讨各方面的实施工作，进行如下几方面的综合判断：

（1）品牌形象现状和品牌形象基本构成是否与新的产品或服务现状相和谐。

（2）原有的品牌形象战略和现时期企业总体战略是否一致。

（3）原有的品牌形象和基本要素的形式与内容是否符合时代潮流。

（4）品牌形象在消费者、代销商、股东、竞争者、公众、政府中的实际效果如何。

企业要根据阶段性的品牌形象诊断结果，制订出下一个阶段品牌形象实施发展计划，主要考虑如下几个方面的内容：

（1）是否变革原有的品牌形象系统。

（2）是否要修改品牌形象的基本要素。

（3）对品牌形象的投入计划是否要进行修改。

（4）实施品牌形象战略的管理机制是否要改变。

（5）推行品牌形象的主要传媒是否要调整。

（6）是否要用更有力的手段推行品牌形象。

（7）何时实施品牌形象发展阶段的管理层培训和全员培训计划。

（六）品牌形象资产管理

企业经过长期的经营和实施品牌形象战略，使得其商业经营产生一定的知名度和美誉度，从而使其品牌产品和服务产生比市场价格要高的附加值，这时以商标为形象代表的品牌已经具备经济价值。这种价值体现为品牌无形资产，对这一资产的管理就是品牌形象资产的管理。

从有形资产经营到无形资产经营，品牌形象资产管理日益成为企业要纳入日常管理的迫切工作。品牌资产管理的内容大致有：

（1）负责品牌有形、有声商标系统的注册。

（2）负责品牌形象系统中有关有形知识产权与专利的申请和注册。

（3）建立品牌形象常年法律顾问的管理制度。

（4）负责受理其他企业或经营组织申请使用本品牌商标的审理、洽谈、签订协议等工作。

（5）负责对侵犯本品牌商标权的行为进行法律申诉、索赔等工作。

（6）负责对所有使用本品牌商标经营的单位进行有关品牌形象正确使用、统一实施的监督管理。

（7）负责品牌形象实施过程中品牌形象内容的完善、发展、推行等管理。

思 考 题

1. 如何理解品牌定义和特征？

2. 你认为影响品牌形象的因素有哪些？

3. 品牌形象对顾客购买行为有着怎样的影响？

4. 塑造品牌形象的主要手段是什么？

5. 品牌形象管理是企业哪个部门的职能？请阐述理由。

课外阅读参考书目

[1]菲利普·科特勒.营销管理[M],10版.梅汝和,梅清豪,周安柱,译.北京:中国人民大学出版社,
　　2001.

[2]黄静.品牌管理[M].武汉:武汉大学出版社,2005.

[3]王效杰.品牌形象战略[M].哈尔滨:黑龙江科技出版社,2002.

[4]张继焦,师建淮.成功的品牌管理[M].北京:中国物价出版社,2002.

[5]黄江松.品牌战略[M].北京:中国金融出版社,2004.

第十八章　企业文化建设

<hr>

●━━━ 本章知识点 ━━━●

1. 企业文化的含义。
2. 企业文化的类型。
3. 企业文化的作用。
4. 企业文化建设。

第一节　企业文化的概念

企业文化是20世纪80年代兴起的一门新的学科。它是以形成最佳的经营管理机制和增强企业活力为目的,以人为根本,以企业精神为核心,以群体行为为基础,广泛调动职工积极性、创造性,实现企业管理整体优化的一种企业管理学说。

一、企业文化的含义

企业文化是一种客观存在的现象。它作为一种文化现象,从广义上说,是指企业在社会实践过程中所创造的物质财富和精神财富的总和。从狭义上说,是指企业在长期经营管理过程中所形成的独具特色的思想意识、价值观念和行为准则,是一种具有企业个性的信念和行为方式。通常,企业文化指的是以价值观为核心的企业内在素质及其外在表现,即狭义的企业文化。

从企业文化的内涵来看,它应包括企业精神、企业文化行为、企业文化素质和企业文化外壳四个方面的内容。从层次上说,以企业精神为核心的企业文化由以下三个层次构成。

(1)最外层是企业的物质文化层,包括企业生产经营的物质基础,诸如厂容、厂貌,机器设备和技术的整齐、清洁及其先进性,以及生产经营的产品造型、外观、质量等。这些有形的东西,具有物质特性,构成所谓的"企业硬文化",是企业精神的物质体现和外在表现。人们首先从这些物质形态上看到某一企业的精神面貌。

(2)中间层是企业的制度文化层,包括企业领导体制、人际关系及其为开展正常生产经营活动所制订的各项规章制度。它是企业物质和精神文化的中介。企业精神必须通过中介层才能转化为物质文化层。

(3)最内层是企业的精神文化层,包括用以指导企业开展生产经营活动并为全体职工所认同的各种行为规范和价值观念。企业的群体意识和职工素质等构成的所谓"企业软文化"

即企业精神,是企业文化的核心。企业精神的具体内容很多,各个国家、各个时期、各个企业依其自身所处的环境和目标的不同,企业精神的重点也有所不同,形成各具特色的企业精神。

二、企业文化的特征

1. 整体性　企业文化把企业作为一个整体,反映企业内部各个子系统之间的内在联系。整体的力量支配每个职工的行为方式和追求目标,形成整体的信念和企业形象。

2. 稳定性　任何一个企业的企业文化,总是与企业发展相联系的,企业文化的形成是一个渐进的过程,它一经形成,并为全体职工所掌握,就具有一定的稳定性,不因企业产品、组织制度和经营策略的改变而立即改变。

3. 开放性　优秀企业文化具有全方位开放的特征,它绝不排斥先进管理思想及有效经营模式的影响和冲击,它通过引进、改造、吸收其他企业文化,促使自身发育成长,不断完善。企业文化的开放性必然产生外来企业文化与本地企业文化、现代企业文化与传统企业文化的交融与斗争,这也正是建设具有自身特色企业文化的契机。

4. 可塑性　企业是一个有生命的有机体,企业活动是一种动态过程。随着社会和经济的发展,人们对优秀企业文化的希望可以促进改革、设计,并创造出某些形态和模式,从而塑造出新的企业文化。企业文化的塑造过程实际上就是企业所倡导的价值观念被全体职工认同、接受的过程。

5. 独特性　每个企业都有自己独特的文化,反映企业自己的特点,并以此为标志同其他企业相区别。不同企业文化的独特性,主要表现在以下几个方面。

(1)独特的时代性。受时代政治、经济、社会形势的影响,在生产经营过程中形成的企业文化带有时代特色,也因此要求人们不断以新的思想观念丰富企业文化的内容,使企业文化具有时代特征。

(2)独特的地域性。不同国家或同一国家不同地区、不同社区的企业都受本地域文化的影响,形成各具特色的企业文化。

(3)独特的行业性。企业文化是企业独特的传统、习惯和价值观的积淀,它与企业的生产过程、产品形式与服务手段密不可分。不同行业的企业有不同性质的文化。

(4)独特的民族性。不同的民族有着不同的历史文化背景,企业文化作为生存于民族文化体系中的亚文化,必然会表现出企业文化的民族特性。

三、企业文化形成的因素

企业文化的形成是一个复杂的历史过程,其影响因素较多,主要有以下几方面。

1. 民族文化　建设企业文化,应从传统民族文化中吸取精华,剔除糟粕,为企业文化的成长提供良好的"土壤"。

2. 世界文化　尽管世界文化的影响不像民族文化那么直接,但也不能忽视,而应吸取其精华,把世界文化与民族文化很好地结合起来。

3. 企业生产力状况与外部环境　企业生产力状况是企业文化的物质基础,是企业文化形成的重要内因。企业经济技术水平较高,设备和工艺方法先进,产品服务质量优良,职工观念现代化,则由此而形成的企业文化就比较优秀。外部环境是指社会制度、经济体制以及顾客、竞争对手等,这些环境因素会对企业文化的形成产生很大的影响。

4. 企业人员素质　企业人员素质是影响企业文化形成的重要内因。

5. 现代管理科学的发展　企业文化是一种管理哲学,随着管理理论的进一步发展,企业文化将会不断地丰富和更新。

第二节　企业文化的类型和载体

一、企业文化的类型

1. 硬汉型企业文化　这类企业文化具有男子汉的魄力,其特点是要求企业每个职工发挥高度的积极性和创造性,办事果断,原则性强。

2. 努力型企业文化　这类企业文化具有不断努力进取的精神,其特点是坚持不懈地努力和锲而不舍的韧性。

3. 风险型企业文化　这类企业文化具有随时承担风险的精神,其特点是以未来投资的风险性为出发点,谨慎从事,作出正确判断,要求下级服从上级,重视层层把关。

4. 过程型企业文化　这类企业文化认为过程比产品更为重要,其特点是强调过程。在这类企业中,工作的重点放在过程和程序上,经营的最终目标是要求技术的完整性。

二、企业文化的载体

1. 企业内部成员　企业员工是企业文化的主要载体,是吸收、保存、传播、管理和使用文化的复合体。企业文化造就了企业的人,企业的人又创造、继承、承担、传播、运用和体现着企业文化。

2. 企业的组织机构　企业的管理、组织机构是企业文化的创造者、组织者和实施者。

3. 企业的产品和劳务　企业的产品和劳务体现着企业成员的价值观念、科技知识、创新意识和精神风貌。

4. 其他手段和工具　企业举办的各种训练班、演讲会、职工文娱活动及企业自办的广播、电视、刊物等,都是企业文化的传播工具和手段,也是企业文化的载体。

第三节　企业文化的作用

一、促进企业产品、技术和管理的创新

企业文化不应是保守、封闭的,而应是革命、开放的。优秀的企业文化可以给予员工适

时的机会和鼓励,使员工在遵循共同价值原则的前提下,积极设计和创新。企业文化还可以帮助员工更新观念,为企业创新鸣锣开道,推进企业发展。

二、增强企业的凝聚力

企业文化是一种能使企业员工逐步形成一致的价值指向,能在企业经营管理中起黏合作用,统一企业员工的信念、意志和行为方式,激发企业员工的积极性和创造力,因而可以促进企业形成内部凝聚力和整体感,使员工把个人目标和利益与企业目标统一起来,把感情和行为与企业整体联系起来,凝聚成企业活力的源泉。

三、有助于企业目标的确立和实现

任何一个企业都要确立其发展目标。目标的确立除取决于企业性质、任务与环境外,还取决于企业文化。企业目标是在企业精神的指引下建立的,它能将企业员工的注意力引导到确定的目标上来,形成一种定向的集体力量。

四、提高经营管理水平和管理效能

企业文化应以人为中心,承认人的价值,尊重人、爱护人、关心人。同时,从多方面认识、把握、激励人的能动作用,并以榜样和模范人物来引导和激励广大员工认同和接受共同的价值观,使企业真正成为员工的利益共同体,从而激励员工为企业的生存发展而奋斗,提高企业的管理水平和管理效能。

五、渗透作用

企业文化的发展,既是各企业的文化普遍进化的过程,又是各企业的文化相互渗透、影响、融汇的过程。这种渗透功能表现为对内融合和对外辐射两个方面。企业文化的对外辐射,可使各企业之间的企业文化相互渗透与交流,同时还对社会产生一定的影响。

企业文化建设对于一个企业来说不是可有可无的装饰品,而是树立企业形象,密切与地方、公众的情感,获取信息,提高职工的文化素质,增强员工自豪感的主要手段。例如许多日本企业之所以能成功的重要原因之一,就是它们能在全国范围内维持一种强烈而凝聚的企业文化。

第四节　企业文化建设的目标、内容和途径

一、企业文化建设的目标

企业文化建设的目标包括如下几方面。

(1)使企业获得良好的经济效益,并为社会和国家作出贡献。

(2)使企业有一个良好的形象。

（3）创造一个能使每个人心情舒畅的环境,和谐、团结的人际关系以及人人受尊重的风尚。

（4）使员工物质文化生活的要求得到满足或逐步得到满足。

（5）全面提高全体职工的素质(包括政治素质、文化素质、技术水平、创业精神和职业道德),挖掘和开发人的潜能,充分发挥人的积极性和主动性。

二、企业文化建设的内容

（一）企业外显（表层）文化的建设

企业外显文化主要体现在企业文化因素的表层结构中,通过企业的物质文化、组织文化、智能文化和规范文化表现出来。企业外显文化具有如下特征。

1. 物质性　由厂房设施、机器设备、文化设施、物质产品等物质构成的企业外显文化具有明显的物质形态。

2. 显示性　企业外显文化一般表现为物质和文化形体,可观察和感知。

3. 经济性　企业外显文化体现在产品的价格、质量和销售等效益上。

4. 服务性　企业外显文化通过产品销售、科技推广等活动,为社会服务,体现出较强的服务性。

5. 约束性　企业外显文化由企业制订的规章制度、道德标准、行为规范等构成,具有约束性。

6. 可传播性　企业外显文化通过学习和模仿,易于输出和输入,可以传播。

7. 可变性　企业外显文化是企业文化的表层结构,容易受外来文化和各种文化因素的影响,具有动态特征。

要加强企业外显文化的建设,就必须重视表层外在形象的设计。表层外在形象的设计,主要包括标志(徽标、商标)、建筑、环境、包装、信息、传输(样本、名片、广告、信笺)等设计。进行这类设计,一是要追求图案、符号的简明性和意义表达的深刻性,能体现出产业、产品、经营的特点;二是要强化视觉传递的效果和宣传效果。建筑设计要追求新颖的造型、统一的格调、鲜明的色彩和灯光效果;环境设计要重视区域的美化与整洁;服装设计应集保护、识别与美感于一体;信息传递设计要做到图文并茂。

（二）企业制度层（中间层）文化的建设

企业制度层文化建设的内容包括:企业组织机构设置的合理性,各种制度的科学性,经营管理的有效性,职工作风和精神风貌的严谨性与活跃性,人际关系的融洽性,企业系统运行的协调性等。在建设过程中,既要吸收外国文化的精髓,更要重视民族文化,尤其要结合本企业的实际,塑造具有本企业的生产经营特色、组织特色、技术特色和管理特色的文化。

（三）企业内隐（内层）文化的建设

企业内隐文化由企业精神表现出来,是企业的内在行为模式。企业人员的构成不同,其内隐文化的素质也不同。内隐文化是在一定历史条件下逐步塑造而形成的,其形成的历史越久,特征就越突出。正是这种文化特征,培养了企业的品格、精神、理想和气质,使整个企业文化具有独特性、传统性和继承性。在传承内隐文化的过程中,要注意处理好传统文化与现实文化、民族文化与外来文化的关系,进行有效的鉴别、吸收、融合,建立适用于企业的价值观念体系和企业文化。

三、企业文化建设的途径

(一)发挥领导者的决定和榜样作用

从一定意义上来说,有什么样的领导者,就会有什么样的企业文化,不同企业的企业文化个性,不可避免地带有企业领导者的个性色彩和印记。实践证明,企业的兴衰成败不仅取决于对生产经营管理活动的理性分析,而在很大程度上,取决于企业文化的软管理。企业的高层领导者应从本企业实际出发,从以下三个方面发挥领导者的决定作用:一是通过自己的职权推动企业文化建设;二是用自身的观念、品德、气质、言行去树立良好的形象,成为自己所提倡的精神信念的楷模,在员工中产生巨大的模仿效应;三是通过领导者的品质(能力、知识、修养等)和人格的魅力影响企业文化建设。

(二)进行舆论准备

企业文化建设,是一项庞大的系统工程,培育员工共识,发挥全员共建作用,是建设卓越企业文化的关键。对员工的培训可以从四个方面入手:一是把建设企业文化的宣传教育与建设社会主义精神文明的宣传教育结合起来;二是把学习国外的优秀企业文化与学习我国传统的和当代优秀企业文化结合起来;三是把加强专业技术、业务培训与加强思想政治工作的宣传教育结合起来;四是把对管理层的培训与对员工的培训结合起来,实现队伍的整体优化。

(三)使企业的价值观和企业精神规范化、制度化

企业内部的各部门,应自觉地落实企业文化建设的规划和具体实施方案,确实地使企业的价值观、企业精神通过各种规章制度在工作中得到贯彻和体现。

第五节 中国企业文化的塑造

为了从社会主义市场经济的需要出发,促进传统文化的转轨变型,重新构建新的企业文化结构,中国企业必须完成以下几大转变。

一、由政治为本型文化转变为经济主导型文化

以政治为本曾是中国企业文化的重要特色,20世纪80年代才传入我国的企业文化理念,也很快被纳入政治思想工作的轨道,衡量企业文化的标准不是经济的,而是政治的。从体制上看,在计划经济时期,企业附属于国家行政机构,没有成为独立的完全的商品生产者和经营者。在企业内部,大量的非经济性机构与经济性机构并存,通过政治本位被强行统一起来,把经济目标统辖在政治目标之中,企业被政治化了。

在社会主义市场经济体制中,企业是市场主体,成为独立的商品生产者和经营者,原来众多的诸如社会的、政治的目标由专门社会组织、国家政权机构来承担,企业目标开始单一化,经济目标得到了强化,组织目标与职能之间实现了统一,以政治为本位的企业文化也就失去了赖以存在的基础。新的企业文化必然体现为服务于企业目标的经济主导型文化。

二、由伦理型的企业文化向现代型的企业文化转变

中国传统文化的价值观,呈现一种很强的伦理特点:思考问题或看待事物通常把道德的价值观置于首位,而把对事物的确认放在第二位,并进而因前者而遮蔽、吞噬或化解后者。伦理型企业文化使企业在内部的人员管理甚至企业决策与经营行为上,经常以道德是非作为衡量的准则。这种重义轻利,重工作态度轻工作效率的观念与市场经济的内在要求相去甚远。

市场经济是把法权(包括财产权、契约权等)当作其基本规定,因而有利于调动大众的积极性和创造性,从根本上说也是一种合乎人格自由和道德进步的制度。市场经济的一系列道德规范也是通过健全法制和完善市场机制建立起来的,当市场机制能够在法制保障下有效地引导经济行为合理发展的时候,公众不仅会合法追逐私人利益,而且也同样会依法履行自己的义务。在市场经济中,企业文化的建设也体现了这一点。

三、由非自主型企业文化转向自主的、富有个性的企业文化

在计划经济时期,企业不具备自主资格,企业文化也因此缺乏个性,每个企业难以按照本企业隶属的行业、历史、性质诸特点来建设富有特色的企业文化。

在市场经济中,塑造富有个性的企业文化,首先应当充分表现本行业和本企业产品的特色;其次,应当长期自觉地培养企业文化,逐步取得广大员工的共识和心理认同;第三,企业文化的个性突出体现为领导者的个性,企业领导者应在企业文化的建设中发挥决定作用。

四、由非制度型的企业文化转向制度规范型企业文化

在中国某些企业行为中,很多操作程序往往没有科学的规章制度加以保证,在企业运行中起作用的往往是口头承诺或约定俗成的习俗和礼仪,不能适应现代化大生产整齐有序的要求。企业没有形成一种制度型的企业文化。

在市场经济条件下,企业制度文化建设首要的是建设与市场经济要求相统一的企业行为规范。并在企业内部形成一种企业制度文化,使制度成为协调人们行为的载体。制度文化建设同时也是法制文化建设,企业要树立良好的社会公众形象,就要重视法律文化建设,把企业行为纳入法制的轨道。

思 考 题

---

1. 概括企业文化的含义与结构。

2. 简述企业文化的功能。

3. 简述企业文化的建设途径和方法。

课外阅读参考书目

[1]刘志迎,企业文化通论[M].合肥:合肥工业大学出版社,2004.

[2]赵文明.中外企业文化经典案例[M].北京:企业管理出版社,2005.

[3]常智山.塑造企业文化的12大方略[M].北京:中国纺织出版社,2005.

第十九章　企业公共关系

●━━━━ **本章知识点** ━━━━●

1. 企业公共关系的含义。
2. 企业公共关系的职能。
3. 企业公共关系的过程。
4. 企业公共关系的构成要素。
5. 企业公共关系活动。

第一节　公共关系和企业公共关系概述

一、公共关系的含义

美国社会科学家莱克斯·哈罗(Rex Harlow)博士根据 472 个定义归纳出的、被认为是较全面的公共关系的定义为:公共关系是一种特殊的管理功能,用于帮助一个组织和它的公众之间建立并维持传播、接受和合作的关系,用于参与处理各种问题,帮助管理部门及时了解舆论和作出反应;明确和强调管理部门服务于公众利益的责任;帮助管理部门掌握变化的情况,使之成为帮助预测趋势的早期警报系统;运用健康的、正当的传播技术作为自己的主要工具。根据上述定义和参考其他定义,可以从以下几个方面理解公共关系。

1. 公共关系是一种管理职能　公共关系在某种意义上讲,联系着企业运营不可或缺的社会资源,因而必须将其纳入到企业的管理过程中,使之成为企业经营者进行资源优化配置决策的重要组成部分。换而言之,如果不能对企业的公共关系实施有效的管理,企业的人、财、物就无法有效和充分地发挥其作用,从而影响企业的经营与管理目标的实现。

2. 公共关系是有意识、有计划的活动　企业公共关系活动在企业主观上应有明确的意识、正确的观念与具体的目标,并且以严密、具体、可操作性的系统计划方式去完成,才能收到良好的效果。

3. 公共关系是信息双向交流的过程　企业要想使其经营活动与变动的经济及社会环境相协调,就须不断进行信息的双向交流活动,它具体包括四个层次的任务。

(1)沟通情况,使企业与社会公众间达到充分的了解,这是企业公共关系活动的基础性工作。

(2)沟通情感,通过建立企业与社会公众的友善关系,求得社会公众的理解与信任。

（3）沟通观念，以此形成和确立企业适应经济发展要求的经营观念，进而取得社会公众的认同与支持。

（4）沟通导向，企业与社会公众乃至整个社会的和谐相处、共同发展，取决于双方在价值取向上的一致性，一方面企业依据社会公众的愿望与要求，实现正确的经营；另一方面，企业又通过引导社会公众，起到提升生活质量，指导消费和改变生活方式的作用。由此可见，信息双向交流在企业公共关系中的重要性。

4.公共关系是一个行为输出的过程 信息的沟通与交流仅仅是企业公共关系活动的一个方面。更重要的是企业必须做出切实的行动，来解决自身在经营与管理中引起社会公众不满的种种问题，不断改进、完善与提高自身的经营与管理水平，才能够取得社会公众的信任与支持。这是有效的公共关系的基本要求。

5.公共关系将公众利益置于首位 企业要想与社会、经济环境相协调，实现共同发展，必须将社会公众利益置于首位，不断用实际行动增进公众利益。在此基础上，企业才能获得一个良好的生存与发展环境，并获得社会公众的理解和信任，这是企业公共关系活动能否达到预期目的的核心问题。

二、企业公共关系的概念及其特点

企业公共关系是指企业为谋求自身的生存和发展，运用各种传播手段，在公众中树立良好的企业信誉和形象，以求得其理解、支持和合作，促进企业经营目标的实现。企业作为经济组织，其公共关系活动同非经济组织相比，主要有以下一些特点。

（1）企业作为一个经济组织必须以提高企业经济效益和社会效益为目的。企业的公共关系活动也应以此为目的。使公众受益是提高社会效益的重要方面，公众受益越多，企业在公众中的形象越好，其产品和服务越受欢迎，从而也会进一步提高企业的经济效益。

（2）企业外部有各种类型公众，但消费者是最主要的公众，企业应以"一切为消费者服务"的思想为出发点，开展公共关系活动。当企业利益与公众利益发生矛盾时，应将公众利益放在第一位。

（3）"质量第一"。公共关系要把推动产品质量和服务质量的提高作为自己主要活动内容之一。

（4）员工是企业内部的主要公众，企业公共关系应正确处理好企业与员工责、权、利的关系，使员工目标与企业目标趋于一致，增强凝聚力，以推动企业的发展壮大。

第二节 企业公共关系的构成要素

企业公共关系主要是由主体（企业）、客体（公众）和中介（传播媒介）三个要素所构成。

一、企业公共关系主体——企业

任何一个企业对它的公众来说都是主体。

二、企业公共关系客体——公众

企业公共关系的对象是公众。企业的公众分内外两部分,以内部公众为对象的公共关系,称为企业内部公共关系,主要包括员工关系、上下级关系、股东关系等。搞好企业内部公共关系,可以加强企业内部的团结和凝聚力,提高企业素质,为企业的发展提供良好的内部环境和基础。以外部公众为对象的公共关系,称为企业外部公共关系,主要包括消费者关系、供应商关系、经销商关系、社区关系、新闻媒介关系、政府关系以及教育科技界关系等。企业外部的公共关系量大面广,较之企业内部公共关系更为复杂多变,企业公共关系部门和公共关系人员的主要工作应放在协调好外部公共关系方面。

企业公共关系中的公众主要具有以下几方面的特征。

(1)同质性,即在特定的时空环境中面临相同的问题。

(2)群体性,即公众是多人组成的群体,反映群体的意见和要求。

(3)相关性,即公众面临的问题与企业的目标和发展相联系。

(4)可变性,即共同的问题一旦解决,公共关系意义上的公众就不存在了,当出现另一需要解决的问题时,就会出现另一类公众。

(5)多维性,即公众的要求是多层次、多角度的。

(6)普遍性,即任何公众都与一定的企业相联系。

根据需要,可将公众按一定的标准进行分类。

(1)按企业对公众的影响程度,可将公众分为非公众、潜在公众、知晓公众、行为公众。

(2)按公众的组织状况可将公众分为组织公众、非组织公众。

(3)按公众与企业联系的持续程度可将公众分为临时性公众、稳定性公众。

(4)按公众与企业的利害关系可将公众分为互利性公众、冲突性公众、单向性公众。

(5)按公众的问题导向可将公众分为企业内部公众、企业外部公众等。

三、企业公共关系中介——传播媒介

企业公共关系的传播媒介是公共关系主体(企业)向公共关系客体(公众)传播信息时所采用的载体、渠道和方式。它是一个含义十分广泛的概念,是各种传播技术和传播手段的总和。

根据企业公共关系传播媒介载体的特征,可将其分为两大类。

(1)印刷媒介载体,包括报纸、书籍、杂志、文字、图片等。

(2)电子媒介载体,包括广播、电视、电话、网络等。其中,报纸、杂志、电视、广播被称为四大媒介载体。各种媒介载体都有自己的特点,可以综合运用,互相取长补短,但很少能互相代替。

企业公共关系传播渠道主要有人际传播、大众传播、公共关系文书、新闻发布、公共关系沙龙等。

公共关系的传播方式主要有直接传播和间接传播两种。

第三节　企业公共关系的基本职能

企业实施公共关系就是发挥一种管理职能。企业公共关系职能主要包括以下几个方面。

一、收集信息，监测环境

对信息的搜集、整理、分析与评估的作用，在于监测企业的外部环境的变化，以便企业与外部环境的变化保持动态的平衡，为企业发展战略和相关工作计划的制订提供依据。企业的外部环境是由公众以及相关的社会政治、经济、文化等因素构成。企业必须对外部环境的变化保持高度敏感性，特别是对其中潜在的问题和危机及时发出预报，并能够随机应变，采取科学的对策，企业才能顺利运营。

二、宣传引导，传播推广

企业公关部门通过运用各种传播媒介，将企业的经营宗旨、目标、方针、战略等信息，及时传递给公众，求得社会各界的理解和认同，进而争取公众的关心与支持。为此，要完成以下几方面的任务。

(1)创造舆论，告知公众。

(2)强化宣传，扩大影响。

(3)引导控制，塑造形象。应制订整体传播计划，通过策划和实施各种新闻发布活动或公共关系专题活动，有效地传播企业或品牌的良好形象。

三、咨询建议，形象管理

公共关系在企业的运营过程中，起到咨询、建议和参谋等作用。这是由企业公共关系活动所处的特定地位所决定的。企业公共关系对企业决策的影响与作用，立足于从社会公众、企业形象和传播沟通的角度，为企业决策者提供咨询服务，对企业形象的定位、设计等事关企业形象整体建设方面问题进行统筹考虑，并向决策层提出切实可行的建议方案。

四、沟通交际，协调关系

企业的运营面对错综复杂的社会、经济与人际关系。因此，建立一种有效的协调沟通机制，是企业公关的一项最基本的职能。积极、主动地那些与企业运营有关的社会公众进行沟通，并协调和拓展这些关系，为企业发展营造一个良好环境，能起到减少矛盾、调解冲突、疏通渠道、发展关系的诸多作用。协调沟通的目的是实现内求团结、外求和谐的良好生存状态。

五、解决矛盾,处理危机

企业公共关系应具体应对并妥善处理企业随时有可能面临的各种突发性的危机事件,切实维护企业或品牌的社会声誉和良好形象。

第四节　企业公共关系的一般过程

企业公共关系的一般过程分为七个步骤:调查情况、制订目标、确认公众、选择传播媒介、编制预算、传播策动、效果评价。

一、调查情况

调查情况是搞好企业公共关系的基础和依据,它贯穿于整个公共关系的过程之中。应运用定性与定量分析的方法整理信息、积累资料,准确地了解企业公共关系的历史和现状,从而预测公共关系的发展,检验公共关系活动的效果。

(一)企业公共关系调查的内容

1. 企业基本情况调查　企业基本情况调查包括企业建立的时间,企业历史上的重大事件及其影响,企业产品市场分布情况,企业原材料市场情况,企业产品、服务、价格特点,企业形象、厂容厂貌,企业组织机构、领导制度以及员工情况等。

2. 公众意见调查　公众意见调查包括企业在公众中的知名度、美誉度,社会新闻媒介对企业的反应,政府部门、社区对企业的印象,专门性公关活动的效果,企业内部职工对规章制度、领导的意见等。

3. 社会环境调查　社会环境调查包括国家有关的法律、法规,政府政策对企业发展的影响,政治局势,社会经济情况,其他企业生产经营状况和公共关系工作,社会文化、风尚、道德对企业发展的影响,进出口情况等。

(二)企业公共关系调查的方法

1. 谈话调查法　谈话调查的对象包括内部公众和外部公众。通过调查可及时地掌握公众对企业产品和服务的反映,或对某一事件的态度,便于企业及时迅速采取措施,予以解决。

2. 文献研究法　文献研究的对象包括企业管理者的工作日记、书信、公事性文件、会议记录、决议决定、业务来往备忘录、财务账目、报纸、刊物、通讯稿、经济合同等。

3. 问卷调查法　问卷调查包括确定调查目的,调查对象,拟订问卷表,确定调查方式,返回问卷的抽样,资料整理,撰写报告等。

二、制订目标

企业公共关系目标必须与企业整体目标相一致,即公共关系目标必须服从和服务于整体目标。公共关系目标包含如下几方面内容。

(一)传播信息

传播信息是企业公共关系的基本目标,主要是向公众传递企业的有关信息,让公众及时了解企业的方针,人事变动情况,企业产品、售后服务等情况,使公众了解事情真相以得到公众的理解、支持和信赖。同时,也要及时收集来自公众的各种信息、意见和要求。

(二)联络感情

联络感情是企业公共关系的长期目标。感情是人们交往的纽带,公共关系部门是企业联络公众感情的主要职能部门。公众与企业的感情越深,就越会关心、理解和支持企业。要经常研究与公众的感情联系,加强和加深与公众的感情。

(三)改变态度

改变公众对企业的态度,主要是通过信息传播,纠正或改变公众对企业的不满意态度,或让公众接受新的观念,对企业作出新的评价。

(四)激发行为

激发公众行为是企业公共关系的高级目标。它最容易检验,也最难达到。传播信息、联络感情、改变态度,归根结底都是为了激发公众的行为。

三、确认公众

公共关系也称公众关系。公众是与企业有各种关系的群体的总称,根据不同的标准,对公众的分类有不同方法。企业公共关系人员在确认具体的目标公众时,要掌握其背景资料等相关资料,要了解目标公众的性别、年龄、家庭收入、对企业政策的态度,以及购买动机和购买习惯等。

四、选择传播媒介

传播媒介主要包括报纸、杂志、广播、电视、电话、电传、信函等。媒介选择适当有利于提高企业公共关系的效果。

五、编制预算

企业公共关系是一种有投入的活动。有投入就必然发生一定的费用,因此,要编制费用预算,进行成本核算。预算项目主要包括:购买或印刷资料费、租借场地费、报告讲演费、劳务费、交通运输费、录像录音费、颁发纪念品和其他费用等。

六、传播策动

传播策动是为实现企业公共关系目标而进行的信息传递过程。影响传播效果因素主要有:信息传播的宗旨;信息传播的内容;信息编码;信息传递渠道;信息受干扰状况;公众对信息的接收程度。

七、效果评价

评价企业公共关系的效果,目的是评价公共关系活动给企业带来的好处,了解公共关系本身的工作成绩、经验、教训,帮助调整和制订下一个公共关系计划。评价程序主要如下。

(1)同原制订的公共关系目标对比,看实现预订目标的程度。

(2)收集和分析资料,评价公共关系是否达到了预期的要求。

(3)向决策部门报告评估结果,便于领导决策。

企业公关效果评估的方法主要包含如下内容:企业公关人员的自我评估;借助新闻媒介报道来评估;公众舆论评估;专家评估。

第五节　企业公共关系活动

一、编写新闻公告

新闻公报是指企业政策和活动的新闻报告,它是向公众或传播媒介传递信息的主要方式。新闻公报应具有新闻性、重要性、显著性,只有反映公众所关心的问题,才能抓住公众,吸引公众。

二、组织记者招待会

记者招待会也称信息发布会。要在充分准备的基础上组织记者招待会。首先要确定一个主题,然后进行各项准备工作,包括时间、地点、招待会程序、图片、资料、通讯设备、各项费用预算等。

三、筹划企业领导的讲演或报告

讲演或报告是企业领导与公众面对面进行交流的一种良好形式。公共关系人员在筹划领导的讲演或报告时,既要为领导提供咨询或直接撰写讲稿,又要为其设计适宜的讲演语言、语气、语调、姿态和服饰等。

四、准备各种宣传资料

宣传资料有印刷精美、图文并茂的小册子,也有反映企业情况的图片、实物模型、产品说明书等。小册子应以图片为主,略加文字说明,不要太厚、太繁琐,因为小册子一般是免费赠送,要考虑制作成本。

五、撰写各种公共关系文书

企业公共关系文书主要是指用于企业公共关系活动的函牍、柬帖等。函牍主要是信件;柬帖有通知书、请柬、聘书、赠物卡等。

六、制作广告

广告是企业公共关系的重要工具。广告分两种,一种是宣传商品或服务,称为商品广告;一种是为了提高企业的知名度而进行的大众传播活动,称为公共关系广告。企业公共关系人员的工作重点是制作公共关系广告。

七、谈判

谈判是沟通和协调公共关系的重要手段。谈判主要包括引导、概论、明示、交锋、妥协和签约六个阶段。

八、调查报告

企业公共关系调查结束之后,应写出书面报告呈报决策层,使领导及时了解公众态度和意愿,使领导决策更符合实际情况。对普遍调查应写出综合调查报告,对重点调查、典型调查和抽样调查,应写出专题调查报告。

九、送往迎来

企业公共关系人员在送往迎来中是作为企业的代表出现的,因此,这项工作在一定程度上会影响公众对企业的印象和态度。为了做好送往迎来工作,公共关系人员除了必须具备的风度、礼节等要求外,还应掌握较多的礼仪安排知识。

十、其他

其他如展览会、展销会、宴请、赞助等也是企业公共关系的主要实务内容。

思 考 题

1. 什么是公共关系?如何理解公共关系?
2. 企业公共关系具有哪几个方面的职能?
3. 企业公共关系主要包含哪几个过程?
4. 企业公共关系实务主要有哪些内容?

课外阅读参考书目

[1]菲利普.莱斯礼.公关圣经 [M].石芳瑜,等译.汕头:汕头大学出版社,2000.
[2]杨加陆.公共关系学教程 [M].上海:复旦大学出版社,2006.

第二十章　企业社会责任

● 本章知识点 ●

1. 企业社会责任的含义。
2. 企业社会责任标准 SA 8000。
3. 中国纺织企业社会责任管理体系 CSC 9000T。

第一节　企业社会责任概述

一、企业社会责任的含义

传统的公司法认为,公司是为了实现股东利益而存在的营利组织。企业社会责任则是对这一传统理念予以挑战并成为 20 世纪初以来发达资本主义国家学界尤其是经济学界和法学界不断争论的一个问题。

由于社会责任一词涵盖的范围不确定,对于什么是企业的社会责任、企业的社会责任包括哪些内容,众说纷纭。有的认为,企业的社会责任是指企业决策者应如同对待自己的利益一般来保护与促进社会福利的义务。也有的认为,企业的社会责任的概念是,企业不仅负有经济的与法律的义务,而且更对社会负有超越这些义务的其他责任。还有的观点认为,企业的社会责任是指,盈利性的企业在其决策机关确认某一事项为社会上多数人所不希望后,该营利性企业便应放弃盈利的意图,以符合多数人对该企业的期望。

从广义上讲,企业社会责任是指企业在为股东创造最大利润的同时,主动地承担对企业的利益相关者的责任。利益相关者是指企业产品的消费者、员工、供应商、社区、民间社团和政府等。

二、企业社会责任的内容

企业社会责任的内容指企业社会责任的相对方包括哪些主体,以及这些主体所承担的社会责任的具体内容。企业的社会责任在不同国家、同一国家的不同历史时期和社会经济发展阶段有着不同的内容。按照各国的通常理解,企业的社会责任是以企业的非股东利益相关者为企业义务的相对方的。但对于究竟谁是利益相关者,也有各种不同看法。第一种看法认为,凡是能影响企业活动或被企业活动所影响的人或团体都是利益相关者。股东、债权人、雇员、供应商、消费者、政府部门、相关的社会组织和社会团体、周边的社会成员等,全都可纳入此范畴。第二种看法认为,凡是与企业有直接关系的人或团体才是利益相关者。

这种观点排除了政府部门、社会组织及社会团体、社会成员等。第三种看法对利益相关者的定义最窄，认为只有在企业中下了"赌注"的人或团体才是利益相关者。

通常认为，非股东利益相关者，是指在股东以外，受企业决策与行为现实的和潜在的、直接的和间接的影响的一切人，具体包括企业的雇员、消费者、债权人、上游供应商、当地社区居民等。在企业社会责任倡导者看来，股东应是企业经济责任的相对方而不是社会责任的相对方。

一般来说，企业社会责任的含义范围广、内容复杂，其主要的社会责任内容如下。

（1）企业对员工的责任，即指企业在生产经营活动中雇佣员工的同时，要肩负起保护员工人身安全，身体健康，培养和提高员工政治、文化、技术等多方面素质，保护员工合法权益等责任。

（2）企业对消费者的责任，即指企业向消费者提供的产品和服务应能使消费者满意，并重视消费者和社会的长期福利，致力于社会效益的提高。如向消费者提供商品、服务信息，注意消费品安全，强调广告责任，维护社会公德等。

（3）企业对社区的责任，即指企业对所处社区有维护社区正常环境、适当参与社区教育文化发展、保护环境、维护社区治安、支持社区公益事业的责任。

（4）企业对环境的责任，即指企业应当为所在的社区、区域、国家或社会，乃至全人类的长远利益负起责任，要维护生态环境以适应经济社会的可持续发展。企业作为自然资源（能源、水源、矿场资源）的主要消费者，应当承担起节约自然资源、保护资源的责任。企业应防止对环境造成污染和破坏，要整治被企业污染破坏了的生态环境。

三、企业社会责任的必要性

（一）企业有义务承担社会责任

企业作为市场的经营主体，它的一切资源都来自于社会，企业有责任也有义务对社会负责。在市场经济条件下，企业的经济功能与社会功能是相剥离的，企业有目的、有计划地主动承担对员工、消费者和社区的社会责任，其结果是企业在创造利润的同时，不仅可以获得良好的企业形象和社会赞誉，而且能够实现企业与社会的共同可持续发展，达到企业发展与社会利益双赢。

（二）企业发展要求企业承担社会责任

社会是企业利益的源泉，进入 21 世纪，人们对企业的期望，已经不仅仅是解决就业、赚取利润和缴纳税收的功能，更希望企业能在推动社会进步、关心环境和生态、维护市场秩序、扶助弱势群体、参与社区发展、保障员工权益等一系列社会问题上发挥作用，市场要求贸易与社会责任挂钩，无论是从法律还是社会道德要求上，企业都必须承担起对等的社会责任。

（三）世界经济全球化趋势要求企业承担社会责任

在发达国家，对任何一个企业的评价都是从经济、社会和环境三个方面出发，经济指标仅仅被认为是企业最基本的评价指标。道琼斯可持续发展指数、多米尼道德指数等评价体系以及《商业道德》、《财富》等媒体都将企业社会责任纳入企业评价内容，所以，跨国公司都把履行企业社会责任作为实现企业目标的必要条件。中国企业也正积极地参与国际标准的制订。如果对企业的评价只停留在经济指标上,这样的评价体系已经不能适应经济全球化的趋势和要求,不利于我国企业提升国际竞争力。

(四)舆论监督要求企业承担社会责任

全球已进入了资讯空前繁荣、各种信息不断冲击人脑的信息时代,企业的行为会被媒体放到公众面前迅速传播,效应很容易被放大。2006年,国网公司在电力体制改革的进程中备受关注,成为舆论始终关注的焦点,"抄表工年薪十万"、"特殊利益集团"等舆论冲击一波接一波,如果企业有成功的公益行为就可以有效疏导公众抵触情绪,引导公众在一定程度上接受企业行为。

(五)财富积累中包含的牺牲要求企业承担社会责任

在我国的改革进程中,企业逐渐成为拥有众多资源的社会行动主体,拥有资源越多,所要承担的社会责任就越大。改革开放造就了一批强势企业和一大批富翁,他们之所以能致富,离不开国家改革开放政策和"让一部分人和地区先富起来,然后带动其他地区和人们共同富裕"的分配政策。既然在这些财富积累过程中有破坏公共利益的因素存在,那么企业理所当然应该分担成本,从利润中分出一块来用于发展公益事业,弥补公众损失。企业在有余力的时候,有责任去帮助社会弱势群体。

企业社会责任建设在中国大致经历了三个阶段。第一阶段从20世纪90年代中期到末期,此时企业社会责任主要在国际供应链层面普及。在这个阶段,国际零售商、品牌商在消费市场的推动下,逐步重视企业社会责任问题,建立了在国际采购中实施社会责任的准则、标准或体系。一些加入国际供应链的中国企业开始接受跨国公司实施的社会责任方面的工厂审核。第二阶段从21世纪初到2003年,企业社会责任开始在社会层面普及和探讨,得到广泛关注。中国的行业机构在全球经济一体化和贸易快速发展的情况下,呼吁各方要重视企业社会责任建设工作,避免由此对贸易造成影响。政府部门也开始关注企业社会责任建设工作。第三阶段为2004年至今,企业社会责任建设开始走向自发,并从孤立的企业行为,逐渐发展成为普遍的社会行动。中国政府部门、行业和企业都意识到,企业社会责任建设是构建和谐社会、落实科学发展观、实现可持续发展的有力手段。中国政府部门采取了更加积极的态度,制订了促进企业社会责任建设的相关政策。

企业社会责任已经成为中国纺织行业在国际贸易和可持续发展过程中不可或缺的重要因素。

第二节　企业社会责任的产生、发展及现状

20世纪90年代初,美国服装制造商Levi strauss&Co在类似监狱一般的工作条件下使用年轻女工的事实被曝光。为了挽救其被污损的公众形象,该公司草拟了第一份公司社会责任守则(也称生产守则)。随后,耐克、沃尔玛、迪斯尼等大型跨国公司纷纷制订了自己的生产守则。近年来,随着经济全球化带来资源的全球配置和资本的全球化流动,国际社会已逐

步达成共识,呼吁在全球化经济活动中,企业应承担起社会责任。因此,正确认识企业社会责任的产生及发展过程,特别是学习欧美企业如何将企业社会责任融入企业经营的主流中,对我国企业来说意义非常。

公司作为企业的主要形式,是现代社会中最重要的经济组织,在经济社会中属于支配地位,可以说当今的世界在相当程度上是"公司的世界"。公司在社会经济生活中和社会生活中扮演着日益重要的角色。但公司在发挥其积极影响的同时,也成为社会问题的主要制造者。现代国家所面临的许多社会问题,比如环境污染、滥用经济优势垄断价格、生产出售假冒伪劣产品、侵害劳动者的合法权益以及其他类型的公司法人违法犯罪行为,无不与公司企业有着或多或少的联系。尤其是近几十年来,公司为了追求利润最大化目标而不顾社会公共利益,使这些社会问题日趋严重。正是因此,有学者将公司比喻为现代的"利维坦"。

自亚当·斯密以来的传统经济学认为,企业如果尽可能高效率地使用资源以生产社会需要的产品和服务,并以消费者愿意支付的价格销售它们,企业就尽到了自己的社会责任。企业唯一的任务就是在法律许可的范围内,在经营中追求利润最大化。进而言之,公司应以追求利润最大化进而实现股东的利润最大化为其终极关怀,而且公司只是股东实现利润最大化的工具。公司经营管理者的一切经营行为都应是为了使股东获取最大的利益。

在成熟的市场经济国家,人们对企业社会责任问题的认识经历了一个历史演变的过程。最初,西方市场经济国家的企业并没有什么社会责任的概念,他们的存在仅仅是为了赚钱。随着市场经济的发展,诞生了古典经济学。古典经济理论几乎把市场经济下企业的功能等同于企业的社会责任。企业只要在法律允许的范围内,尽可能高效率地使用资源以生产社会需要的产品和服务,并以公平的市场价格销售给消费者,企业就算尽到了自己最基本的社会责任。这种认识比较准确地反映了一个国家经济发展的初期社会对企业的期望和要求。此时发展经济是一个社会普遍关注的主要矛盾,企业只要能够促进经济发展,能给社会提供产品、就业、税收就实现了社会对企业的基本期望,就算承担了社会责任。

到18、19世纪,慈善事业被认为是企业的重要社会责任。随着经济的发展,人们对生活质量有了更高的追求,对一些工业产品的副作用、对环境污染的消极作用有了更多的了解。此外,由于经济非平衡发展所产生的一系列新的社会矛盾,使社会对企业有了更多的期望,企业的社会责任也有了更为广阔的内容,其中包括教育、公共健康、就业福利、环境保护、节约和爱护资源等。

随着经济的发展,关于企业的社会责任问题在英美法系国家和大陆法系国家都受到了不同程度的关注,在美国尤为突出。20世纪30年代,美国理论界对于有关公司企业对相关利益者的社会责任的讨论首先在美国学者伯利(A. A. Berle)与多德(E. M. Dodd)之间展开。伯利代表了传统公司法的理念,认为公司是盈利性经济组织,一切公司权力都是为股东的利益而受托的权力,公司董事是受股东委托、为了股东的利益而管理和控制公司;法律的功能在于保护股东的利益,防止董事放弃追求利润动机的可能性。而多德的观点则带有明显的反传统公司法理念的特色。他认为,从现行法律上看,伯利的说法无疑是正确的,但使用私人财产是深受公共利益影响的。公司企业应是同时具有盈利和社会服务两种功能的经济制度，公司权力作为一种受托权力是为了全社会的利益，不仅公司的活动要对社会承担责任，而且控制公司活动的经营者要自觉地履行这种责任。总之，多德认为公司既要为股东谋取利润，也要承担社会责任；公司的管理人员既是股东的受托人，也是社会的受托人。二十多年后，多德的社会责任说逐渐居于主导地位。美国的主流观点认为公司企业不仅仅体现经营者与股东之间的委托关系，而且是相关方面的利益共同体。在欧洲大陆国家，对公司社会责任的要求，更多地体现在公司经营管理中设计劳动者与股东共同参加重大决策，以此来协调劳资关系，保护劳动者的利益。

在实务界，美国开始从法律层面上解决企业的社会责任问题。1984 年，美国法学会向社会推出建议性蓝本《公司治理原则：分析与建议》，其中就明确规定了企业的社会责任。20世纪 80 年代兴起的放松管制以及随之而来的恶意收购浪潮，间接推动了企业社会责任法制化的进程。恶意收购者宣称被收购的目标公司大大忽视了股东的利益，其收购的目的就是要维护股东的利益。恶意收购后，企业现有的管理层一般遭到解雇，并通常采取关闭工厂、大规模解雇的措施来偿还恶意收购产生的贷款。为维护企业利益相关者的利益，减少恶意收购对企业经营、地区经济和社会的冲击，自 1985 年后，美国以宾夕法尼亚州为首的 29 个州通过法律特别规定，对公司股东的权力加以限制，对工人的利益予以保护，并授予公司经理对利益相关者负责的权利。与此同时，在美国的影响下，欧洲的许多国家，包括法国、英国、德国、荷兰等，也在各自的立法中确立了企业社会责任的理念，但这些国家的企业社会责任发展程度较美国低，而且多倾向于劳动问题，例如就业、工资、工作条件等。

20 世纪 80 年代至今，经济全球化的趋势已经越来越明显，社会经济的快速发展和企业规模的不断扩大，使企业的经营行为对社会经济、政治等方面产生了更加广泛而深刻的影响，尤其是跨国企业不仅对当地经济发展有着巨大影响，甚至能左右所在地区国家的能源、就业、环境、市场、税收及社会秩序等各个方面，致使许多相关利益群体都与企业活动发生密切联系。用企业社会责任提升企业竞争力的管理理念逐渐明晰化。

目前，以著名跨国公司为代表的越来越多的企业正在用行为做出表率。首先，它们积极参与"全球契约"、主动进行 SA 8000 认证、发布企业社会责任报告，表明接受社会监督和坚决履行社会责任的决心。发达国家日益严格的市场准入制度对企业提出了严重的挑战，绿色壁垒的建立，为企业履行社会责任提出了强制要求，各类社会责任监督组织的成立，促进了企业社会责任的推广，企业履行社会责任是大势所趋。中国企业的社会责任意识正在逐步增强，越来越多的中国企业意识到了履行社会责任的重要性，并努力在实现企业个体经济目标和履行社会责任间寻求一种平衡。万科集团把"企业公民"概念写进了十年规划，海尔从 1994 年就开始参加希望工程，联想设立了"公益日"以积极参加公益活动。截至 2007 年 7月取得 SA 8000 认证的公司全球已经达到 1 200 家，其中中国有 156 张 SA 8000 证书。

第三节　企业社会责任标准（SA 8000）及其
对我国的影响

企业社会责任标准（Social Accountability 8000）自 1997 年问世以来，受到了公众极大的关注,在欧美工商界引起了强烈反响。SA 8000 是规范企业组织道德行为的一个新标准,已作为第三方认证的准则。SA 8000 认证是依据该标准的要求审查、评价企业组织是否与保护人类权益的基本标准相符,在全球所有的工商领域均可应用和实施 SA 8000。

一、制订 SA 8000 标准的宗旨

制订 SA 8000 标准的宗旨是为了保护人类基本权益。SA 8000 标准的要素引自国际劳工组织(ILO)关于禁止强迫劳动和尊重结社自由的有关公约及其他相关准则、人类权益的全球声明和联合国关于儿童权益的公约。标准首先给出了对组织和公司企业进行独立审核的定义和核心要素,确认审核评判的基本原则。例如"儿童劳工问题"是该标准的核心要素之一,该要素的原则如下:"公司不能或支持剥削性使用儿童劳工,公司应建立有效的文件化的方针和程序,从而推进未成年儿童的教育,这些儿童可能是当地义务教育法范围内应受教育者或正在失学的未成年儿童"。标准规定了具体的保证措施,如:在学校正常上课时间,不得使用未成年儿童劳工;未成年儿童劳工的工作时间、在校时间、工作与学习活动往返时间每天累计不得超过 8 小时;不得使用儿童劳动力从事对儿童健康有害、不安全和有危险的工作。

二、SA 8000 标准诞生的背景

制订 SA 8000 标准的想法源自瑞士通用公证行国际认证部(SGS Yarsley ICS)和国际商业机构社会审核部主管人之间的一次谈话。双方共同认为社会审核领域在全球范围内正在不断扩展,有必要对社会道德责任进行审核,在工商界也应确立与公众相同的价值观和道德准则,为此,需要制订社会道德责任标准或规范,并开展审核认证活动。

1996 年 6 月欧美的商业组织及相关组织召开了制订规范的初次会议。该会议在商(包括大西洋两岸的领先的商业公司)和非政府组织中引起了强烈反响。商界和非政府组织对新标准规范的制订极为关注。会议拟订了制订新标准的备忘录。基地设在伦敦和纽约的英美非政府组织——经济优先领域理事会(CEP)——积极参加了制订新标准的最初几次会议,并被指定为维护新标准的组织。随后 CEP 设立了标准和认可咨询委员会(CEPAA),任务是跟踪、监督、审查新标准制订的进展情况。美国等国家的很多企业对应用新标准反应非常积极。在纽约召开的第一次会议上产生了 SA 8000 的草案。

三、SA 8000 的主要内容

SA 8000 社会责任认证标准大致包括以下几个方面的内容。

关于童工:企业必须按照法律控制关于最低年龄、少年工、学校学习时间、工作时间和安全工作的范围。

关于强制雇佣:企业不得进行或支持使用强制劳工或在雇佣中使用诱饵或要求抵押金,企业必须允许雇员轮班后离开并允许雇员辞职。

关于健康安全：企业须提供安全健康的工作环境，对可能的事故伤害进行防护，进行健康安全教育，提供卫生清洁设备和常备饮用水。

关于联合的自由和集体谈判权：企业尊重全体人员组成和参加所选工会并进行集体谈判的权利。

关于差别待遇：企业不得因种族、社会地位、国籍、伤残、性别、生育倾向、会员资格或政治派系等原因存在歧视。

关于惩罚措施：不允许企业使用物质惩罚、精神和肉体上的压制和言辞辱骂。

关于工作时间：企业必须遵守相应法规，雇员加班必须凭自愿，并且一周至少有一天的假期。

关于报酬：雇员工资必须达到法定和行业规定的最低限额，并在满足基本要求外有任意收入。雇主不得以虚假的培训计划规避劳工法规。

关于管理体系：企业须制订一个对外公开的政策，承诺遵守相关法律和其他规定；保证进行管理的总结回顾，选定企业代表监督实行计划和实施控制；选择同样满足 SA 8000 的供应商；确定相关方提意见的途径并能听取意见、采取纠正措施；公开与审查员的联系，提供应用的检验方法并出示支持的证明文件和记录。

四、企业社会责任标准对纺织企业的影响

企业社会责任标准对我国纺织企业的影响既有积极的一面又有消极的一面。

(一)积极影响

企业社会责任标准有利于推动我国纺织企业的下列工作。

1. 改善劳资关系　尽管我国《劳动法》等法律法规对劳工权益的保护有比较具体的规定，但由于存在管理滞后、劳动力市场供求关系失衡等多方面原因，我国一些企业违反《劳动法》、侵害职工权益的行为还时有发生。如一些企业非法雇佣童工、收取职工押金、侵犯工人人身权利、超时加班加点、拖欠职工工资等；一些地区工伤事故不断，中毒案件屡有发生，职工的身体健康和生命安全没有保障。社会责任标准是社会良知对资本权力的制约，我国企业实施社会责任标准，就要求企业树立"以人为本"的管理思想，从而改善比较紧张的劳资关系。

2. 推动企业可持续发展　目前，许多跨国公司都把推行社会责任标准作为推动企业发展的杠杆。国内外的实践已经表明，企业承担社会责任与企业的经济绩效呈正相关关系；企业进行良好的社会责任管理，不仅可以获得良好的社会效益，还可以获得长远的商业利益，如世界第一大零售连锁集团沃尔玛就坚持用社会责任标准审核其供应商。因此，从长远来看，推行社会责任标准必将促进我国企业深化改革，加强管理，进而提高我国企业的国际竞争力，促进我国企业可持续发展。

3. 落实科学发展观　企业社会责任标准把人本管理、商业道德和精神文明等内容指标化，使关心人、理解人、尊重人、保护人有了可操作的量化标准，从而也有利于科学发展观的落实。

（二）消极影响

企业社会责任标准有可能对我国纺织企业造成下列消极影响。

1. 产品出口受阻或者被取消供应商资格　社会责任标准具有贸易保护的性质,有可能成为我国出口面临的新的技术性贸易壁垒。目前,家乐福、雅芳、通用电气等超过50家公司已经对其供应商进行社会责任审核,有些公司还在中国设立了劳工和社会责任事务部门。沃尔玛已经在广东的深圳、东莞和福建的莆田等多地设立了专门的劳工监督小组。美国商会的调查也显示,目前,有50%以上的跨国公司和外资企业表示,如果中国企业实施企业社会责任标准,它们将重新与中国企业签订采购合同。自1997年以来,我国沿海地区至少已有8000多家企业接受过跨国公司的社会责任审核,许多企业因为不合要求而被取消了供应商资格。

2. 降低出口产品的国际竞争力　现阶段,我国服装、纺织、制鞋等行业的部分企业还存在着职工工作时间较长、福利较低、生活环境较差等现象;而同时这些企业利润空间较小,抗风险能力较弱。这些企业如果要达到社会责任标准,不仅需要大幅度提高职工工资,而且还要加大投入力度以改善企业生产经营环境,另外还需要给认证公司支付相当数额的企业社会责任认证费。这样,就必然大大增加企业的成本,削弱企业的出口竞争力。

3. 降低我国的比较优势　一旦实施社会责任标准,我国劳动力优势就会大打折扣甚至可能会丧失,对外资的吸引力将有所降低,跨国公司也会担心其分包商不能达标而不愿来我国投资,从而降低我国的比较优势。

第四节　中国纺织企业社会责任管理体系 CSC 9000T 及其特点

一、CSC 9000T 的诞生

2005年5月,中国纺织工业协会颁布了中国第一个企业社会责任指导准则《中国纺织企业社会责任管理体系CSC 9000T》,并于2006年3月开始在全国10家企业和1个产业集群进行试点。2007年中国纺织工业协会实施了"10＋100＋1000项目",即选择10个产业集群作为CSC 9000T试点地区,100家骨干企业建立CSC 9000T管理体系,并对1 000家中小企业进行基础培训,同时建立了CSC 9000T执行企业社会责任绩效数据库,使之成为针对供应链利益相关方和社会公众的推介平台,以真正构建起负责任的供应链。

CSC 9000T主要内容有十个方面:管理体系、劳动合同、童工、强迫或强迫劳动、工作时间、薪酬与福利、工会组织与集体谈判权、歧视、骚扰与虐待、职业健康与安全。

据《2006中国纺织服装行业社会责任年度报告》披露,承担社会责任已被越来越多的纺织服装企业所认同,但也有一些企业在对最主要的利益相关者——员工——的社会责任承担上仍存在不尽如人意的地方。报告同时指出,10家试点企业在CSC 9000T的10个要素的绩效表现喜忧参半,在童工、强迫劳动、歧视以及骚扰和虐待方面问题很小,但在劳动合同、工作时间、薪酬福利以及职业健康与安全方面则普遍存在不符合体系要求或不符合法律规定的情况,如劳动合同签订不规范,超时加班现象普遍,薪酬福利水平不高,职业健康与安全不到位等。报告建议在所有具备条件的企业建立工会组织,积极推行集体协商制度,强化企业工会的地位和作用,切实维护职工权益,积极协调劳资关系。

二、CSC 9000T 的特点

CSC 9000T 是基于相关中国法律法规和有关国际惯例上的、符合中国国情的中国纺织企业社会责任管理体系,采用与 ISO 9000 管理体系相同的 PDCA(策划—实施—检查—改进)管理模式,便于企业在推行 CSC 9000T 社会责任管理体系时,将其纳入企业的整体管理中去,以取得最大收获。

CSC 9000T 的核心是建立以人为本的社会责任管理体系。考虑到国内企业安全生产的现状,CSC 9000T 管理体系特别加强了职业健康与安全的管理规范,以帮助企业切实改进管理,在为员工健康与安全着想的同时,降低企业的运行风险。另外,与国际上其他社会责任要求相比,CSC 9000T 增加了对劳动合同的规定,意图通过有效合法的劳动合同,督促企业遵守合同的规定,帮助员工切实维护自己的权益。

目前,我国纺织企业推行社会责任主要有以下几个方面的特点。第一,我国纺织行业在企业社会责任的认识上有了很大进步,但中国纺织业在全球产业分工中还处于供应链低端地位的现实,在不同程度上限制了企业在社会责任方面的作为。中国纺织服装行业的社会责任建设已经不仅仅是形象问题,而是关系到整个行业乃至国民经济建设和社会发展的问题,CSC 9000T 的建设旨在使中国纺织工业能更好地融入国际产业链和供应链,以适应经济全球化的需求。第二,我国纺织服装企业社会责任建设已进入主动行动阶段。许多纺织企业已采取措施,主动改进社会责任管理工作。

第五节　承担企业社会责任的有效途径

随着经济发展、社会进步和全球市场竞争的日益激烈,有关企业社会责任的内容越来越多地出现在企业合作的条款中。如何提升中国企业社会责任意识和改善目前的状况,是中国理论界和企业界都十分关注的问题。改变目前中国企业社会责任缺失的现状,应在建立一套适应国情的企业评估理论体系和评估机制、加强立法监督、增强公众的参与、提高中国企业社会责任管理水平方面作出更多努力。

一、构建中国的企业社会责任体系

随着"企业社会责任"理念的升温,许多国际组织和企业内部相继出台了生产守则,以此来监督企业社会责任的实施状况。在中国,宣传比较多的是 1997 年制订的 SA 8000 企业社会责任标准。该标准对工作环境、员工健康与安全、员工培训、薪酬、工会权利等具体问题规定了最低要求,但这并不是一种法律要求,更多的是一种道义要求。在多数情况下,它是以舆论压力、消费者运动和企业的道德自觉来实现的。在发展中国家,这种约束无疑是极其脆弱的。事实证明,SA 8000 在中国的推广从某种程度上提高了工人的生活工作条件,但这种提高往往是很有限的,有些通过认证的企业还存在作假行为。同时也应该看到,这些"生产守则"是发达国家跨国公司提出的,带有它们的利益特点,与发展中国家的实际情况有一定的差别。例如,跨国公司一方面要求其合作伙伴符合社会责任标准;另一方面,千方百计地压低价格、降低成本,最后牺牲的还是劳动者的利益。作为发展中国家,中国应该在 SA 8000 的基础上制订出自己的标准,建立一套适合中国企业的评价理论体系和评估机制,并通过国际谈判,力争将中国体系融入国际标准中。

二、完善我国相关法律法规,加强立法监督工作

法律是现代文明国度里保障国家和人民利益的最有力的手段。能否将企业社会责任付诸实践,很大程度上依赖于外部控制力量即国家和政府的态度与行为。早在 1994 年,我国就颁布了《劳动法》,当时主要是针对国有企业内部的劳动关系制定的。随着我国企业所有制形式及用工形式日益多样化,劳动关系出现了一些新的问题。同时,与《劳动法》相配套的单项法的立法也非常滞后,很大程度上影响了《劳动法》的可操作性。为此,要加强对国际劳工标准特别是核心劳工标准的研究,吸收其合理成分,尽快完善我国的《劳动法》。同时,要抓紧制定《劳动监察法》、《劳动合同法》、《工资法》、《集体合同法》、《社会保险法》等单项法,形成比较完善的劳动法体系。

另外,严重的地方保护主义是造成我国企业社会责任缺失的主要原因之一。要想改变现状,政府必须转变观念,应将企业社会责任的关键内容体现在立法条文中,同时应使执法程序明确具体,监督工作规范严格。只有做到有法可依、有法必依,才能使我国企业在法律面前,在国家机关监督控制之下自觉履行社会责任,从而产生良好的效果。

三、增强社会公众的参与

企业履行社会责任需要一个社会基础,公众的积极参与,是包括企业在内的全社会责任意识提升的最重要的标志,公众的广泛监督,是企业履行社会责任的最有力的保证。目前,中国的消费者在自身权益屡受侵害的情况下,维权意识正在逐步形成,这是在市场经济条件下人们观念发生变化的重要体现。政府可以通过教育、宣传等方式,培育社会公众对自己、对他人和对社会的责任意识,使之学会利用法定的权利,来为自己和广大劳动者争取合法的权益,学会借助于法律并利用社会舆论来有效约束和正确引导企业行为。

四、提高中国企业社会责任管理水平

无论是一个国家,还是一个企业,都应在获取利润的同时承担起相应的社会责任。强化社会责任是企业管理达到一定水平后企业进一步发展的方向,树立社会责任理念并将之制度化,也是我国企业健康发展的必然要求。在社会责任管理方面,中国的企业组织应广泛地

与国际大公司进行必要的沟通,学习其处理社会关系和担负社会责任的经验,从遵循国际规则的高度理解和认识企业履行社会责任的必要性,从提高企业经营管理水平的高度领会企业履行社会责任的必然性。在企业管理组织结构层次中,要把社会责任管理贯彻到从上到下的各个层次,要在管理组织机构的底层加强社会责任管理目标的组织落实,避免重大的管理事故出现和控制小的管理事故的发生,降低企业管理的机会成本。

五、积极参与国际多边谈判

应积极关注社会责任标准的发展态势,在世贸组织的协商机制和框架下,主动参与全球社会责任标准的研讨和起草活动,在未来的标准中为发展中国家特别是我国争取更多的利益。特别是要充分考虑包括我国在内的广大发展中国家所处的发展阶段和具体国情,妥善处理把劳工、人权标准与贸易挂钩的问题,力争减轻国外行业标准对我国的消极影响。

六、积极改善国内劳工条件

应充实劳动监察机构,加强劳动监察力度,查处违法行为,减少社会责任审核的口实,特别要加强对社会责任运动重点关注的劳动密集型出口企业的劳动监察,及时公布劳动监察结果。应加强正面宣传,准确反映和传递我国劳工权益保护工作的现状及改进情况;合理借鉴社会责任审核中的具体方法,完善劳动保障诚信制度,广泛吸纳工会、行业协会和相关研究机构共同参与,逐渐建立起开放的、有社会代表性的劳动保障诚信制度;提高出口产品的劳动工资成本,改善中国工人的劳动待遇,支持国内企业改善劳工条件,必要时提供培训、资金等方面的资助,对企业在改进劳工条件、提高职业健康与安全方面的投资给予减免税等优惠政策。

七、不断完善企业的经营管理

要使企业承担社会责任,就应不断完善企业的经营管理,其方法如下。

1. 积极推动出口产品结构升级　出口企业应尽快调整现有的竞争策略,努力增强技术创新和培育自主品牌的能力,扩大具有自主知识产权的高新技术产品出口,变"以廉取胜"为"以质取胜"。应加大研发和引进国外先进技术及关键设备的力度,积极运用高新技术改造传统产业,加速实现出口增长方式的根本转变。

2. 加强企业内部管理　有效的内部管理是提高企业经济绩效的至关重要的内部驱动力。原材料选择、员工健康和安全、生态风险、资源利用以及污染物的产生和处置等因素,对企业产品设计、生产工艺和技术的影响越来越直接, 这些相关因素与成本、质量和服务等影响企业竞争优势的传统因素一样, 也是企业市场价值的驱动要素。因此, 企业的内部管理应当从企业社会责任和经济绩效双赢的角度来考虑并践行。

3. 调整企业战略决策　企业战略决策是企业在连续地关注社会、经济、环境等短期和长期发展方向的基础上产生的, 它为企业竞争力的形成指明了方向。企业社会责任把企业的注意力引到了对利益相关方的关注，成为企业在竞争中保持和扩大自己的生存空间、保证资本不断扩张、实现企业可持续发展的战略理念。

4. 增加企业价值理性　要营造企业自觉履行企业社会责任的文化氛围，进一步提升企业竞争力。在当今时代，要实现企业的良性运营、提升企业竞争力，就要把自觉履行企业社会责任看成是企业价值理性的选择，看成是企业经营活动中必不可少的一个组成部分，并将之融入企业文化中。如果一个没有价值理性的企业，以毁灭性手段开发自然资源、破坏自然环境，或蔑视人类公认的道德规范和市场经济的游戏规则，其实质和结果只会是破坏和缩小企业的生存空间，而逐渐丧失企业竞争力。

思考题

1. 概括企业社会责任的含义及内容。
2. 简述企业社会责任标准 SA 8000 对我国的影响。
3. 简述完善我国企业社会责任的手段和方法。

课外阅读参考书目

[1]张彦宁,陈兰通.2007 中国企业社会责任发展报告[M].北京:中国电力出版社,2008.

[2]杨乐.企业社会责任导论[M].石家庄:河北人民出版社,2007.

[3]叶陈刚.公司伦理与企业文化[M].上海:复旦大学出版社,2007.

纺织高等教育"十一五"部委级规划教材

书 名	主 编
纺织导论	薛 元
纺织导论(双语)	顾 平
纺织英语(第三版)	黄 故
新型纺纱(第二版)	谢春萍
纺纱实验教程	杨锁廷
机织实验教程	朱苏康
机织物组织与设计(双语)	聂建斌
织物纹织学	金子敏
针织学(第三版)(双语)	宋广礼等 译
针织工艺概论(第二版)	赵展谊
针织实验教程	张佩华
针织工艺与设备(第二版)	龙海如
针织厂设计(第二版)	李 津
针织 CAD 原理与应用	蒋高明
针织面料 CAD	龙海如
毛衫设计与市场开发	毛莉莉
纺织品功能性设计	吴 坚
纺织品及服务外贸(第二版)	张神勇
进出口纺织品检验检疫实务	郭晓玲
非织造布技术概论	马建伟
技术纺织品	陈韶娟
纺织企业现代管理(第二版)	林子务
棉纺织工厂设计(第二版)	钱鸿彬
纺织工艺设计	张增强
纺织品检验学(第二版)	蒋耀兴
纺纱机械(第二版)	毛立民
织造机械(第二版)	陈 革
纺织厂空气调节(第三版)	周亚素
针织产品设计	张佩华
丝针织生产技术与新产品开发	陈慰来
丝绸产品设计(第二版)	沈 干

纺织经济与纺织品贸易		高长春
纺织服装电子商务		汤兵勇
技术经济分析		郑建国
纺织服务外贸英语函电		刘　嵩
纺织服装外贸跟单实务		倪武帆
纺织服装外贸单证实务		倪武帆
纺织品服装消费科学		戴晓群
纺织品服装市场调研与预测		刘国联
纺织服装贸易概论		王建坤
纺织服装外贸案例分析		吴雄英
纺织品服装进出口操作指南		钱竞芳
纺织品服装质量控制与管理		王亚超
纺织服装企业物流管理	王亚超	杨卫丰
现代纺织企业管理(第二版)		孙明贵
纺织电测技术(第二版)		朱正锋